传统文化修养丛书

经子解题

（外二种）

吕思勉——著

刘冬梅——整理

上海科学技术文献出版社

Shanghai Scientific and Technological Literature Press

图书在版编目（CIP）数据

经子解题：外二种 / 吕思勉著；刘冬梅整理 . —上海：上海科学技术文献出版社，2022
（传统文化修养丛书）
ISBN 978-7-5439-8573-5

Ⅰ.①经… Ⅱ.①吕…②刘… Ⅲ.① 经学—基本知识② 古典哲学—基本知识—中国 Ⅳ.① Z126 ② B215

中国版本图书馆 CIP 数据核字 (2022) 第 105313 号

策划编辑：张　树
责任编辑：王　珺
封面设计：留白文化

经子解题：外二种
JINGZI JIETI: WAI ERZHONG
吕思勉　著　刘冬梅　整理
出版发行：上海科学技术文献出版社
地　　址：上海市长乐路 746 号
邮政编码：200040
经　　销：全国新华书店
印　　刷：商务印书馆上海印刷有限公司
开　　本：889mm×1194mm　1/32
印　　张：7.75
字　　数：187 000
版　　次：2022 年 8 月第 1 版　2022 年 8 月第 1 次印刷
书　　号：ISBN 978-7-5439-8573-5
定　　价：78.00 元
http://www.sstlp.com

目　录

经子解题

史籍与史学

中国史籍读法

经子解题

自 序

本书皆予讲学时所论，及门或笔录之，予亦稍加补正。群经及先秦诸子之真者，略具于是矣。所积既多，或谓其有益初学，乃加以编次，裒为一帙，印以问世焉。

此书有益初学之处凡三：切实举出应读之书，及其读之之先后，与泛论大要，失之肤廓，及广罗参考之书，失之浩博，令人无从下手者不同，一也。从前书籍解题，多仅论全书大概，此多分篇论列，二也。论治学方法及书籍之作，亦颇浩繁，初学读之，苦不知孰为可据，此所举皆最后最确之说，且皆持平之论，三也。然学问之道，贵自得之，欲求自得，必先有悟入处。而悟入之处，恒在单词只义，人所不经意之处，此则会心各有不同，父师不能以喻之子弟者也。

昔人读书之弊，在于不甚讲门径，今人则又失之太讲门径，而不甚下切实工夫，二者皆弊也。愿与承学之士共勉之。

驾才自识。民国十三年七月。

论读经之法

吾国旧籍，分为经、史、子、集四部，由来已久。而四者之中，集为后起。盖人类之学问，必有其研究之对象。书籍之以记载现象为主者，是为史；就现象加以研求、发明公理者，则为经、子。固无所谓集也。然古代学术，皆专门名家，各不相通。后世则渐不能然。一书也，视为记载现象之史一类固可，视为研求现象、发明公理之经、子一类，亦无不可。论其学术流别，亦往往兼搜并采，不名一家。此等书，在经、史、子三部中，无类可归；乃不得不别立一名，而称之曰"集"。此犹编新书目录者，政治可云政治，法律可云法律，至不专一学之杂志，则无类可归；编旧书目录者，经可曰经，史可曰史，至兼包四部之丛书，则不得不别立丛部云尔。

经、子本相同之物，自汉以后，特尊儒学，乃自诸子书中，提出儒家之书，而称之曰"经"。此等见解，在今日原不必存。然经之与子，亦自有其不同之处。孔子称"述而不作"，其书虽亦发挥己见，顾皆以旧书为蓝本。故在诸家中，儒家之六经，与前此之古书，关系最大。（古文家以六经皆周公旧典，孔子特补苴缀拾，固非；今文家之偏者，至谓六经皆孔子手著，前无所承，亦为未是。六经果皆孔子手著，何不明白晓畅，自作一书；而必伪造《生民》、虚张《帝典》乎？）治之之法，亦遂不能不因之而殊。章太炎所谓"经多陈事实，诸子多明义理；贾、马不能理诸子，郭象、张湛不能治经"是也。（《与章行严论墨学第二书》，见《华国月刊》第四期。按：此以大较言之，勿泥。）又学问之光大，不徒视前人之唱导，亦视后人之发挥。儒学专行二千年，治之者多，自然日益光大。又其传书既众，疏注亦详，后学钻研，自较治诸子之书为易。天下本无截然不同之理；训诂名物，尤为百家所同。先明一家之书，其余皆可取证。然则先经后子，固研求古籍之良法矣。

欲治经，必先知历代经学变迁之大势。今案：吾国经学，可大别为汉、宋二流；而细别之，则二者之中，又各可分数派。秦火之后，西汉之初，学问皆由口耳相传，其后乃用当时通行文字，著之竹帛，此后人所称为"今文学"者也。末造乃有自谓得古书为据，而訾今文家所传为阙误者，于是有"古文之学"焉。今文学之初祖，《史记·儒林传》所列，凡有八家：所谓"言《诗》，于齐则辕固生，于燕则韩太傅；言《书》，自济南伏生；言《礼》，自鲁高堂生；言《易》，自菑川田生；言《春秋》，于齐、鲁自胡母生，于赵自董仲舒"是也。东京立十四博士：《诗》鲁、齐、韩；《书》欧阳、大小夏侯；《礼》大小戴；《易》施、孟、梁丘、京；《春秋》严、颜；皆今文学。古文之学：《诗》有毛氏，《书》有《古文尚书》，《礼》有《周礼》，《易》有费氏，《春秋》有左氏，皆未得立。然东汉末造，古文大盛，而今文之学遂微。盛极必衰，乃又有所谓"伪古文"者出。伪古文之案，起于王肃。肃盖欲与郑玄争名，乃伪造古书，以为证据——即清儒所力攻之伪《古文尚书》一案是也。（参看后文论《尚书》处。）

汉代今古文之学，本各守专门，不相通假。郑玄出，乃以意去取牵合，尽破其界限。王肃好攻郑，而其不守家法，亦与郑同。（二人皆糅杂今古，而皆偏于古。）郑学盛行于汉末；王肃为晋武帝外祖，其学亦颇行于晋初；而两汉专门之学遂亡。此后经学乃分二派：一以当时之伪书玄学，羼入其中，如王弼之《易》，伪孔安国之《书》是；一仍笃守汉人所传，如治《礼》之宗郑氏是。其时经师传授之绪既绝，乃相率致力于笺疏。是为南北朝义疏之学。至唐代纂《五经正义》，而集其大成。（南北朝经学不同。《北史·儒林传》："其在江左：《周易》则王辅嗣，《尚书》则孔安国，《左传》则杜元凯。其在河洛：《左传》则服子慎，《尚书》《周易》则郑康成。《诗》则并主于毛公，《礼》则同遵于郑氏。"是除《诗》《礼》外，南方所行者，为魏、晋人之学；北方所守者，则东汉之古文学也。然逮南北统一，南学盛而北学微，唐人修《五经正义》，《易》取王，《书》取伪孔，《左》取杜，而服、郑之学又亡。）以上所述，虽派别不同，而同导源于汉，可括之于汉学一流者也。

北宋之世，乃异军苍头特起。宋人之治经也，不墨守前人传注，而兼凭一己所主张之义理。其长处，在能廓清摧陷，一扫前人之障翳，而直凑单微；其短处，则妄以今人之意见测度古人，后世之情形议论古事，遂至不合事实。自南宋理宗以后，程、朱之学大行。元延祐科举法，诸经皆采用宋人之书。明初因之。永乐时，又命胡广等修《四书五经大全》，悉取宋、元人成著，抄袭成书。自《大全》出，士不知有汉、唐人之学，并不复读宋、元人之书；而明代士子之空疏，遂于历代为最甚。盖一种学问之末流，恒不免于流荡而忘反。宋学虽未尝教人以空疏，然率其偏重义理之习而行之，其弊必至于此也。物穷则变，而清代之汉学又起。

清儒之讲汉学也，始之以参稽博考，择善而从，尚只可称为汉、宋兼采。其后知凭臆去取，虽极矜慎，终不免于有失，不如专重客观之为当也。（其理见下。）于是屏宋而专宗汉，乃成纯粹之汉学。最后汉学之中，又分出宗尚今文一派，与前此崇信贾、马、许、郑者立别。盖清儒意主复古，剥蕉抽茧之势，非至于此不止也。

经学之历史，欲详陈之，数十万言不能尽。以上所云，不过因论读经之法，先提挈其纲领而已。今请进言读经之法。

治学之法，忌偏重主观。偏重主观者，一时似惬心贵当，而终不免于差缪。能注重客观则反是。（今试设一譬：东门失火，西门闻之，甲乙丙丁，言人人殊。择其最近于情理者信之，则偏重主观之法也。不以己意定其然否，但考其人孰为亲见，孰为传闻；同传闻也，孰亲闻诸失火之家，孰但得诸道路传述；以是定其言之信否，则注重客观之法也。用前法者，说每近情，而其究多误；用后法者，说或远理，而其究多真。累试不爽。）大抵时代相近，则思想相同。故前人之言，即与后人同出揣度，亦恒较后人为确。况于师友传述，或出亲闻；遗物未湮，可资目验者乎？此读书之所以重"古据"也。宋人之经学，原亦有其所长；然凭臆相争，是非难定。自此入手，不免失之汗漫。故治经当从汉人之书入。此则治学之法如是，非有所偏好恶也。

治汉学者，于今、古文家数，必须分清。汉人学问，最重师法，各守专门，丝毫不容假借。（如《公羊·宣十五年》何注，述井田之制，与《汉书·食货志》略同，然《汉志》用《周官》处，《解诂》即一语不采。）凡古事传至今日者，率多东鳞西爪之谈。掇拾丛残，往往苦其乱丝无绪；然苟能深知其学术派别，殆无不可整理之成两组者。夫能整理之成两组，则纷然淆乱之说，不啻皆有线索可寻。（今试举一实例。如三皇五帝，向来异说纷如，苟以此法驭之，即可分为今、古文两说。三皇之说，以为天皇十二头，地皇十一头，立各一万八千岁；人皇九头，分长九州者，《河图》《三五历》也。以为燧人、伏羲、神农者，《尚书大传》也。以为伏羲、神农、燧人，或曰伏羲、神农、祝融者，《白虎通》也。以为伏羲、女娲、神农者，郑玄也。以为天皇、地皇、泰皇者，始皇议帝号时秦博士之说也。除纬书荒怪，别为一说外，《尚书大传》为今文说，郑玄偏重古文。伏生者，秦博士之一。《大传》云："遂人以火纪，阳尊，故托遂皇于天；伏羲以人事纪，故托羲皇于人；神农悉地力，种谷蔬，故托农皇于地。"可见儒家所谓三皇者，义实取于天、地、人。《大传》与秦博士之说，即一说也。《河图》《三五历》之说，司马贞《补三皇本纪》，列为或说；其正说则从郑玄。《补三皇本纪》述女娲氏事云："诸侯有共工氏，与祝融氏战，不胜而怒。乃头触不周之山，天柱折，地维缺。女娲乃炼五色石以补天"云云。上言祝融，下言女娲，则祝融即女娲。《白虎通》正说从今文，以古文备或说；或古文说为后人窜入也。五帝之说，《史记》《世本》《大戴礼》，并以黄帝、颛顼、帝喾、尧、舜当之；郑玄说多一少昊。今案《后汉书·贾逵传》，逵言："五经家皆言颛顼代黄帝，而尧不得为火德。左氏以为少昊代黄帝，即图谶所谓帝宣也。如令尧不得为火德，则汉不得为赤。"则左氏家增入一少昊，以六人为五帝之情可见矣。《史记》《世本》《大戴礼》，皆今文说，左氏古文说也。）且有时一说也，主张之者只一二人；又一说也，主张之者乃有多人，似乎证多而强矣。然苟能知其派别，即可知其辗转祖述，仍出一师。不过一造之说，传者较多；一造之说，传者较少耳。凡此等处，亦必能分清家数，乃不至于听荧也。

　　近人指示治学门径之书甚多，然多失之浩博。吾今举出经学入门简要之书如下：

　　　　皮锡瑞《经学历史》。此书可首读之，以知历代经学变迁大略。

　　　　廖平《今古文考》。廖氏晚年著书，颇涉荒怪。早年则不然。分别今古文之法，至廖氏始精确。此书必须次读之。

　　　　康有为《新学伪经考》。吾举此书，或疑吾偏信今文，其实不然也。读前人之书，固可以观其事实，而勿泥其议论。此书于重要事实，考辨颇详，皆前列原书，后抒己见；读之，不啻读一详博之两汉经学史也。此书今颇难得；如能得之者，读廖氏《今古文考》后，可续读之。

　　　　《礼记王制注疏》《周礼注疏》，陈立《白虎通疏证》，陈寿祺《五经异义疏证》。今、古文同异，重要之处，皆在制度。今文家制度，以《王制》为大宗；古文家制度，以《周礼》为总汇。读此二书，于今古文同异，大致已可明白。两种皆须连疏注细看，不可但读白文，亦不可但看注。《白虎通义》，为东京十四博士之说，今文学之结晶也。《五经异义》，为许慎所撰，列举今古文异说于前，下加按语，并有郑驳，对照尤为明瞭。二陈疏证，间有误处；以其时今古文之别，尚未大明也。学者既读前列各书，于今古之别，已可了然，亦但观其采摭之博可矣。

此数书日读一小时，速则三月，至迟半年，必可卒业。然后以读其余诸书，即不虑其茫无把握矣。

古代史书，传者极少。古事之传于后者，大抵在经、子之中。而古人主客观不甚分明；客观事实，往往夹杂主观为说；（甚有全出虚构者，是为寓言。参看后论读子之法。）而其学问，率由口耳相传，又不能无讹误；古书之传于今者，又不能无阙佚。是以随举一事，辄异说蜂起，令人如堕五里雾中。治古史之难以此。苟知古事之茫昧，皆由主客观夹杂使然，即可按其学术流别，将各家学说，分别部居；然后除去其主观成分而观之，即古事之真相可见矣。然则前述分别今古文之法，不徒可施之儒家之今古文，并可施之诸子也。此当于论读子方法时详之。唯有一端，论读经方法时，仍不得不先述及者，则"既知古代书籍，率多治其学者东鳞西爪之谈，并无有条理系统之作，而又皆出于丛残掇拾之余；则传之与经，信否亦无大分别"是也。世之尊经过甚者，多执经为孔子手定，一字无讹；传为后学所记，不免有误。故于经传互异者，非执经以正传，即弃传而从经，几视为天经地义。殊不知尼山删订，实在晚年，焉能字字皆由亲笔？即谓其字字皆由亲笔，而孔子与其弟子，亦同时人耳，焉见孔子自执笔为之者，即一字无讹？言出于孔子之口，而弟子记之，抑或推衍师意者，即必不免有误哉？若谓经难私造，传可妄为，则二者皆汉初先师所传，经可信，传亦可信；传可伪，经亦可伪也。（若信今文之学，则经皆汉代先师所传，即有讹阙，后人亦无从知之。若信古文之学，谓今文家所传之经，以别有古经，可资核对，所异唯在文字，是以知其可信；则今文先师，既不伪经，亦必不伪传也。）是以汉人引用，经、传初不立别。崔适《春秋复始》，论"汉儒引《公羊》者皆谓之《春秋》；可见当时所谓《春秋》者，实合今之《公羊传》而名之"甚详。余谓不但《春秋》如此，即他经亦如此。《太史公自序》，引《易》"失之毫厘，缪以千里"。（此二语汉人引者甚多，皆谓之《易》。）今其文但见《易纬》。又如《孟子·梁惠王下篇》，载孟子对齐宣王好勇之问曰："《诗》云：王赫斯怒，爰整其旅，以遏徂莒，以笃周祜，以对于天下。此文王之勇也。文王一怒而安天下之民。《书》曰：天降下民，作之君，作之师；唯曰其助上帝，宠之四方，有罪无罪，唯我在，天下曷敢有越厥志。一人衡行于天下，武王耻之。此武王之勇也。而武王亦一怒而安天下之民。""此文王之勇也"，"此武王之勇也"，句法相同；自此以上，皆当为《诗》《书》之辞；然"一人衡行于天下，武王耻之"，实为后人评论之语。孟子所引，盖亦《书》《传》文也。举此两事，余可类推。（近人过信经而疑传者甚多。予去岁《辨梁任公阴阳五行说之来历》一文，曾力辨之。见《东方杂志》第二十卷第二十册，可以参观。又如《北京大学月刊》一卷三号，载朱君希祖整理中国最古书籍之方法论，谓欲"判别今古文之是非，必取立敌共许之法。古书中无明文。今古文家之传说，一概捐除。唯《易》十二篇，《书》二十九篇，《诗》三百五篇，《礼》十七篇，《春秋》《论语》《孝经》七书，为今古文家所共信。因欲取为判别二家是非之准。"朱君之意，盖欲弃经说而用经文，亦与梁君同蔽。姑无论经、传信否，相去不远。即谓经可信、传不可信，而经文有不能解释处，势必仍取一家传说，是仍以此攻彼耳，何立敌共许之有？今古说之相持不决者，固各有经文为据，观许慎之《五经异义》及郑驳可见也。"决嫌疑者视诸圣"，久为古人之口头禅，岂有明有经文可据，而不知援以自重者哉？大抵古今人之才智，不甚相远。经学之所以聚讼，古事之所以茫昧，自各有其原因。此等疑难，原非必不可以祛除，然必非一朝所能骤决。若有如朱君所云直截了当之法，前此治经之人，岂皆愚骏，无一见及者邪？）

治经之法，凡有数种：（一）即以经为一种学问而治之者。此等见解，由昔日尊经过甚使然，今已不甚适合。又一经之中，所包甚广，人之性质，各有所宜，长于此者不必长于彼。因治一经而遍及诸学，非徒力所不及，即能勉强从事，亦必不能深造。故此法在今日不甚适用。（二）则视经为国故，加以整理者。此则各本所学，求其相关者于经，名为治经，实仍是治此科之学，而求其材料于古书耳。此法先须于所治之学，深造有得，再加以整理古书之能，乃克有济。此篇所言，大概为此发也。（三）又有因欲研究文学，而从事于读经者。其意亦殊可取。盖文学必资言语，而言语今古相承，不知古语，即不知后世言语之根原。故不知最古之书者，于后人文字，亦必不能真解。经固吾国最古之书也。但文学之为物，不重在死法，而贵能领略其美。文学之美，只可直觉；非但徒讲无益，抑亦无从讲起。今姑定一简明之目，以为初学诵习参考之资。盖凡事熟能生巧，治文学者亦不外此。后世文学，根原皆在古书。同一熟诵，诵后世书，固不如诵古书之有益。而欲精研文学，则数十百篇熟诵之文字，固亦决不能无也。

《诗》　此书近今言文学者必首及之，几视为第一要书。鄙意少异。韵文视无韵文，已觉专门；谈韵文而及于《诗经》，则其专门更甚。何者？四言诗自汉魏后，其道已穷；非专治此一种文学者，不易领略其音节之美，一也。诗之妙处，在能动人情感；而此书距今太远，今人读之，实不能知其意之所在，二也。（诗义之所以聚讼莫决者，其根原在此。若现在通行之歌谣，其有寓意者，固人人能知之也。）故此书除专治古代韵文者外，但略事泛览，知其体例；或择所好熟诵之即可。

《书》　　《书》之文学，别为一体。后世作庄严典重之文字者，多仿效之。若细分之，仍有三种：（一）最难通者，如《周诰》《殷盘》是。（二）次难通者，通常各篇皆是。（三）最易通者，如《甘誓》《牧誓》《金縢》诸篇是。第一种存古书原文盖最多；第三种则十之八九，殆皆孔子以后人所为也。此书文字虽不易解，然既为后世庄严典重之文字所从出，则亦不可不熟诵而求其真了解。《洪范》《无逸》《顾命》（兼今本《康王之诰》。）《秦誓》四篇，文字最美，如能熟诵更妙。《禹贡》一篇，为后世地志文字体例所自出，须细看。

《仪礼》　　《礼记》　　《周礼》　　《仪礼》《周礼》，皆记典制之书，不必诵读；但须细看，知其体例。（凡记述典制之文皆然。）《礼记》一书，荟萃诸经之传及儒家诸子而成，（见后。）文学亦极茂美。（论群经文学者，多知重左氏，而罕及小戴，此皮相之论也。左氏所叙之事，有与《檀弓》同者；二者相较，左氏恒不如《檀弓》。其余论事说理之文，又何一能如《戴记》之深纯乎？）不可不择若干篇熟诵之也。今更举示篇名如下：《檀弓》为记事文之极则，风韵独绝千古，须熟读；《王制》为今文学之结晶，文字亦极茂美，可熟读。既有益于学问，又有益于文学也。《文王世子》，文最流畅；《礼运》《礼器》，文最古雅；《学记》《乐记》，文最深纯；《祭义》，文最清丽；《坊记》《表记》《缁衣》，三篇为一类，文极清雅；《儒行》，文极茂美；《冠义》《昏义》《乡饮酒义》《射义》《燕义》《聘义》六篇，为《仪礼》之传，文字亦极茂美。以上诸篇，皆可熟读。然非谓《戴记》文字之美者遂尽于此，亦非谓吾所指为最美者必能得当，更非敢强人之所好以同于我也，聊举鄙意，以供读者之参考耳。

《易》　　此书《卦辞》《爻辞》，知其体例即可。《象辞》《文言》《系辞传》，文学皆极美，可择所好者熟诵之；《序卦》为一种序跋文之体，可一看。

《春秋》　三《传》文字，自以《左氏》为最美。其文整齐研练，自成风格，于文学上关系极巨。《左氏》系编年体，其文字一线相承，无篇目，不能列举其最美者。大抵长篇词令叙事，最为紧要；但短节叙事，寥寥数语，亦有极佳者，须细看。《公羊》为《春秋》正宗，讲《春秋》者，义理必宗是书；论文学，则不如《左氏》之要。读一过，知其体例可矣。（《公羊》之文字为传体，乃所以解释经文，与《仪礼》之传同。后人无所释之经，而抑或妄效其体，此大谬也。此等皆不知义例之过。故讲文学，亦必须略知学问。）《榖梁》文体与《公羊》同。

《论语》　**《孟子》**　此两书文极平正，有极简洁处，亦有极反复排矗处，（大抵《论语》，简洁者多，然亦有反复排矗者，如"季氏将伐颛臾章"是；《孟子》反复排矗者多，然亦有极简洁者，如各短章皆是。）于文学极有益。凡书之为大多数人所习熟者，其义理，其事实，其文法，其辞句，即不期而为大多数人所沿用，在社会即成为常识。此等书即不佳，亦不可不一读，况其为佳者乎？《论语》《孟子》，为我国极通行之书，必不可不熟诵也。

此外，《尔雅》为训诂书，当与《说文》等同类读之，与文学无关。《孝经》亦《戴记》之流。但其说理并不甚精，文字亦不甚美。一览已足，不必深求也。

六经排列之次序，今、古文不同。今文之次，为《诗》《书》《礼》《乐》《易》《春秋》；古文之次，则为《易》《书》《诗》《礼》《乐》《春秋》。盖今文家以六经为孔子别作，其排列之次序，由浅及深。《诗》《书》《礼》《乐》，乃普通教育所资；（《王制》："乐正崇四术，立四教，顺先王《诗》《书》《礼》《乐》以造士。"《论语》："子所雅言，诗书执礼。"盖《诗》《书》《礼》

《乐》四者，本古代学校中教科，而孔子教人，亦取之也。）而《易》与《春秋》，则为"性与天道""经世之志"所寄；故其次序如此也。古文家以六经皆周公旧典，孔子特修而明之。故其排列之次序，以孔子作六经所据原书时代先后为序。愚谓今言整理国故，视"凡古书悉为史材"则通；谓"六经皆史"则非。故今从今文家之次，分论诸经原流及其读法如下。

一、《诗》

《诗》，今文有鲁、齐、韩三家；古文有毛。郑玄初学《韩诗》，后就《毛传》作笺，间用韩义。（《采薇》《宾之初筵》两诗皆难毛。）王肃作《毛诗注》《毛诗义驳》《毛诗奏事》《毛诗问难》诸书，以申毛难郑。《齐诗》亡于曹魏；《鲁诗》不过江东；《韩诗》虽存，无传之者；于是三家与毛之争，一变而为郑、王之争。诸儒或申郑难王，或申王难郑，纷纷不定。至唐修《五经正义》，用《毛传》《郑笺》，而其争乃息。（王肃之书，今亦已亡。然毛、郑相违处，《正义》中申毛难郑之言，实多用王说。）

读《诗》第一当辨明之事，即为《诗序》。案：释《诗》之作，凡有三种：（一）释《诗》之字句者，如今之《毛氏诂训传》是也。（一）释《诗》之义者，如今之《诗序》是也。（一）推演《诗》义者，如今之《韩诗外传》是也。三家诂训及释《诗》义之作，今皆已亡。（三家《诗》亦有序，见《诗古微·齐鲁韩毛异同论》。）魏、晋而后，《毛诗》专行者千余年。学者于《诗序》，率皆尊信。至宋欧阳修作《诗本义》，苏辙作《诗传》，始有疑辞。南渡而后，郑樵作《诗辨妄》，乃大肆攻击。朱子作《诗集传》，亦宗郑说；而《集传》与毛、郑之争又起。《小序》之义，诚有可疑；然宋儒之疑古，多凭臆为说，如暗中相搏，胜负卒无分晓，亦不足取也。清儒初宗毛、郑而攻《集传》，后渐搜采及于三家。始知毛、郑而外，说《诗》仍有古义可征；而《集传》与毛、郑之争，又渐变而为三家与毛之争。时则有为调停之说者，谓《诗》有"作义""诵义"；三家与毛所以异同者，毛所传者作义，三家所传者诵义；各有所据，而亦两不相悖也。其激烈者，则径斥《小序》为杜撰，毛义为不合。二者之中，予颇左袒后说。此非偏主今文，以事理度之，固如是也。

何则？《诗》分《风》《雅》《颂》三体。《雅》《颂》或有本事可指；《风》则本民间歌谣，且无作者可名，安有本义可得？而今之《诗序》，于《风诗》亦篇篇皆能得其作义，此即其不可信之处也。《诗序》究为谁作，说极纷纭。宋以后之说，亦多凭臆测度，不足为据。其传之自古者，凡有四说：以为《大序》子夏作，《小序》子夏、毛公合作者，郑玄《诗谱》也；（《正义》引沈重说。）以为子夏作者，王肃《家语注》也；以为卫宏作者，《后汉书·儒林传》也；以为子夏首创，而毛公及卫宏加以润饰增益者，《隋书·经籍志》也。肃说不足信，《隋志》亦系调停之辞；所当辨者，独《后汉书》及《诗谱》两说耳。予谓两说之中，《后汉书》之说，实较可信。今《毛传》之义，固有与《小序》不合者。（如《静女》。）且其序文义平近，亦不似西汉以前人手笔也。（《毛传》之义，所以与《小序》无甚牴牾者，非毛先有《序》为据，乃《序》据《毛传》而作耳。《序》语多不可信，绝非真有传授。郑樵谓其采摭古书而成，最为近之。）

《诗序》有大、小之别。今本《小序》分别列诸诗之前，而《大序》即接第一首《小序》之下。（自"风，风也"以下，据《正义》。）《小序》之不足信，前已言之，《大序》亦系杂采诸书而成，故其辞颇错乱。但其中颇有与三家之义不背者。（魏源说，见《诗古微》。）今姑据之，以定《风》《雅》《颂》之义。《大序》云："风，风也，教也。风以动之，教以化之。"又云："上以风化下，下以风刺上，主文而谲谏，言之者无罪，闻之者足以戒，故曰《风》。至于王道衰，礼义废，政教失，国异政，家殊俗，而变风、变雅作矣。国史明乎得失之迹，伤人伦之废，哀刑政之苛；吟咏情性，以讽其上，达于事变，而怀其旧俗者也。故变风，发乎情，止乎礼义。发乎情，民之性也；止乎礼义，先王之泽也。"此其言《风》之义者也。又云："一国之事，系一人之本，谓之《风》。言天下之事，形四方之风，谓之《雅》。《雅》者，正也。政有小大，故有《小雅》焉、有《大雅》焉。"此其言《雅》之义者也。又云："《颂》者，美盛德之形容，以其成功，告于神明者也。"此其言《颂》之义者也。（案：《诗序》言《风》与《颂》之义，皆极允惬，唯其言大、小《雅》，则似尚欠明白。《史记·司马相如传》："《大雅》言王公大人，而德逮黎庶；《小雅》讥小己之得失，其流及上。"分别大、小之义，实较今《诗序》为优。盖三家义也。）

今《诗》之所谓《风》者，周南、召南、邶、鄘、卫、王、郑、齐、魏、唐、秦、陈、桧、曹、豳，凡十五国。周南、召南为正《风》；自邶以下，皆为变《风》。王亦列于《风》者，《郑谱》谓："东迁以后，王室之尊，与诸侯无异；其诗不能复《雅》，故贬之也。"（《正义》：善恶皆能正人，故幽、厉亦名《雅》。平王东迁，政遂微弱，其政才及境内，是以变为《风》焉。）十五国之次，郑与毛异。据《正义》：《郑谱》先桧后郑，王在豳后；或系《韩诗》原第邪？

《雅》之篇数较多，故以十篇为一卷。其中《小雅》自《鹿鸣》起至《菁菁者莪》止为正，自此以下皆为变。又分《鹿鸣》至《鱼丽》，为文王、武王之正《小雅》；《南有嘉鱼》至《菁菁者莪》，为成王、周公之正《小雅》。《六月》至《无羊》，为宣王之变《小雅》。《节南山》至《何草不黄》，申毛者皆以为幽王之变《小雅》；郑则以《十月之交》以下四篇，为厉王之变《小雅》。《大雅》自《文王》至《卷阿》为正，《民劳》以下为变。又分《文王》至《灵台》，为文王之正《大雅》；《下武》至《文王有声》，为武王之正《大雅》；《生民》至《卷阿》，为成王、周公之正《大雅》。《民劳》至《桑柔》，为厉王之变《大雅》；《云汉》至《常武》，为宣王之变《大雅》；《瞻卬》《召旻》二篇，为幽王之变《大雅》。(皆见《释文》及《正义》。)正《小雅》中，《南陔》《白华》《华黍》《由庚》《崇丘》《由仪》六篇，唯有《小序》。《毛诗》并数此六篇，故《诗》之总数，为三百十一篇；三家无此六篇，故《诗》之总数，为三百五篇。小、大《雅》诸诗之义，三家与毛，有同有异，不能备举。可以《三家诗遗说考》与《毛传》《郑笺》对勘也。

《颂》则三家与毛义大异。毛、郑之义，谓商、鲁所以列于《颂》者，以其得用天子礼乐；今文家则谓《诗》之终以三《颂》，亦《春秋》"王鲁新周故宋"之意，乃通三统之义也。又《鲁颂》，《小序》以为季孙行父作，三家以为奚斯作；《商颂》，《小序》以为戴公时正考父得之于周太师，三家即以为正考父之作。

《诗》本止《风》《雅》《颂》三体，而《小序》增出赋、比、兴，谓之"六义"。案：此盖以附会《周礼》太师六诗之文，然实无赋、比、兴三种诗可指。故《郑志》张逸问何《诗》近于赋、比、兴，郑答谓："孔子录《诗》，已合《风》《雅》《颂》中，难可摘别。"(《正义》引。)"郑意谓《风》《雅》《颂》者，《诗》篇之异体；赋、比、兴者，《诗》文之异辞也。"(《正义》说。)因此故，乃又谓《七月》一诗，备有风、雅、颂三体，以牵合《周礼·籥章》豳诗、豳雅、豳颂之文。案：赋者，叙事；比者，寄意于物；兴者，触物而动；(譬如实写美人为赋，辞言花而意实指美女为比，因桃花而思及人面，则为兴矣。）作《诗》原有此三法。然谓此作《诗》之三法，可与《诗》之三种体制，平列而称六义，则终属勉强；一诗而兼三体，尤不可通矣。窃谓《周礼》之六诗与《诗》之风、雅、颂，其幽诗、幽雅、幽颂与《诗》之《幽风》，自系两事，不必牵合。郑君学未尝不博，立说亦自有精到处，然此等牵合今古、勉强附会处，则实不可从也。又今文家以《关雎》《鹿鸣》《文王》《清庙》为四始，（见《史记》，盖《鲁诗》说。）乃以其为《风》及《大、小雅》《颂》之首篇；而《小序》乃即以《风》《大、小雅》《颂》为"四始"，亦殊不可解。

治《诗》之法，凡有数种：（一）以《诗》作史读者。此当横考列国之风俗，纵考当时之政治。《汉书·地理志》末卷及郑《诗谱》，最为可贵。案：《汉志》此节本刘歆。歆及父向，皆治《鲁诗》。班氏世治《齐诗》。郑玄初治《韩诗》。今《汉志》与《郑谱》述列国风俗，大同小异，盖三家同有之义，至可信据也。何诗当何王时，三家与毛、郑颇有异说，亦宜博考。以《诗》证古史，自系治史一法。然《诗》本歌谣，托诸比、兴，与质言其事者有异。后儒立说，面面皆可附会，故用之须极矜慎。近人好据《诗》言古史者甚多。其弊也。于《诗》之本文，片言只字，皆深信不疑，几即视为纪事之史，不复以为文辞；而于某《诗》作于何时，系因何事，则又往往偏据毛、郑，甚者凭臆为说，其法实未尽善也。（一）以为博物之学而治之者。《论语》所谓"多识于鸟兽草木之名"也。此当精研疏注，博考子部有关动植物诸书。（一）用以证小学者。又分训诂及音韵两端。《毛传》与《尔雅》，训诂多合，实为吾国最古之训诂书。最初言古韵者，本自《诗》入；今日言古韵，可据之书，固犹莫如《诗》也。（一）以为文学而研究之者。当先读疏注，明其字句。次考《诗》义，观《诗》人发愤之由，［司马迁云："《诗》三百篇，大抵贤圣发愤之所由（为）作。"］及其作《诗》之法。《诗》本文学，经学家专以义理说之，诚或不免迂腐。然《诗》之作者，距今几三千年；作《诗》之意，断非吾侪臆测可得。通其所可通，而阙其所不可通者，是为善读书。若如今人所云"月出皎兮，明明是一首情诗"之类，羌无证据，而言之断然，甚非疑事无质之义也。

《王制》述天子巡守，命太师陈《诗》，以观民风。何君言采《诗》之义曰：（《公羊·宣十五年》注。）"五谷毕入，民皆居宅。男女有所怨恨，相从而歌。饥者歌其食，劳者歌其事。男年六十、女年五十无子者，官衣食之，使之民间求诗。乡移于邑，邑移于国，国以闻于天子。故王者不出牖户，尽知天下所苦，不下堂而知四方。"其重之也如此。夫人生在世，孰能无幽约怨悱，不能自言之情？而社会之中，束缚重重，岂有言论自由之地？斯义也，穆勒《群己权界论》（严复译。）言之详矣。故往往公然表白之言，初非其人之真意；而其真意，转托诸谣咏之间。古代之重诗也以此。夫如是，《诗》安得有质言其事者？而亦安可据字句测度，即自谓能得作诗之义邪？《汉书·艺文志》曰："汉兴，鲁申公为《诗》训诂。而齐辕固生、燕韩生皆为之传。或取《春秋》，采杂说，咸非其本义。与不得已，鲁最为近之。"此乃古学家攻击三家之辞，其端已肇于班固时。其后乃采取古书，附会《诗》义，而别制今之《诗序》。谓三家皆不知《诗》之本义，而古学家独能得之也。其实《诗》无本义。太师采诗而为乐，则只有太师采之之意；孔子删《诗》而为经，则只有孔子取之之意耳。犹今北京大学，编辑歌谣，岂得谓编辑之人，即知作此歌谣者之意邪？三家于《诗》，间有一二，能指出其作之之人，及其本事者，（如《芣苢》《柏舟》之类。）此必确有所据。此外则皆付阙如。盖《诗》固只有诵义也。

以只有诵义故，亦无所谓断章取义。我以何义诵之，即为何义耳。今日以此意诵之，明日又以彼义诵之，无所不可也。以为我诵之之意，则任举何义皆通；必凿指为诗人本义，则任举何义皆窒。《诗》义之葛藤，实自凿求其本义始也。

治《诗》切要之书，今约举如下：

《毛诗注疏》　今所传《十三经注疏》，乃宋人所集刻。其中《易》《书》《诗》、三《礼》《左》《穀》，皆唐人疏。疏《公羊》之徐彦，时代难确考，亦必在唐以前。《论语》《孝经》《尔雅》，皆宋邢昺疏，亦多以旧疏为本。唯《孟子疏》题宋孙奭，实为邵武士人伪托，（见《朱子语录》。）其疏极浅陋，无可取耳。唐人所修《正义》，诚不能尽满人意；然实多用旧疏，为隋以前经说之统汇，仍不可不细读也。特于此发其凡，以后论治诸经当读之书，即不再举注疏。

陈启源《毛诗稽古编》　宋人说《诗》之书甚多，读之不可遍。此书多驳宋人之说，读之可以知其大略。

马瑞辰《传笺通释》　陈奂《诗毛氏传疏》　以上两书为毛、郑之学。

陈乔枞《三家诗遗说考》　魏源《诗古微》　以上两书为三家之学。魏书驳毛、郑，有极警快处；其立说亦有不可据处。魏氏之学，通而不精也。辑三家《诗》者，始于宋之王应麟，仅得一小册。陈氏此书，乃十倍之而不止。清儒辑佚之精，诚足令前人俯首矣。

三家之中，《齐诗》牵涉纬说。如欲明之，可观迮鹤寿《齐诗翼奉学》，及陈乔枞《诗纬集证》两书。意在以《诗》作史读者，于《诗》之地理，亦须考究，可看朱右曾《诗地理征》。意在研究博物者，《毛传》《郑笺》而外，以吴陆玑《诗草木鸟兽虫鱼疏》为最古，与《尔雅》《毛传》，可相参证也。

二、《书》

《尚书》真伪，最为纷纠。他经唯经说有聚讼，经文同异，止于文字；《尚书》则经文亦有真伪之分。案：伏生传《书》二十八篇，今文家以为无阙。刘歆《移太常博士》，所谓"以《尚书》为备"也。然《汉志》称大、小夏侯《经》二十九卷，欧阳《经》三十一卷。（此"三十一"，汲古阁本作二十二，武英殿本作三十二。案：《志》下文《欧阳章句》三十一卷，则殿本三十字是，而二当作一。）陈寿祺谓今文《书》亦有序，（《左海经辨》。）序说多与今文不合，说颇难信。王引之谓加后得《泰誓》，（《经义述闻》。）说较近之；（大、小夏侯合为一，欧阳析为三。）唯以《泰誓》为伏生所固有，则未必然耳。古文家谓《书》本有百篇，鲁共王坏孔子宅得之。孔安国以今文读之，得多十六篇，献之；遭巫蛊之事，未立于学官。《汉志》：《尚书古文经》四十六卷，除二十九篇与《今文经》同外，《逸十六篇》为十六卷，又一卷盖《序》也。《后汉书·儒林传》：杜林传《古文尚书》，贾逵为之作《训》，马融作《传》，郑玄《注解》，盖即此本。然《逸十六篇》，绝无师说，马、郑亦未尝为之作注也。迨东晋时，豫章内史梅颐〔赜〕，乃献所谓孔安国传者。其书凡五十八篇，为四十六卷。其三十三篇与郑同，二十五篇，又多于郑。

今案伏生所传者：《尧典》一，（合今《舜典》，而无篇首二十八字。）《皋陶谟》二，（合今本《益稷》。）《禹贡》三，《甘誓》四，《汤誓》五，《盘庚》六，《高宗肜日》七，《西伯戡黎》八，《微子》九，《牧誓》十，《洪范》十一，《金縢》十二，《大诰》十三，《康诰》十四，《酒诰》十五，《梓材》十六，《召诰》十七，《洛诰》十八，《多士》十九，《无逸》二十，《君奭》二十一，《多方》二十二，《立政》二十三，《顾命》二十四，（合今本《康王之诰》。）《费誓》二十五，《吕刑》二十六，《文侯之命》二十七，《泰誓》二十八，加后得《泰誓》则二十九。郑分《盘庚》为三，析《康王之诰》于《顾命》，又分《泰誓》为三，得多五篇，为三十四。所谓《逸十六篇》者，其目见于《正义》。郑又分其《九共》为九篇，则《舜典》一，《汩作》二，《九共》九篇十一，《大禹谟》十二，《益稷》十三，《五子之歌》十四，《胤征》十五，《汤诰》十六，《咸有一德》十七，《典宝》十八，《伊训》十九，《肆命》二十，《原命》二十一，《武成》二十二，《旅獒》二十三，《冏命》二十四，共为五十八篇。晚出孔《书》，于二十九篇内无《泰誓》，而析《尧典》之下半为《舜典》，《皋陶谟》之下半为《益稷》，《盘庚》分三篇，凡三十三。其多出之二十五篇，则《大禹谟》一，《五子之歌》二，《胤征》三，《仲虺之诰》四，《汤诰》五，《伊训》六，《太甲三篇》九，《咸有一德》十，《说命》三篇十三，《泰誓》三篇十六，《武成》十七，《旅獒》十八，《微子之命》十九，《蔡仲之命》二十，《周官》二十一，《君陈》二十二，《毕命》二十三，《君牙》二十四，《冏命》二十五，合之三十三篇，共五十八。后又加《舜典》篇首二十八字，即今通行之《尚书》矣。（郑之《逸十六篇》，为此本所无。）孔《书》与郑异，而《序》则同。（《正义》："马、郑之徒，百篇之《序》，总为一卷。孔以各冠其篇首；亡篇之序即随其次，居见存者之间。"）案汉时伪造《尚书》者，尚有张霸之《百两篇》。《儒林传》谓其采《左氏传》及《书叙》，则《书叙》亦张霸所有矣。予案：东晋晚出之伪《书》，既已不雠；张霸《百两篇》之伪，当时即破；即博士所读后得《泰誓》，亦伪迹显然。马融疑之，极为有见；（见今《泰誓》及《左·襄三十一年》疏。）然则博士以二十八篇为备，说盖不诬。安有所谓百篇之《书》，更安有所谓百篇之《序》？然则《逸十六篇》，盖亦难信。郑玄、马融、王肃之徒，乃并以《书序》为孔子作，（见《正义》。）岂不谬哉？然其说亦有所本。案《璇玑钤》谓"孔子求得黄帝玄孙帝魁之书，迄于秦穆公，凡三千二百四十篇。定可以为世法者百二十篇。以百二篇为《尚书》，十八篇为《中侯》"。此盖张霸之伪所由托，而亦古文家百篇之说所由昉。纬说荒怪，诚难尽凭。然谓孔子删《书》，只取二十八篇，则其说可信；谓《尚书》一类之书，传于后代者，必只二十八篇，则未必然。何者？《逸书》散见古书者甚多，（《尹吉》见《礼记·缁衣》，《高宗》见《坊记》；《夏训》见《左》襄四年，《伯禽》《康诰》见定四年；《相年》见《墨子·尚同》，《禹誓》见《兼爱》《明鬼》，《武观》《官刑》见《非乐》；《大战》《掩诰》见《尚书大传》；《大戊》见《史记·殷本纪》；《丰刑》见《汉书·律历志》。又《书序》所有之《九共》《帝告》《说命》《泰誓》《嘉禾》《冏命》六篇，亦见《大传》。详见《新学伪经考》。）岂能尽指为伪物？《史记》谓古者《诗》三千余篇，说者亦多疑之。然今佚《诗》散见群书者亦甚多；谓孔子删《诗》为三百五篇则可，谓《诗》止三百五篇，亦未必然也。盖孔门所传之《诗》《书》为一物，固有之《诗》《书》，又为一物。孔子所删，七十子后学奉为定本者，《诗》止三百五篇，《书》只二十八篇；原有之《诗》《书》，则固不止此。抑此三百五篇、二十八篇者，不过孔子删订时所取之数，固未必无所取义；然必谓在此外者，即与此三百五篇、二十八篇，大相悬殊，亦属决无之理。故删订时虽已刊落，讲论之际，仍未尝不诵说及之。门人弟子乃各著所闻于传，此今古籍中佚《诗》、佚《书》之所以多也。然则所谓以百二篇为《尚书》、十八篇《中侯》者，得毋二十八篇之外，又有数十百篇，虽不及二十八篇之美善，而亦胜于其余之三千余篇，故孔子于删订二十八篇之后，又特表异之于其余诸篇邪？必因此谓《书》有百篇，而訾博士所传为不备，则过矣；然并谓其不足齿于传说所引之《逸书》，则亦未是。经与传之相去，本不甚远。后得《泰誓》，诚不能遽比之于经，固不妨附益于传。此其所以伪迹虽显，而博士仍附之于经以为教，非真识不如马融也。东晋晚出之古文《书》，虽属伪造，亦多有古书为据。《逸十六篇》，未知是否此类；抑或真为古之《逸书》，要其亡佚，则固可惜矣。

东晋晚出之伪《孔传》，唐孔颖达作《正义》，原有疑词。然此后迄无人提及。宋吴棫作《书稗传》，乃始疑之。《朱子语录》，于此书亦尝致疑。明梅鷟作《尚书考异》，乃明斥其伪；然所论证，尚不甚确。清阎若璩作《古文尚书疏证》，一一从客观方面加以证明，而此书之伪乃定；然尚未得其主名。迨丁晏作《尚书馀论》，乃证明其为王肃所造焉。初学欲明此一重公案者，宜读阎、丁两家之书。（一）为用考证方法攻击伪书，言之成理最早之作。（一）则累经考究后之定论也。此书虽属伪造，亦多有古书为据，为之一一抉其出处者，则为惠栋之《古文尚书考》。

晚《书》之伪既明，考索汉儒书说之事斯起。其中搜辑旧说，为之作疏者，凡有两种：（一）江声《尚书集注音疏》；（一）孙星衍《尚书今古文注疏》是也。江书早出，搜采未全；孙书较备。其时今、古文之派别，尚未大明。误以司马迁为古文，实为巨谬。然其搜辑颇备；学者于今、古文派别，自能分明，作材料看可也。段玉裁《古文尚书撰异》，左袒古学，立说颇偏。王鸣盛《尚书后案》，则专为郑氏一家之学。然二书钩校搜采，俱颇详密，亦可参稽。其后今、古学之派别渐明，乃有分别古今，及搜考今文之事。攻击古文最力者，为魏源之《书古微》，驳诘颇为骏快，而立说亦或不根，与其《诗古微》同。搜采今文经说者，为陈乔枞《今文尚书遗说考》。

《尚书》中《禹贡》一篇，为言地理最古之书。历来注释者独多。盖不徒有关经学，抑且有关史部中之地理矣。胡渭《禹贡锥指》一书，搜考最博，初学可先读一过。因读此一书，即可见古今众说之崖略也。唯其书兼搜并蓄，初非专门之学。若求确守汉学门户者，则焦循《禹贡郑注释》、成蓉镜《禹贡班义述》最好。

《尚书》《春秋》，同为古史。所谓左史记言、右史记事，言为《尚书》、事为《春秋》是也。然既经孔子删修，则又自成其为经，而有孔门所传之经义。经义、史事，二者互有关系，而又各不相干。必能将其分析清楚，乃能明经义之旨，而亦可见史事之真；否则纠缠不清，二者皆病矣。今试举尧舜禅让之事为例。

尧舜禅让之事，见于《孟子》《大传》《史记》者，皆以为廓然公天下之心。然百家之说，与此相反者，不可胜举。究何所折衷哉？予谓九流之学，其意皆在成一家言，本非修订古史；而春秋、战国时所传古事，亦实多茫昧之词。如今村夫野老之说曹操、诸葛亮、李世民、赵匡胤，但仿佛知有此人耳，其事迹则强半附会也。事实既非真相，功罪岂有定评？百家著书，乃各就己意，取为证佐。此犹后人谓"六经皆我注脚"，原不谓经意本如此也。尧舜禅让之事，百家异说，姑措勿论。即就儒书考辨，如鲧之不得其死，（见《癸巳类稿·鲧证》。）及共工、驩兜、鲧皆在四岳之列，（见宋翔凤《尚书略说》。）其事亦实有可疑。然则《孟子》《大传》《史记》所传，盖非其事之真相，特孔门之经说耳。托之空言，不如见之行事。借史事以发挥己意，后人亦时有之。如苏轼以李斯狂悖，归罪荀卿，谓"其父杀人报仇，其子必且行劫"。岂真好为是深文哉？心疾夫高言异论之徒，聊借此以见意也。姚鼐驳之，谓"人臣善探其君之隐，一以委曲变化从世好者，其为人尤可畏"，意亦犹此。然则《孟子》《大传》《史记》之言，当径作经义读，不必信为史事。此所谓"各不相干"者也。然古代史籍，既已不传，欲知其事，固不得不就百家之说，披沙拣金，除去其主观之成分以求之。此则又所谓"互有关系"者矣。欲除去主观之成分，固非通知其书之义例不可。此则读书之所以贵方法也。今更就真《书》二十八篇，各示其概要如下：

《尧典》（包今本《舜典》，唯须除去篇首二十八字。）　此篇记尧、舜之事。首记尧所行之政。次记尧举舜，命之摄政，及舜摄政后所行事。又次记尧之终，舜之践位，及舜践位后所行之政。终于舜之死。《大学》引此篇，谓之《帝典》，盖以其兼包尧、舜之事也。《逸十六篇》别立《舜典》之目已非，伪孔即割此篇下半为《舜典》，则《尧典》记尧事不终矣。此篇关涉历法、巡守、刑法，可考古代典制。

《皋陶谟》（包今本《益稷》。）　此篇记禹、皋陶、伯益之事。《史记》云："禹即位，举皋陶，授之政。皋陶卒，又以政任益。"盖皋陶、伯益之于禹，犹舜之于尧、禹之于舜也。

《禹贡》　此篇记禹治水之事。先分述九州，次总叙名山大川，又次记五服贡赋之制。地志书之可信者，当以此为最古矣。近人或谓此篇必非禹作，遂目为伪。然传《书》者本未云《尧典》必尧时史官作，《禹贡》必禹自撰也。此等辨伪之法，几于无的放矢矣。（参看《论读子之法》。）

《甘誓》　此篇记启伐有扈战于甘之誓辞。《墨子》谓之《禹誓》。古人蒙祖父之号者甚多，不足疑也。

《汤誓》　此篇为汤伐桀时誓辞。

《盘庚》（今本分为三篇。）　此篇为盘庚自河北徙河南时诰下之辞。《史记》谓在盘庚即位后，《序》疏引《郑注》，谓在盘庚相阳甲时。此篇可考古者"询国迁"之制。篇中屡以乃祖乃父，及"我高后将降不祥"，恐喝其下，可见殷人之尚鬼。

《高宗肜日》　此篇记武丁祭成汤，有飞雉升鼎耳而响

（雊），祖己训王之词。

《西伯戡黎》　此篇记文王灭黎，祖伊恐，奔告于纣之事。可见灭黎一役，于商、周兴亡，关系甚大。

《微子》　此篇记纣太师、少师劝微子去纣之语。

《牧誓》　此篇为武王与纣战于牧野时之誓辞。篇中庸、蜀、羌、髳、微、泸、彭、濮人云云，可考武王所用之兵。

《洪范》　此篇记箕子告武王以天锡禹之《洪范》九畴，乃我国最古之宗教、哲学书也。说虽近乎迷信，然讲古代之哲学、宗教者，不能离术数；古代之术数，实以此篇为统汇。（此篇所陈之数，与《易》数亦相通。故宋后《易》学之讲《图》《书》者，又有"演范"一派。）欲考古代哲学、宗教者，不容不究心也。

《金縢》　此篇记武王有疾，周公请以身代，及雷风示变之事。案：《史记》谓克殷后二年，武王病，周公请以身代。武王有瘳，后而崩。成王幼，周公摄政。二叔及武庚叛，周公东伐之，二年而毕定。初成王少时，亦尝病；周公亦请以身代，而藏其策于府。成王亲政后，人或谮周公，周公奔楚。王发府，见策，乃泣，反周公。周公卒，成王葬之不以王礼，于是有雷风之异。成王开金縢，得周公欲代武王之说，乃以王礼改葬之。（今文家说皆如此，可看《今文尚书经说考》。）郑玄则谓管叔流言，周公避居东国，待罪以须君之察己。成王不悟，尽执其族党。逮有雷风之异，乃感悟，迎周公归，归而摄政焉。（见《诗·豳谱》，及《七月》《鸱鸮》《东山》序疏，及《礼记·明堂位》疏。按：郑说殊不近情。盖此篇"秋大熟"以下，与上文非记一时之事，而郑误合之也。孙星衍之说如此。）

《大诰》　此篇为周公伐殷时诰辞。篇中之"王"，郑以为周公摄政践王位自称，伪孔以为代成王立言。于古代摄政之制，颇有关系。

《康诰》　　此篇为封康叔诰辞。多涉刑法，可考古代典制。

《酒诰》　　此篇亦诰康叔，可见当时沫邦酗酒之甚，及周治之刑法之严。

《梓材》　　此篇诰康叔以为政之道。

《召诰》　　此篇记周、召二公，卒营洛邑之事。

《洛诰》　　此篇为洛邑成后，周公诰戒成王之语。

《多士》　　此篇为成周既成，迁殷民，诰之之辞。

《无逸》　　此篇亦周公告戒成王之语。篇中历举殷代诸王及文王享国长短。共和以前，古史年代之可考者，以此为最可据矣。（《尧典》记舜之年，适足百岁，即不可信。）

《君奭》　　此篇为周公摄政时告召公之语。篇中多引殷及周初贤臣，可考古代史事。

《多方》　　此篇为成王灭奄后，归诰多方之语。

《立政》　　此篇为周公致政后告成王之语。述当时官名甚多，亦可考古代典制。

《顾命》（合今本《康王之诰》。）　　此篇记成王殁、康王立之事，可考古代大丧及即位之礼。所述陈列器物，亦可考古代重器。

《费誓》　　此篇为伯禽伐淮夷誓辞。

《吕刑》　　此篇记穆王改定刑法之事。言古代刑法者，以此篇为最完具。

《文侯之命》　　此篇《史记》以为城濮战后，周襄王命晋文公之辞。《书序》以为平王命晋文侯之辞。《书序》与今文说不合，即此可见。

《秦誓》　　此篇为秦穆公胜晋后誓众之辞。秦文之可考者，当以此及《石鼓文》《诅楚文》为最古矣。（《石鼓文》，昔人多以为周宣王作，非是。近人王国维、马衡考定为秦时物，说较可信。马作见《北京大学国学季刊》第一册。）

三、附论《逸周书》

　　今之《逸周书》，《汉志》列之《书》家。说者因以为孔子删《书》之余，其实非《书》之伦也。特以此说相沿已久，后人编甲部书者，亦多收之。（清正、续《经解》尚然。）又有入之乙部者；然古代经、子而外，实无所谓史，亦未安也。故附论之于此。（就鄙见，此书入子部兵家最妥。）

　　此书《汉志》只称《周书》。《说文》"祢"字下引之始称"逸"。（所引见今《本典篇》。然此语疑非许君原文。）《隋志》系之汲冢。后人有信之者，有辨之者；亦有调停其说，谓此书汉后久晦，得汲冢本乃复明者。《四库提要》云："《晋书·武帝纪》及《荀勖》《束皙传》，载汲郡人不准所得《竹书》七十五篇，具有篇名，无所谓《周书》。杜预《春秋集解后序》，载汲冢诸书，亦不列《周书》名。"则辨之者是也。《汉志》七十一篇；师古注：存者四十五。然《史通》言"《周书》七十一章，上自文、武，下终灵、景"，不言有阙。则唐时所传，盖有两本。故《唐志》以《汲冢周书》十卷，与孔晁注《周书》八卷并列。师古所见，盖即孔晁注八卷本，不全；知几所见，则蒙汲冢名之十卷本，无阙也。今本篇目，凡得七十。陈振孙《书录解题》谓"此书凡七十篇，叙一篇，在其末"。则今本篇名，较之《汉志》，并未阙少。盖即知几所见之本。然篇名具存，而书则已阙十一篇矣。至孔晁注则今仅存四十二篇，较师古所见，又阙其三焉。

　　蔡邕《明堂月令论》，谓《周书》七十一篇，《月令》第五十三，篇数与《汉志》合，篇第亦同今本，似今本确为《汉志》之旧。然《汉志》自注曰"周史记"，师古引刘向曰："周时诰誓号令也。"今本非诰誓号令者，实居其半。序固举全书

悉指为周史记，但观本文，则无以明之。序与书颇不合，不足
信也。诸篇文体，有极类《尚书》者，（如《商誓》《祭公》两篇
是。）亦有全不类《尚书》，而类周秦诸子，且极平近者，（如
《官人》《太子晋》两篇是。）又有可决为原书已亡，而后人以他
书补之者。（如《殷祝篇》是。）谓其不可信，则群书所征引，
今固多散见各篇之中。谓为可信，则群书所征引，为今本所无
者，亦复不少。（朱右曾本辑之。）诿为尽在亡篇之中，似亦未
安也。朱右曾曰："此书虽未必果出文、武、周公之手，要亦
非秦、汉人所能伪托。何者？庄生有言：圣人之法，以参为
验，以稽为决，一二三四是也。周室之初，箕子陈畴，《周官》
分职，皆以数纪。大致与此书相似。"今此书亡篇中有《箕
子》，安知其不与《洪范》相出入。《克殷》《度邑》两篇，为
《史记·周本纪》所本。《世俘篇》记武王狩禽及征国、服国、
俘馘、俘宝玉之数，迹似残虐。然与《孟子》所言"周公相武
王，灭国者五十，驱虎豹犀象而远之"，隐相符合。《孟子》自
述所见武、成，因亦有"血流漂杵"之语。是此书确可称为
《尚书》之类也。然如《武称》《允文》《大武》《大明武》《小
明武》《武顺》《武穆》《武纪》诸篇，则明明为兵家言。《文
传》后半，文字极类《管子》。开塞为商君之术，（参看论《商
君书》。）亦已见本篇中。又《汉书·食货志》：王莽下诏，谓
"《乐语》有五均"。今《乐语》已亡，而五均之别，实见本书
之《大聚》。五均者，抑并兼之政，亦《管子》"轻重"之伦
也。吾国之兵家言，固多涉及治国。其记周事之篇特多者，著
书托古，古人类然；亦或诚有所祖述。今《六韬》即如此，岂
能附之《书》家乎？然则此书人之子部兵家，实最妥也。

　　此书隶之《书》家，虽拟不于伦，然全书中涉及哲理及论
治道、治制之处，皆与他古书相类。文字除数篇外，皆朴茂渊
雅，绝非汉后人所能为。所述史迹，尤多为他书所不见，实先

秦旧籍中之瑰宝矣。

此书传本，讹谬甚多。卢抱经始有校本。其后陈逢衡有《逸周书补注》，朱右曾有《逸周书集训校释》。

《度训》第一、《命训》第二、《常训》第三、《文酌》第四　据序，自此至《文传》，皆文王之书。《度训》欲以弼纠，《命训》《常训》《文酌》所以化民。然序实不足信，不拘可也。此数篇之意，大约言法度原于天理，必能遵守法度，乃可以和众而聚人。一切赏罚教化之事，皆合群所必须，而亦无不当准诸天然之理者也。理极精深，文颇难解。

《籴匡》第五　此篇述成岁、俭岁、饥岁行事之异，可见古者视岁丰耗，以制国用之规。

《武称》第六、《允文》第七、《大武》第八、《大明武》第九、《小明武》第十　此五篇皆兵家言，甚精。

《大匡》第十一　此篇言荒政。

《程典》第十二　此篇记文王被囚，命三卿守国，诰以治国之道。

《程寤》第十三、《泰阴》第十四、《九政》第十五、《九开》第十六、《刘法》第十七、《文开》第十八、《保开》第十九、《八繁》第二十　此八篇亡。

《酆保》第二十一、《大开》第二十二、《小开》第二十三、《文儆》第二十四、《文传》第二十五　以上五篇，为文王受命作丰邑后事。《酆保》为命公卿百官之语。大、小《开》皆开示后人之语。《文儆》《文传》则文王自知将死，诰太子发之语也。

《柔武》第二十六、《大开武》第二十七、《小开武》第二十八、《宝典》第二十九　据序，自二十六至四十六，皆武王之书。此四篇为武王即位后，与周公讲论治国之道。其以"武"名篇者，我国兵家言，固多涉及政治也。

《酆谋》第三十、《寤儆》第三十一　此两篇皆谋伐商之事。

《武顺》第三十二、《武穆》第三十三　　前篇言军制，后篇言军政，亦兵家言之精者。

《和寤》第三十四、《武寤》第三十五、《克殷》第三十六、《世俘》第三十七　　此四篇记武王克商之事，事迹多可与他书互证，或补其不备。《世俘》篇原第四十，朱本移前，与《克殷》相次。

《大匡》第三十八、《文政》第三十九　　此两篇记武王在管之事。上篇东隅之侯，受赐于王，王诰之。下篇管、蔡以周政开殷人。

《大聚》第四十　　此篇记武王克殷后，问周公以徕民之道，述治制甚详。

《箕子》第四十一、《耆德》第四十二　　《耆德》，序作《考德》。此两篇亡。

《商誓》第四十三　　"誓"读为"哲"。此篇记武王告商诸侯之语。先称商先哲王，次数纣之恶，终述己意，极与《书》类。

《度邑》第四十四　　此篇记武王、周公图建洛邑之事，较《史记》为详。

《武儆》第四十五、《五权》第四十六　　此两篇记武、成相继之事。《武儆》篇盖记立成王为太子，而残缺，只寥寥数语。《五权》为武王疾笃告周公之辞。

《成开》第四十七　　据序，自此至五十九，为成王、周公之书。此篇为成王元年，周公开告成王之语。

《作雒》第四十八　　此篇记周公克殷后，营建洛邑之事。

《皇门》第四十九　　此篇记周公会群臣于皇门，诰诫之之语。

《六戒》第五十　　此篇亦周公陈戒成王之辞。

《周月》第五十一、《时训》第五十二、《月令》第五十三序云："周公正三统之义，作《周月》。辨二十四气之应，以明天时，作《时训》。制十二月赋政之法，作《月令》。"今

《月令》篇亡，《时训》记二十四气之应，与《戴记·月令》同。盖《戴记·月令》实合此书之《时训》《月令》二篇为一也。《周月》篇末，言"夏数得天，百王所同"。周虽改正以垂三统，"至于敬授民时，巡守祭享，犹自夏焉"。文体与前不类；且此为儒家学说，盖后人以儒书窜入也。《崇文总目》有《周书月令》一卷，则《月令》在宋时有单行本。

《谥法》第五十四　此篇历记谥法，谓周公葬武王时作。按《戴记》言"古者，生无爵，死无谥"，又言"死谥为周道"，则谥确始于周时。然以为周公作，则亦未必然也。

《明堂》第五十五　与《小戴记·明堂位》篇略同。

《尝麦》第五十六　此篇记成王即政，因尝麦求助于臣。篇中多涉黄帝、少昊、五观之事，可以考史。又云："命大正正《刑书》九篇。"案《左·文十八年》，季文子言周公制周礼，作《誓令》曰："毁则为贼，掩贼为藏。窃贿为盗，盗器为奸。主藏之名，赖奸之用，为大凶德，有常无赦，在九刑不忘。"昭六年叔向诒子产书，亦曰："周有乱政而作九刑。"则九刑确为周时物。得毋即此《刑书》九篇邪？《周礼·司刑》疏引郑《书注》，以五刑五，加流宥、鞭、扑、赎，为九刑。

《本典》第五十七　此篇记成王问、周公对，盖与上篇相承。

《官人》第五十八　此篇记周公告成王以观人之术，文极平顺。

《王会》第五十九　此篇记八方会同之事。列举四夷之名甚多，考古之瑰宝也。

《祭公》第六十　此篇记祭公谋父诲穆王之语，文体亦极似《尚书》。

《史记》第六十一　此篇记穆王命戎夫主史，朔望以闻，借以自镜。说如可信，则史官记注之事，由来已久；而人君之知读记注，亦由来已久矣。篇中历举古之亡国，多他书所不详，亦考古之资也。

《职方》第六十二　　同《周官·职方》。

《芮良夫》第六十三　　此篇记厉王失道，芮伯陈谏之辞。

《太子晋》第六十四　　此篇记晋平公使叔誉于周。太子晋时年十五，叔誉与之言，五称而叔誉五穷。叔誉惧，归告平公，反周侵邑。师旷不可。请使，与子晋言，知其不寿，其后果验。颇类小说家言。

《王佩》第六十五　　此篇言王者所佩在德，故以为名。皆告戒人君之语。

《殷祝》第六十六　　此篇记汤胜桀践天子位事。与周全无涉，与下篇亦绝不类。《御览》八十三引《书大传》略同。盖原书已亡，妄人意此书为《尚书》之类，遂取《大传》之涉殷事者补之也。

《周祝》第六十七　　此篇盖亦陈戒之语。以哲学作成格言，极为隽永。

《武纪》第六十八　　此篇亦兵家言。

《铨法》第六十九　　此篇言用人之道。

《器服》第七十　　此篇言明器，可考丧礼。

四、《仪礼》《礼记》《大戴礼记》《周礼》

《周礼》《仪礼》《礼记》，今日合称三《礼》。按高堂生所传之《礼》，本止十七篇；即今《仪礼》，是为《礼经》。《周礼》本称《周官》，与孔门之《礼》无涉；《礼记》亦得比于传耳。然今竟以此三书并列，而《周礼》一书，且几驾《仪礼》而上之，其故何耶？

按《汉书·艺文志》谓："《礼》自孔子时而不具。汉兴，鲁高堂生传《士礼》十七篇。讫孝宣世，后仓最明。戴德、戴

圣、庆普，皆其弟子。三家立于学官。《礼古经》者，出于
[鲁]淹中，及孔氏学七十篇，（当作十七篇。）文相似；多三十
九篇，及《明堂阴阳》、王史氏之《记》。所见多天子、诸侯、
卿大夫之制。虽不能备，犹瘉仓等推士礼而致于天子之说。"
刘歆讥太常博士："国家将有大事，若立辟雍、封禅、巡守之
仪，则幽冥而莫知其原。"此为古学家求礼于十七篇以外之原
因，盖讥今学家所传为不备也。主今学者曰：今十七篇中，唯
《冠》《昏》《丧》《相见》为士礼，余皆天子、诸侯、卿大夫之
制。谓高堂生所传独有士礼，乃古学家訾謷之辞，不足为今学
病也。其说良是。然谓十七篇即已备一切之礼，则固有所不
能。《逸礼》三十九篇，群书时见征引，（注疏中即甚多。）信今
学者悉指为刘歆伪造，似亦未足服人。然谓高堂生所传十七
篇，真乃残缺不完之物，则又似不然也。此其说又何如耶？

　　予谓孔门所传之《礼经》为一物；当时社会固有之礼书，
又为一物。孔门传经，原不能尽天下之礼；亦不必尽天下之
礼。以所传之经，不能尽天下之礼，而诋博士，其说固非；然
必谓博士所传以外，悉为伪物，则亦未是也。邵懿辰云："《周
官·大宗伯》，举吉、凶、宾、军、嘉五礼，其目三十有六。
后人以此为《周礼》之全。实仅据王朝施于邦国者言之，诸侯
卿大夫所守，不及悉具，亦揭其大纲而已。古无以吉、凶、
宾、军、嘉为五礼者，乃作《周官》者特创此目，以括王朝之
礼；而非所语于天下之达礼也。天下之达礼，时曰丧、祭、
射、乡、冠、昏、朝、聘，与《大戴礼经》，篇次悉合。（见
后。）《礼运》亦两言之，特'乡（鄉）'皆误为'御'耳。后
世所谓'礼书'者，皆王朝邦国之礼，而民间所用无多；即有
之，亦不尽用。官司所掌，民有老死不知不见者，非可举以教
人也。孔子所以独取此十七篇者，以此八者为天下之达礼也。"
（邵说见《礼经通论》，此系约举其意。）按：此说最通。礼原于

俗，不求变俗，随时而异，随地而殊；欲举天下所行之礼，概行制定，非唯势有不能，抑亦事可不必。故治礼所贵，全在能明其义。能明其义，则"礼之所无，可以义起"，原不必尽备其篇章。汉博士于经所无有者，悉本诸义以为推，事并不误。古学家之訾之，乃曲说也。推斯义也，必谓十七篇之外，悉皆伪物，其误亦不辨自明矣。然此不足为今学家病，何也？今学家于十七篇以外之礼，固亦未尝不参考也。

何以言之？按今之《礼记》，究为何种书籍，习熟焉则不察，细思即极可疑。孔子删订之籍，称之曰"经"；后学释经之书，谓之为"传"，此乃儒家通称。犹佛家以佛所说为"经"，菩萨所说为"论"也。其自著书而不关于经者，则可入诸儒家诸子；从未闻有称为"记"者。故廖平、康有为，皆谓今之《礼记》，实集诸经之传及儒家诸子而成，其说是矣。然今《礼记》之前，确已有所谓"记"，丧服之记，子夏为之作传，则必在子夏以前。今《礼记》中屡称"记曰"，疏皆以为"旧记"。《公羊》僖二年传亦引"记曰：唇亡则齿寒"。则"记"盖社会故有之书，既非孔子所修之经，亦非弟子释经之传也。此项古籍，在孔门传经，固非必备，（故司马迁谓《五帝德》《帝系姓》，儒者或不传。）而亦足为参考之资。何者？孔子作经，贵在明义。至于事例，则固有所不能该。此项未尽之事，或本诸义理，以为推致；或酌采旧礼，以资补苴，均无不可。由前之说，则即后仓等推士礼而至于天子之法，亦即所谓"礼之所无，可以义起"；由后之说，则《仪礼正义》所谓"凡《记》皆补《经》所不备"是也。诸经皆所重在义，义得则事可忘，《礼经》固亦如此；然礼须见诸施行，苟有旧礼以供采取参证，事亦甚便。此《礼》家先师，所以视"记"独重也。然则所谓《礼记》者，其初盖《礼》家裒集经传以外之书之称，其后则凡诸经之传，及儒家诸子，为《礼》家所采者，亦遂概以附之，而举蒙"记"之名矣。然则经传以外之书，博士固未尝不搜采；刘歆讥其"因陋就寡"，实乃厚诬君子之辞矣。今《礼记》中之《奔丧》《投壶》，郑皆谓与《逸礼》同，则《逸礼》一类之书，二戴固非不见也。

至于《周礼》，则本为言国家政制之书；虽亦被"礼"之名，而实与《仪礼》之所谓"礼"者有别。故至后世，二者即判然异名。《周礼》一类之书，改名曰"典"；《仪礼》一类之书，仍称为"礼"。如《唐六典》及《开元礼》是也。《周礼》究为何人所作，说者最为纷纭。汉时今学家皆不之信，故武帝谓其"渎乱不验"，何休以为"六国阴谋之书"；唯刘歆信为"周公致太平之迹"。东汉时，贾逵、马融、郑兴、兴子众皆治之，而郑玄崇信尤笃。汉末郑学大行，此经遂跻《礼经》之上。后人议论，大抵不出三派：（一）以称其制度之详密，谓非周公不能为。（二）则訾其过于烦碎，不能实行，谓非周公之书。（三）又有谓周公定之而未尝行；或谓立法必求详尽，行之自可分先后，《周官》特有此制，不必一时尽行，以为调停者。今按此书事迹，与群经所述，多相龃龉，自非孔门所传。其制度看似精详，实则不免矛盾。（如康有为谓实行《周官》之制，则终岁从事于祭，且犹不给是也。见所著《官制议》。）故汉武谓其"渎乱不验"，何休指为"六国阴谋"，说实极确。"渎乱"即杂凑之谓，正指其矛盾之处；"不验"则谓所言与群经不合也。古书中独《管子》所述制度，与《周官》最相类。《管子》实合道、法、纵横诸家之言，固所谓"阴谋之书"矣。故此书与儒家《礼经》，实属了无干涉，亦必非成周旧典。盖系战国时人，杂采前此典制成之。日本织田万曰："各国法律，最初皆唯有刑法，其后乃逐渐分析。行政法典，成立尤晚。唯中国则早有之，《周礼》是也。《周礼》固未必周公所制，然亦必有此理想者所成，则中国当战国时，已有编纂行政法典之思想矣。"（见所著《清国

行政法》。）此书虽属渎乱，亦必皆以旧制为据。刘歆窜造之说，
大昌于康有为，而实始于方苞。苞著《周官辨》十篇，始举
《汉书·王莽传》事迹为证，指为刘歆造以媚莽，说诚不为无
见。然窜乱则有之；全然伪撰，固理所必无，则固足以考见古
制矣。此书虽属虚拟之作，然孔子删订"六经"，垂一王之法，
亦未尝身见诸施行。当二千余年前，而有如《周官》之书，其
条贯固不可谓不详，规模亦不可谓不大。此书之可贵，正在于
此。初不必托诸周公旧典，亦不必附合孔门《礼经》。所谓"合
之两伤，离之双美"。必如郑玄指《周官》为经礼，《礼经》为
曲礼——（见《礼器》"经礼三百，威仪三千"注。）一为周公旧典，
足该括夫显庸创制之全；一则孔子纂修，特掇拾于煨烬丛残之
后——则合所不必合，而其说亦必不可通矣。

　　《仪礼》篇次，大、小戴及刘向《别录》，各有不同。今本
之次，系从《别录》，然实当以《大戴》为是。依《大戴》之
次，则一至三为冠、昏，四至九为丧、祭，十至十三为射、
乡，十四至十六为朝、聘；十七丧服，通乎上下，且此篇实
传，故附于末也。

篇　名	大　戴	小　戴	别　录
士冠礼	一	一	一
士昏礼	二	二	二
士相见礼	三	三	三
乡饮酒礼	十	四	四
乡射礼	十一	五	五
燕礼	十二	十六	十六
大射仪	十三	七	七
聘礼	十四	十五	八
公食大夫礼	十五	十六	九
觐礼	十六	十七	十

篇　名	大　戴	小　戴	别　录
丧服经传	十七	九	十一
士丧礼	四	八	十二
既夕礼	五	十四	十三
士虞礼	六	十五	十四
特牲馈食礼	七	十三	十五
少牢馈食礼	八	十一	十六
有司彻	九	十二	十七

　　礼之节文，不可行于后世，而其原理则今古皆同。后世言礼之说，所以迂阔难行；必欲行之，即不免徒滋纷扰者，即以拘泥节文故。故今日治礼，当以言义理者为正宗；而其言节文者，则转视为注脚，为欲明其义，乃考其事耳。然以经作史读，则又不然。礼原于俗，故读古礼，最可考见当时社会情形。《礼经》十七篇，皆天下之达礼，尤为可贵。如冠、昏、丧、祭之礼，可考亲族关系、宗教信仰；射、乡、朝、聘之礼，可考政治制度、外交情形是也。而宫室、舟车、衣服、饮食等，尤为切于民生日用之事。后世史家，记载亦罕，在古代则以与《礼经》相关故，钩考者众，事转易明。（说本陈澧，见《东塾读书记》。）尤治史学者所宜究心矣。

　　至治《周礼》之法，则又与《礼经》异。此书之所以可贵，乃以其为政典故，前已言之。故治之者亦宜从此留意。《周官》六官，前五官皆体制相同；唯冬官阙，以《考工记》补之。按古代工业，大抵在官。（除极简易，及俗之所习，人人能自制者。）制度与后世迥异。今可考见其情形者，以此书为最详，亦可宝也。（《周礼》有《冬官》补亡一派。其说始于宋俞庭椿之《周礼复古编》。谓五官所属，在六十以外者皆美，乃割裂之以补《冬官》。其说无据，不足信也。）

　　今《礼记》凡四十九篇。《正义》引《六艺论》曰："戴德传《记》八十五篇，则《大戴礼》是也；戴圣传《记》四十九篇，此《礼记》是也。"《经典释文·叙录》引刘向《别录》："《古文记》二百四篇。"又引陈邵《周礼论·序》："戴德删《古礼》二百四篇为八十五篇，谓之《大戴礼》；戴圣删《大戴礼》为四十九，是为《小戴礼》。后汉马融、卢植，考诸家同异，附戴圣篇章，去其繁重，及所叙略，而行于世，即今《礼记》是也。"《隋志》则谓："戴圣删《大戴》为四十六，马融足《月令》《明堂位》《乐记》为四十九。"今案《汉志》：《礼》家，《记》百三十一篇。班氏自注："七十子后学者所记也。"（案：其中实有旧记，此书未尽合，见前。）此为今学。又《明堂阴阳》三十三篇，《王史氏》二十一篇。此即所谓"《礼古经》出淹中，多三十九篇，及《明堂阴阳》《王史氏记》者"。（见前。）更加《古封禅群祀》二十二篇，凡二百七。如《隋志》说，《月令》《明堂位》《乐记》三篇，为马融、卢植后加，则正二百四也。（此外《礼》家之书：《曲台后仓》，乃汉师所撰。《中庸说》《明堂阴阳说》皆"说"。《周官经》《周官传》，别为一书，与礼无涉。《军礼司马法》，为班氏所入。《封禅议对》《汉封禅群祀》《议奏》，皆汉时物。故唯《古封禅群祀》，可以相加也。然此二百四篇中，百三十一篇，实为今学，不得概云古文《记》。）然《乐记正义》又引刘向《别录》，谓《礼记》四十九篇。《后汉书·桥玄传》："七世祖仁，著《礼记章句》四十九篇。"仁即班氏《儒林传》所谓小戴授梁人桥仁季卿者。《曹褒传》："父充，治《庆氏礼》。褒又传《礼记》四十九篇。庆氏学遂行于世。"则《礼记》四十九篇，实小戴、庆氏之所共，抑又何耶？按陈邵言：马融、卢植去其繁重，而不更言其篇数，明有所增、亦有所去，而篇数则仍相同。今《礼记》中，《曲礼》《檀弓》《杂记》，皆分上下，实四十六篇。四十六加八十五，正百三十一。然则此百三十一篇者，固博士相传之今学，无所谓删《古记》

二百四篇而为之也。或谓今之《大戴记·哀公问、投壶》，皆全同《小戴》；苟去此二篇，篇数即不足八十五，安得谓小戴删取大戴乎？不知今之《大戴记》，无传授可考，前人即不之信。（《义疏》中即屡言之。）虽为古书，必非《大戴》之旧。然语其篇数，则出自旧传，固不容疑也。

《礼记》为七十子后学之书，又多存《礼》家旧籍。读之，既可知孔门之经义，又可考古代之典章，实为可贵。然其书编次错杂，初学读之，未免茫无头绪。今更逐篇略说其大要。

《曲礼》上第一、下第二　此篇乃杂记各种礼制，明其委曲者，故称"曲礼"。凡礼之节文，多委曲繁重。然社会情形，由此可以备睹。欲考古代风俗者，此实其好材料也。

《檀弓》上第三、下第四　此篇虽杂记诸礼，实以丧礼为多。檀弓，《疏》云六国时人；以仲梁子是六国时人，此篇有仲梁子故。然"檀弓"二字，特取于首节以名篇，非谓此篇即檀弓所记。或谓檀弓即仲弓，亦无确证也。

《王制》第五　此篇郑氏以其用"正"决狱，合于汉制；又有"古者以周尺""今以周尺"之言，谓其出于秦、汉之际。卢植谓汉文令博士诸生所作。案《史记·封禅书》："文帝使博士诸生刺取六经作《王制》。"今此篇中固多存诸经之传，（如说制爵禄为《春秋传》，巡守为《书传》。）卢说是也。孔子作六经，损益前代之法，以成一王之制，本不专取一代。故经传所说制度，与《周官》等书述一代之制者，不能尽符。必知孔子所定之制，与历代旧制，判然二物，乃可以读诸经。若如《郑注》，凡度制与《周官》不合者，即强指为夏、殷，以资调停，则愈善附会而愈不可通矣。细看此篇注疏，便知郑氏牵合今古文之误。此自治学之法当然，非有门户之见也。

《月令》第六　此篇与《吕览·十二纪》《淮南·时则训》大同。《逸周书》亦有《时训》《月令》二篇。今其《月令》篇亡，而《时训》所载节候，与此篇不异。盖此实合彼之两篇为一篇也。蔡邕、王肃以此篇为周公作，盖即以其出于《周书》。郑玄则以其令多不合周法；而太尉之名，九月授朔之制，实与秦合，指为出于《吕览》。然秦以十月为岁首，已在吕不韦之后，则郑说亦未可凭。要之，古代自有此等政制，各家同祖述之，而又颇以时制，改易其文耳。

《曾子问》第七　此篇皆问丧礼、丧服，多可补经所不备。

《文王世子》第八　此篇凡分五节。（见《疏》。）可考古代学制、刑法、世子事父之礼，王族与异姓之殊。此篇多古文说。

《礼运》第九、《礼器》第十　此两篇颇错杂，然中存古制及孔门大义甚多。如《礼运》首节，述大同之治，实孔门最高理想。"夫礼之初"一节，可考古代饮食居处进化情形。下文所论治制，亦多非春秋战国时所有，盖皆古制也。《礼器》云："因名山以升中于天，因吉土以享帝于郊。"昊天上帝与五方帝之别，明见于经者，唯此一处而已。论礼意处，尤为纯美。

《郊特牲》第十一　此篇在《礼记》中最为错杂。大体论祭祀，而冠、昏之义，皆错出其中。

《内则》第十二　此篇皆家庭琐事，而篇首云："后王命冢宰，降德于众兆民。"令宰相以王命行之，可见古代之政教不分。所记各节，尤可见古代卿大夫之家生活之情况也。

《玉藻》第十三　此篇多记服饰。一篇之中，前后倒错极多，可见《礼记》编次之杂。因其编次之杂，即可见其传授之久也。

《明堂位》第十四　此篇记周公摄王位，以明堂之礼朝诸侯，与《周书·明堂篇》略同。篇中盛夸鲁得用王礼。又曰："君臣未尝相弑也，礼乐刑法政俗，未尝相变也。"郑玄已讥其诬。此篇盖鲁人所传也。

《丧服小记》第十五、《大传》第十六　此两篇为记古代宗法，最有条理之作；盖因说丧服而及之。

《少仪》第十七　郑云："以记相见及荐羞之小威仪，故名。""少""小"二字，古通也。

《学记》第十八　此篇皆论教育之法，涉学制者甚少。篇首即云："君子如欲化民成俗，其必由学乎！"又曰："古之王者，建国君民，教学为先。"下文又云："能为师，然后能为长。能为长，然后能为君。故师也者，所以学为君也。"此篇盖皆为人君说法，然其论教育之理则极精。

《乐记》第十九　此篇凡包含十一篇，（见《疏》。）论乐之义极精。《荀子》《吕览》诸书论乐者，多与之复，盖相传旧籍也。

《杂记》上第二十、下第二十一　此篇杂记诸侯以下至士之丧事。

《丧大记》第二十二　此篇记人君以下，始死、小敛、大敛，及殡葬之礼。

《祭法》第二十三　此篇记虞、夏、商、周四代之祀典，极有条理。

《祭义》第二十四、《祭统》第二十五　此两篇皆论祭祀。《祭义》中孔子与宰我论鬼神一段，可考古代之哲学。此外曾子论孝之语，及推论尚齿之义，皆可见古代伦理，以冢族为之本。故修身、齐家、治国、平天下，义可一贯也。

《经解》第二十六　此篇论《诗》《书》《乐》《易》《礼》《春秋》之治，各有得失。六艺称"经"，此为最早矣。下文论礼之语，颇同《荀子》。

《哀公问》第二十七、《仲尼燕居》第二十八、《孔子闲居》第二十九　此三篇文体相类，盖一家之书也。《哀公问篇》，前问政，后问礼。《仲尼燕居篇》，记孔子为子张、子贡、子游说礼乐。《孔子闲居篇》，则为子夏说诗。皆反复推论，词旨极为详尽。

《坊记》第三十　此篇论礼以坊民，列举多事为证。

《中庸》第三十一　此篇为孔门最高哲学。读篇首云"天命之谓性，率性之谓道，修道之为教"三语可见。唯中间论舜及文、武、周公一节，暨"凡为天下国家有九经"一节，太涉粗迹，疑亦他篇简错也。

《表记》第三十二　郑云："此篇论君子之德，见于仪表者，故名。"

《缁衣》第三十三　以上四篇，文体相类。《释文》引刘云："《缁衣》为公孙尼子作。"《隋书·音乐志》，谓《中庸》《表记》《坊记》《缁衣》，皆取《子思子》，《乐记》取《公孙尼子》。今案：《初学记》引《公孙尼子》："乐者，审一以定和，比物以饰节。"《意林》引《公孙尼子》："乐者，先王之所以饰喜也。"皆见今《学记》；《意林》引《子思子》十余条，一见于《表记》，再见于《缁衣》；则《隋志》之言信矣。

《奔丧》第三十四　此篇记居于他国，闻丧奔归之礼。郑云：此篇与《投壶》皆为《逸礼》，见《疏》。

《问丧》第三十五、《服问》第三十六、《闲传》第三十七、《三年问》第三十八　此四篇皆释丧礼之义，及丧服轻重所由，实亦《仪礼》之传也。

《深衣》第三十九　此篇记深衣之制。深衣为古者天子达于庶人之服，若能深明其制，则其余服制，皆易明矣。

《投壶》第四十　此篇记投壶之礼，为古人一种游戏。

《儒行》第四十一　此篇记孔子对哀公，列举儒者之行。与《墨子·非儒》《荀子·非十二子》等篇对看，可见当时所谓儒者之情形。

《大学》第四十二　此篇论学以治国之理。与《学记》篇合看，可见古代学与政相关。

《冠义》第四十三、《昏义》第四十四、《乡饮酒义》第四十五、《射义》第四十六、《燕义》第四十七、《聘义》第四十八　此六篇皆《仪礼》之传。但读《礼经》诸篇，殊觉其干燥无味；一读其传，则觉妙绪环生。此吾所以云今日治礼，当以言义理者为主，言节文者为注脚也。

《丧服四制》第四十九　此篇亦《丧服》之传也。

今之《大戴记》，虽未必为戴德之旧，然其中有若干篇，则确为大戴所有。如许慎《五经异义》引《盛德记》，已谓为今《戴礼》说是也。此书《隋志》作十三卷。司马贞言亡四十七篇，存者三十八篇。今存者实三十九篇；盖由《夏小正》一篇，尝摘出别行之故。《中兴书目》《郡斋读书志》谓存者四十篇，则因其时《盛德记》已析为两故也。此书《盛德篇》中论明堂之处，古书征引，皆称为《盛德篇》，不知何时析出，别标"明堂"之名。宋时诸本篇题，遂或重七十二，或重七十三，或重七十四，《四库》校本仍合之，篇题亦皆校正，具见《四库书目提要》。

此书《哀公问》《投壶》两篇，篇名及记文皆同《小戴》，已见前。此外尚有同《小戴》及诸书处，具见下。盖戴德旧本阙佚，后人取诸书足成之也。《汉志》所载《曾子》十八篇，《孔子三朝记》七篇，今多存此书中。不知为《大戴》之旧，抑后人所为。"记"本纂次古籍，以备参稽，患其阙，不患其杂。此书虽非《大戴》原本，然所采皆古籍，其功用亦与《礼记》无殊。史绳祖《学斋呫毕》，谓宋时尝以此书与《小戴》并列，称"十四经"，诚无愧色，非如以《周书》与《尚书》并列之拟不于伦也。旧注存者十四篇，王应麟《困学纪闻》谓出卢辩。事见《周书》，说盖可信。

《王言》第三十九　此书今自三十八篇以上皆亡。此篇记孔子闲居，曾子侍，孔子告以王天下之道，亦颇涉治制。此篇与《家语》大同小异。

《哀公问五义》第四十　　此篇记孔子告哀公人有五等，与《荀子》《家语》略同。

《哀公问于孔子》第四十一　　此篇同《小戴·哀公问》。《家语》亦袭之，而分《大昏》《问礼》两篇。

《礼三本》第四十二　　此篇略同《荀子·礼论》。

《礼祭》第四十六　　四十三至四十五阙。此篇同《小戴·经解》及贾谊《新书》。

《夏小正》第四十七　　此篇与《周书·周月》篇大同。《小戴记·礼运》："孔子曰：吾得夏时焉。"郑注谓夏时存者有《夏小正》，则此篇确为古书也。《北史》：魏孝武释奠太学，诏中书舍人卢景宣讲《大戴礼·夏小正》；则南北朝时，此篇确在本书中。《隋志》：《夏小正》一卷，戴德撰；则隋时有别行本矣。

《保傅》第四十八　　此篇与《汉书·贾谊传》疏同。《新书》分为《傅职》《保傅》《容经》《胎教》四篇。按此本古制，谊盖祖述之也。

《曾子立事》第四十九、《曾子本孝》第五十、《曾子立孝》第五十一、《曾子大孝》第五十二、《曾子事父母》第五十三、《曾子制言》上第五十四、中第五十五、下第五十六、《曾子疾病》第五十七、《曾子天圆》第五十八　　《汉书·艺文志》有《曾子》十八篇。朱子曰：世称《曾子》书，取《大戴》十篇充之。晁公武《郡斋读书志》，陈振孙《书录解题》，皆云《曾子》二卷十篇，具《大戴》。盖《汉志》原书之亡久矣。《立事》《制言》《疾病》三篇，皆恐惧修省之意，与他书载曾子之言，意旨相合。《大孝篇》同《小戴·祭义》；《立孝》《事父母》，意亦相同。《天圆篇》："单居离问于曾子曰：天圆而地方者，诚有之乎？曾子曰：如诚天圆而地方，则是四角之不掩也。"近人皆取之，为我国早知地圆之证。然天圆地方，本以理言，（犹言天动地静。然天动地静，亦以理言也。）非以体言。古代天文家，无不言地圆者，亦不待此篇为证也。下文论万有皆成于阴阳二力，万法皆本于阴阳，颇同《淮南子·天文训》。《事父母篇》："若夫坐如尸，立如齐；弗讯不言，言必齐色。此成人之善者也，未得为人子之道也。"或谓《小戴·曲礼上篇》"若夫坐如尸，立如齐"，实与此篇文同，而下文脱去。《郑注》读"夫"如字，乃即就脱文释之也。

《武王践阼》第五十九　　此篇记师尚父以丹书诏武王，武王于各器物皆为铭，以自儆。前半亦见《六韬》。

《卫将军文子》第六十　　此篇记卫将军文子问子贡以孔子弟子孰贤。子贡历举颜渊、冉雍诸人以对。子贡见孔子，孔子又告以伯夷、叔齐诸贤人之行。略同《家语·弟子行》。

《五帝德》第六十二、**《帝系》**第六十三　　前篇略同《史记·五帝本纪》，后篇盖同《世本》。按《五帝本纪》既谓"轩辕之时，神农氏世衰，诸侯相侵伐，弗能征"，又谓"炎帝欲侵陵诸侯"，其词未免矛盾。黄帝与炎帝战于阪泉，蚩尤战于涿鹿。据《索隐》引皇甫谧、《集解》引张晏说，二者又皆在上谷，事尤可疑。今此篇只有与炎帝战于阪泉之文，更无与蚩尤战于涿鹿之说。炎帝，姜姓；蚩尤，九黎之君。（《书·吕刑》伪孔传，《释文》引马融说，《战国策·秦策》高诱注。）苗民亦九黎之君，（《小戴记·缁衣》疏引《吕刑》郑注。此苗民为九黎之君之贬称，非谓人民也。）三苗亦姜姓，得毋炎帝、蚩尤，实一人，阪泉、涿鹿实一役耶？此等处，古书诚只字皆至宝也。

《劝学》第六十四　　此篇略同《荀子》。后半又有同《荀子·宥坐》篇处。

《子张问入官》第六十五　　论官人之道，略同《家语》。

《盛德》第六十六　　此篇前半论政治，后半述明堂之制。

略同《家语·五刑、执辔》二篇。

　　《千乘》第六十七　　此篇论治国之道，有同《王制》处。此下四篇及《小辨》《用兵》《少闲》，《困学纪闻》谓即《孔子三朝记》。

　　《四代》第六十八、《虞戴德》第六十九、《诰志》第七十此三篇亦论政治。

　　《文王官人》第七十一　　此篇同《逸周书》。

　　《诸侯迁庙》第七十二、《诸侯衅庙》第七十三　　此两篇亦《逸礼》之类，后篇在《小戴·杂记》中。

　　《小辨》第七十四　　此篇戒"小辨破言，小言破义，小义破道"，发明"主忠信"之旨。

　　《用兵》第七十五　　此篇言人生而有喜怒之情，兵之作，与民之有生以俱来。圣人利用而弭乱，乱人妄用以丧身。与《吕览》《淮南》之说相似，实儒家论兵宗旨所在也。（参看论彼二书处。）

　　《少闲》第七十六　　此篇论分民以职之道，与法家消息相通。

　　《朝事》第七十七　　同《小戴·聘义》，《周官·典命、大行人》。

　　《投壶》第七十八　　同《小戴》而少略。

　　《公冠》第七十九　　此篇述诸侯冠礼，后附成王汉昭祝辞。《士冠礼》："公侯之有冠礼，夏之末造也。"可见公冠礼自古有之，特以非达礼故，孔子定《礼经》，不取之耳。然仍在二《戴记》中。解此，可无訾今文家所传之不备，亦不必尽斥古文家之《逸礼》为伪造也。

　　《本命》第八十、《易本命》第八十一　　此两篇为古代哲学，推究万物原本，一切以数说之。但其中又有论及男女之义处，又有一段同《丧服四制》。盖古代伦理，亦原本哲学，故连类及之也。

礼之为物，最为烦琐。欲求易明，厥有二法：（一）宜先通其例。通其例，则有一条例为凭，可以互相钩考，不至茫无把握矣。看凌廷堪《礼经释例》最好。（二）宜明其器物之制。江永《仪礼释宫注》、任大椿《深衣释例》二书最要。器物必参看实物，动作必目验实事，乃更易明。古物不可得，则宜看图。张皋文《仪礼图》最便。动作可以身演，阮元发其议，陈澧尝行之，（见《东塾读书记》。）可法也。若喜考究治政制度者，则《周礼》重于《仪礼》。其中荦荦大端，如沈彤之《周官禄田考》、王鸣盛之《周礼军赋说》等，皆可参阅。《考工记》关涉制造，戴震有《考工记图》，阮元又有《车制图考》。（《考工记》于各种工业最重车。）

三《礼》旧疏皆好。清儒新疏，《仪礼》有胡培翚之《正义》，《周礼》有孙诒让之《正义》，唯《礼记》无之。然古书皆编次错杂，任举一事，皆散见各处，钩稽非易，通贯自难。实当以类相从，另行编次。朱子之《仪礼经传通解》，即准此例而作。江永之《礼书纲目》，沿用其例；而后起更精，多足订正《通解》之失，不可不一阅也。若宋陈祥道之《礼书》，则该贯古今，更为浩博。清秦蕙田《五礼通考》，盖沿其流；卷帙太繁，非专门治礼者，但资翻检足矣。

《礼记》之注，以宋卫湜《礼记集说》，搜采为最多。宋以前诸儒之说《礼记》者，今日犹可考见，皆赖此书之存也。清杭世骏《续礼记集说》，搜采逮于清初，亦称浩博。然卷帙太巨，且中多空论，未免泛滥无归。初学欲求简明，读清朱彬《礼记训纂》却好。此书参考博，而颇能反之于约也。《大戴记》久讹舛，清卢文弨、戴震，始厘正其文字。其后汪照有《大戴礼注补》，孔广森有《大戴礼记补注》，王聘珍有《大戴礼记解诂》。

五、《易》

言《易》之书，不外理、数两派。汉之今文家，言理者
也；今文别派京氏，及东汉传古文诸家，言数者也。晋王弼之
学，亦出汉古文家，然舍数而言理。宋邵雍、刘牧之徒，则又
舍理而求诸数；唯程颐言理不言数。古今《易》学之大别，如
此而已。

汉今文《易》立于学官者四家，施、孟、梁丘及京氏是
也。《汉书·儒林传》谓"要言《易》者，本之田何"。据
《传》所载：田何传王同、周王孙、丁宽、齐服生。王同传杨
何，（即司马谈所从受《易》者；见《太史公自序》。）丁宽传田王
孙，田王孙传施雠、孟喜、梁丘贺。授受分明，本无异派也。
然《传》又云："丁宽至洛阳，复从周王孙受古谊。"周王孙与
宽，同学于田何，安所别得古谊，而宽从受之，已不免矛盾
矣。《贺传》又云："从京房受《易》。房者，杨何弟子也。房
出为齐郡太守，贺更事田王孙。"《房传》云："受《易》梁人
焦延寿。焦延寿云尝从孟喜问《易》。房以为延寿《易》即孟
氏学。翟牧、白生（孟喜授《易》者。）不肯，皆曰非也。"则
纠纷弥甚。按《喜传》："得《易》家《候阴阳灾变书》，诈言
师田生且死时，枕喜膝独传喜。同门梁丘贺，疏通证明之，
曰：田生绝于施雠手中，时喜归东海，安得此事？博士缺，众
人共荐喜，上闻喜改师法，遂不用喜。"则喜盖首为异说，以
变乱师法者。然《京房传》言："成帝时刘向校书，考《易》
说，以为诸家皆祖田何。杨叔、丁将军，大谊略同；唯京氏为
异党。延寿独得隐士之说，托之孟氏，不相与同。"则又似孟
氏之学，本无异说，而为京房所依托者。今案：京氏《易》
学，专言灾异，实出于中叶以后；丁宽当景帝时，安得有此？

刘向谓为伪托，说盖可信。梁丘贺初学于京氏，丁宽更问于田
王孙，盖亦造作之词也。

　　汉古文《易》传于后者为费氏，《传》云："《费氏易》无
章句，徒以《彖》《象》《系辞》十篇《文言》解说上下经。"
则其学亦应举大谊，不杂术数。然郑玄、荀爽，皆传《费氏
易》者，其学顾多言象数，实与京氏为同党。何哉？盖古文
《易》又有高氏。高氏亦无章句，而《传》言其专言阴阳灾异，
正与京氏同。盖汉初《易》家，皆仅举大谊，不但今文如此，
即初出之《费氏古文》，亦尚如此。其后术数之学寖盛，乃一
切附会经义；不徒今文之京氏然，即古文之高氏亦然矣。东汉
传《费氏易》者，盖特用其古文之经。（《汉志》云："刘向以中
古文《易经》校施、孟、梁丘经，或脱去'无咎''悔亡'，唯费氏经
与古文同。"当时盖有费氏经优于施、孟、梁丘经之说。）至其说，
则久非费氏之旧。此所以王弼亦治《费氏易》，而其说顾与郑、
荀诸家，判然不同也。《孟易》嫡传，厥唯虞氏。然《三国志
·虞翻传》注载翻奏，谓"前人通讲，多玩章句：虽有秘说，
于经疏阔"。此实虞氏叛孟氏之明证。今所传《孟氏易》说，
盖亦非孟氏之旧矣。

　　东汉《易》学，至王弼而一变。弼学亦出费氏，然与郑、
荀等大异，能举汉人象数之说，一扫而空之。盖还费氏以
《彖》《象》《系辞》说经之旧，不可谓无廓清摧陷之功也。自
是以后，郑、王之学并行，大抵河北主郑，江南行王。至唐修
《五经正义》用王氏，而《郑易》亦亡。唐李鼎祚作《周易集
解》，独不宗王，而取汉人象数之说，所搜辑者三十余家。后
人得以考见汉《易》者，独赖此书之存而已。

　　至于宋代，则异说又兴，宋儒言《易》，附会《图》《书》。
其学实出陈抟，而又分二派：（一）为刘牧之《易数钩隐》，以
九为《河图》，十为《洛书》。（二）为邵雍，说正相反。后邵

说盛行，而刘说则宗之者颇希。程颐独指邵说为《易》外别传；所著《易传》，专于言理。朱子学出于颐，所作《易本义》，亦不涉《图》学，而卷首顾附以九图，王懋竑谓考诸《文集》《语类》，多相牴牾，疑为后人依附。然自此图附于《本义》后，《图》《书》之学，又因之盛行者数百年。至于明末，疑之者乃渐多。至清胡渭作《易图明辨》，而《图》《书》为道家之物，说乃大明。（疑《图》《书》者始于元陈应润。应润著《爻变义蕴》，始指先天诸图为道家修炼之术。明、清之际，黄宗羲著《易学象数论》，宗羲弟宗炎著《图书辨惑》，毛奇龄著《图书原舛编》，而要以胡氏书为最详核。以此书与惠栋之《明堂大道录》并读，颇可考见古今术数之学之大略也。）自此以后，汉《易》大兴，舍宋人之象数，而言汉人之象数矣。

从来治《易》之家，言理者则诋言数者为诬罔，言数者则诋言理者为落空。平心论之，皆非也。汉儒《易》说，其初盖实止传大义；阴阳灾异之说，不论今古文，皆为后起；已述如前。宋人之图，实出道家；在儒家并无授受；经清儒考证，亦已明白。然谓汉初本无象数之说，《图》《书》亦无授受之征，则可；谓其说皆与《易》不合，则不可。西谚云："算账只怕数目字。"汉、宋象数之说，果皆与《易》无关，何以能推之而皆合乎？（参看论《淮南子》。）盖古代哲学，导源宗教，与数、术本属一家。其后孔门言《易》，庸或止取大义。然为三代卜筮之书之《易》，则固未尝不通于数术。吾侪今日，原不必执言但考孔门之《易》，而不考三代卜筮之旧《易》，且亦不能断言孔门之《易》，决不杂象数之谈；即谓孔门之《易》不杂象数，而数显易征、理藏难见，今者《易》义既隐，亦或因数而易明也。然则象数之说，在《易》学虽非正传，固亦足资参证矣。唯此为专门之学，非深研古代哲学者，可以不必深究。

《易》为谁作，及其分篇若何，颇有异说。《汉志》："《易经》十二篇，施、孟、梁丘三家。"师古曰："《上、下经》及《十翼》，故十二篇。"《十翼》者，《易正义》云"《上、下彖》《上、下象》《上、下系》《文言》《说卦》《序卦》《杂卦》"是也。然《法言·问神》，谓"《易》损其一"；《论衡·正说》，谓孝宣时河内女子得《逸易》一篇；《隋志》亦述其事，而又云得三篇。按今《系辞》中屡有"系辞"字，皆指《卦辞》《爻辞》言之。《太史公自序》引今《系辞》之文，谓之《易大传》，据《释文》，王肃本《系辞》实有"传"字。今《系辞》中多有"子曰"字，明系后学所为，王肃本是也。《说卦》《序卦》《杂卦》，盖亦非汉初所有，故《隋志》以为三篇后得。然则今本以卦、爻《辞》及《彖》《象》合为上下二篇，盖实汉师相传旧本。《汉志》谓施、孟、梁丘经即十二篇，其说盖误。《志》载各家《易传》皆二篇，（唯丁氏八篇，亦与十二篇不合。）施、孟、梁丘《章句》，亦皆二篇，亦其一证也。然自东汉以后，皆以分十二篇者为古本。（《三国志·高贵乡公纪》：博士淳于俊谓郑氏合《彖》《象》于经。）宋吕祖谦如其说，重定之。朱子作《本义》，即用其本。明时修《五经大全》，以《本义》析入《程传》。后士子厌《程传》之繁，就其本刊去《程传》，遂失《本义》原次。清修《周易折中》，用宋咸淳吴革刻本，仍分为十二篇焉。

伏羲"画卦"，见于《系辞》，故无异说。至"重卦"，则说者纷纷。王弼以为伏羲自重，郑玄以为神农，孙盛以为夏禹，史迁以为文王；《卦辞》《爻辞》，郑学之徒，以为文王作；马融、陆绩之徒，以《卦辞》为文王、《爻辞》为周公作。至《十翼》则并以为孔子作，无异论。（并见《正义八论》。）今案：《系辞》为传，《说卦》等三篇后得，已见前。既云"后得"，则必不出孔子。《史记·孔子世家》云："孔子晚而喜《易》，序《彖》《系》《象》《说卦》《文言》。""序"之云者，"次序"

之谓，犹上文所谓"序书传"，初不以为自作。《汉志》乃云："孔氏为之《彖》《象》《系辞》《文言》《序卦》之属十篇。"与以《卦辞》《爻辞》为文王、周公作者，同一无确据而已。要之，《易》本卜筮之书，其辞必沿之自古，纵经孔子删订，亦不必出于自为；疑事无质，不必凿言撰造之人可也。《周礼》："大卜三《易》：一曰《连山》，二曰《归藏》，三曰《周易》。"杜子春以《连山》为伏羲，《归藏》为黄帝。郑玄则谓："夏曰《连山》，殷曰《归藏》，周曰《周易》。"然郑以卦、爻《辞》并为文王作，则不以《连山》《归藏》为有辞也。

读《易》之法，可分精、粗二者言之。若求略通《易》义，可但观《王注》《程传》，以《易》本文与周秦诸子，互相钩考。（可用惠氏《易微言》之法。）若求深造，则象数之说，亦不可不通。说已见前。唯仍须与哲学之义不背，不可坠入魔障耳。清儒治汉《易》者，以元和惠氏为开山，武进张氏为后劲；江都焦氏，则为异军苍头。初学读《易》者，即从此三家入手可也。汉儒《易》学，自唐修《五经正义》后久微。惠氏乃以李鼎祚《集解》为主，参以他种古书，一一辑出。其书有《周易述》二十一卷，《易汉学》八卷，《易例》二卷。《九经古义》中，涉《易》者亦不少。《明堂大道录》一书，实亦为《易》而作；《书目答问》，入之《礼》家，非也。（惠氏书多未成，《周易述》一种，其弟子江藩有《补》四卷。）汉儒《易》学，各有家法。惠氏搜辑虽勤，于此初未能分别。至张氏乃更有进。张氏之书，有《周易虞氏义》九卷，《虞氏消息》二卷，《易礼》二卷，《易事》二卷，《易言》二卷，《易候》一卷，又有《周易郑氏义》二卷，《荀氏九家义》一卷，《易义别录》十四卷；始分别诸家，明其条贯，而于虞氏尤详；亦以《集解》存诸家说，本有详略之不同也。焦氏书曰《周易章句》十二卷，《易通释》十二卷，《易图略》八卷。焦氏不墨守汉人成说，且于汉儒说之误者，能加以驳正；《通释》一书，自求条例于《易》，立说亦极精密，诚精心之作也。予谓三家书中，惠氏之《明堂大道录》，及其《周易述》中所附之《易微言》，及焦氏之《易通释》三种，尤须先读。《明堂大道录》，举凡古代哲学，与术数有关之事，悉集为一编；可作古代宗教哲学史读，读一过，则于此学与古代社会，究有何等关系，已可了然。《易微言》将《易经》中哲学名词，一一逐条抄出，更附以他种古书，深得属辞比事之法。《易通释》则统合全书，求其条例，皆治学最善之法也。学者循其门径，不第可以读《易》，并可读古代一切哲学书矣。

六、《春 秋》

《春秋》一书，凡有三《传》。昔以《公羊》《穀梁》为今文，《左氏》为古文。自崔适《春秋复始》出，乃考定《穀梁》亦为古文。

《春秋》之记事，固以《左氏》为详；然论大义，则必须取诸《公羊》。此非偏主今学之言也。孟子曰："其事则齐桓、晋文，其文则史，其义则丘窃取之矣。"若如后儒之言，《春秋》仅以记事，则《孟子》所谓"义"者，安在哉？太史公曰："《春秋》文成数万，其指数千。"今《春秋》全经，仅万七千字，安得云数万？且若皆作记事之书读，则其文相同者，其义亦相同。读毛奇龄之《春秋属辞比事表》，已尽《春秋》之能事矣，安得数千之指乎？《春秋》盖史记旧名，（韩起适鲁，见《易象》与《鲁春秋》，见《左·昭二年》。孟子曰："晋之《乘》，楚之《梼杌》，鲁之《春秋》，一也。"而《晋语》：司马侯谓羊舌肸习于《春秋》；《楚语》：申叔论传太子，曰：教以《春秋》。盖《乘》与《梼杌》为列国异名，而《春秋》则此类书之通名也。《墨子》载《周春秋》记杜伯事，《宋春秋》记观辜事，《燕春秋》记庄子仪事，亦皆谓之《春秋》。）孔子修之，则实借以示义。《鲁春秋》之文，明见《礼记·坊记》。孔子修之，有改其旧文者，如庄七年"星陨如雨"一条是也；有仍而不改者，如昭十二年"纳北燕伯于阳"一条是也。故子女子曰："以《春秋》为《春秋》。"（闵元年。）《传》曰："定、哀多微辞。主人习其读而问其传，则未知己之有罪焉尔。"（定元年。）封建之时，文网尚密，私家讲学，尤为不经见之事；况于非议朝政、讥评人物乎？圣人"义不讪上，知不危身"，托鲁史之旧文，传微言于后学，盖实有所不得已也，曷足怪哉！

　　《易》与《春秋》，相为表里。盖孔门治天下之道，其原理在《易》，其办法则在《春秋》也。今试就"元年春王正月"一条，举示其义。按《传》曰："元年者何？君之始年也。春者何？岁之始也。王者孰谓？谓文王也。曷为先言王而后言正月？王正月也。何言乎王正月？大一统也。公何以不言即位？成公，意也。"何君《解诂》曰："《春秋》变一为元。元者，气也，无形以起，有形以分，造起天地，天地之始也。故上无所系，而使春系之也。不言公言君者，所以通其义于王者。《春秋》托新王受命于鲁，故因以录即位。明王者当继天奉元，养成万物；春者，天地开关之端，养生之首，法象所出，四时本名也。文王，周始受命之王，天之所命，故上系天端。方陈受命，制正月，故假以为王法。不言谥者，法其生，不法其死，与后王共之，人道之始也。统者，总系之辞。王者始受命，改制，布政施教于天下，莫不一一系于正月，故云政教之始。即位者，一国之始。政莫大于正始，故《春秋》以元之气，正天之端；以天之端，正王之政；以王之政，正诸侯之即位；以诸侯之即位，正境内之治。诸侯不上奉王之政，则不得即位，故先言正月而后言即位；政不由王出则不得为政，故先言王而后言正月也。王者不承天以制号令则无法，故先言春而后言王；天不深正其元，则不能成其化，故先言元而后言春。五者同日并见，相须成体；乃天人之大本，万物之所系，不可不察也。"案：中国古代哲学，最尊崇自然力。此项自然力，道家名之曰"道"，儒家谓之曰"元"。（参看"论读子之法"。）《春秋》"元年春王正月"之"元"，即《易》"大哉乾元，万物资始，乃统天"之"元"。为宇宙自然之理，莫知其然而然，只有随顺，更无反抗。人类一切举措，能悉与之符，期（斯）为今人所谓"合理"；人类一切举措而悉能合理，则更无余事可言，而天下太平矣。然空言一切举措当合理甚易，实指何种举措为合理则难；从现在不合理之世界，薪至于合理之世界，其间一切举措，一一为之拟定条例，则更难。《春秋》一书，盖即因此而作。故有据乱、升平、太平三世之义。二百四十年之中，儒家盖以为自乱世至太平世之治法，皆已毕具，故曰："《春秋》曷为终乎哀十四年？曰备矣。"曰："拨乱世，反之正，莫近于《春秋》。"曰："万物之散聚，皆在《春秋》"也。（"物""事"古通训。）《春秋》之为书如此。其所说之义，究竟合与不合，姑措勿论。而欲考见孔子之哲学，必不能无取乎是，则正极平易之理，非怪迂之谈矣。

《公羊》一书，自有古学后，乃抑之与《左》《穀》同列，并称三《传》。其实前此所谓《春秋》者，皆合今之《经》与《公羊传》而言之，崔适《春秋复始》，考证甚详；（其实诸经皆然，今之《仪礼》中即有传，《易》之《系辞传》，亦与经并列。）今之所谓《春秋经》者，乃从《公羊》中摘出者耳。汉儒言《春秋》者，于齐、鲁，自胡母生；于赵，自董仲舒。今仲舒书存者有《春秋繁露》；何氏《公羊解诂》，系依胡母生条例。今学家之书传于后者，当以此为最完矣。（伏生《书传》，阙佚更甚于《繁露》。《韩诗》仅存《外传》。此外今学家经说，更无完全之书。）

清儒之治今学，其始必自《春秋》入，盖有由也。《繁露》凌曙有注；康有为《春秋董氏学》，条理极明，可合看。清儒疏《公羊》者，有孔广森之《通义》，及陈立之《义疏》。陈书校胜于孔，以孔于今古文家法，实未明白也。

董子曰："《诗》无达诂，《易》无达占，《春秋》无达例。"盖文字古疏今密，著书之体例亦然。孔子作《春秋》，为欲借以示义，原不能无义例。然欲如后人之详密，则必不能。若必一一磨勘，则三《传》之例，皆有可疑；过泥于例，而背自古相传之义，非所宜也。然初学治《春秋》，必先略明其例，乃觉自有把握，不至茫无头绪，特不当过泥耳。欲明《公羊》条例者，宜读刘逢禄《公羊何氏释例》、崔适《春秋复始》两书。

《穀梁》虽亦古学，然其体例，实与《公羊》为近。《公羊》先师有子沈子，《穀梁》亦有之。其大义虽不如《公羊》之精，然今《公羊》之义，实亦阙而不完；（凡有经无传者皆是。）《穀梁》既有先师之说，亦足以资参证也。范宁《集解》自序，于三《传》皆加诋諆，谓"当弃所滞，择善而从。若择善靡从，即并舍以求宗，据理以通经"。此自晋人治经新法，已开啖、赵三《传》束阁之先声矣。（《范注》屡有驳《传》之处，如隐九年、庄元年、僖八年、十四年、哀二年皆是。《杨疏》亦屡有驳《注》之处，见僖四年及文二年。僖元年"护菅莝"一事，《注》既驳《传》，《疏》又驳《注》。）杨士勋《疏》称宁别有《略例》百余条，今皆不见。盖已散入《疏》中？清儒治此经者，柳兴宗《穀梁大义述》、许桂林《穀梁释例》两书最好。

至《左氏》一书，则与《公羊》大异。孔子之修《春秋》，必取其义，说已见前。今《左氏》一书，则释《春秋》之义者甚少。或有经而无传，或有传而无经。（庄二十六年之传全不释经。）夫传以解经，既不解经，何谓之传？故汉博士谓"《左氏》不传《春秋》"。杜预谓其"或先经以起事，或后经以终义，或依经以辨理，或错经以合异"，乃曲说也。《汉书·刘歆传》："初《左氏传》多古字古言，学者传训诂而已。及歆治《左氏》，引传文以解经，转相发明，由是章句义理备焉。"此语实最可疑。传本释经，何待歆引；曰"歆引以解"，则传之本不释经明矣。故信今学者，以此经为刘歆伪造。谓太史公《报任安书》"左丘失明，厥有《国语》"，云"左丘"不云"左丘明"，（下文左丘明无目，"明"字乃后人所加。《论语》"左丘明耻之"一章，出《古论》，齐、鲁《论》皆无之，见崔适《论语足征记》。）云《国语》不云《左氏传》，则本有《国语》而无《左氏传》，有左丘而无左丘明。今之《左传》，盖刘歆据《国语》所编；今之《国语》，则刘歆编《左传》之余也。"其说信否难定。要之《左氏》为史，《春秋》为经；《春秋》之义，不存于《左氏》；《左氏》之事，足以考《春秋》，则持平之论矣。（《左氏》《国语》为一家言，人人知之。其书与《晏子春秋》，亦极相似：所记之事，既多重复；且《左氏》时有"君子曰"，《晏子春秋》亦有之，盖皆当时史记旧文也。《史记·十二诸侯年表》："孔子西观周室，论史记旧闻，兴于鲁，而次《春秋》。七十子之徒，口受其传说。为有所刺讥褒讳贬损之文辞，不可以书见也。鲁君子左丘明，惧弟子人人异端，各安其意，失其真，故因孔子史记，具论其语，成《左氏春秋》。"说甚游移。"具论其语"，为论孔子传指，抑论史记旧闻？云成《左氏春秋》，则此书果为左氏一家言，抑孔子所修《春秋》之传乎？《汉志》曰："仲尼思存前圣之业，以鲁周公之国，礼文备物，史官有法，故与左丘明观其史记，据行事，仍人道，因兴以立功，败以成罚，假日月以定历数，藉朝聘以正礼乐。有所褒讳贬损，不可书见，口授弟子。弟子退而异言。丘明恐弟子各安其意以失其真，故论本事而作传。明夫子不以空言说经也。"说较明白。然褒讳贬损，果失其真，论其本事何益？今《公羊》固非全不及事，特本为解经，故其述事但取足以说明经意而止耳。然则弟子固非不知本事，安有所谓"空言说经"者，而有待于左丘明之论乎？故"《左氏》不传《春秋》"，说实至确。唯《公》《穀》述事，既仅取足以解经，语焉不详。生当今日，而欲知《春秋》之本事，则《左氏》诚胜于二《传》。此则不徒以经作史读者，不可不究心；即欲求《春秋》之义者，本事亦不可昧，《左氏》固仍必读之书也。）

传必释经，儒家通义，故汉儒治此者，郑众、贾逵、服虔、许惠卿等，皆引《公》《穀》之例以释之。至杜预，乃自立体例，谓"专修丘明之传，以释经。经之条贯，必出于《传》；《传》之义例，总归于凡"。于是《左氏》一书，始离《公》《穀》而独立矣。今学说六经，皆以为孔子之制作，古学家乃推诸周公。杜预以"凡五十为周公垂法，史书旧章，仲尼从而明之。其书、不书、先书、故书、不言、不称、书曰之类，乃为孔子变例"。而六经出周公之说，益完密矣。杜预亦古学之功臣也。《释例》一书，已散入疏中，仍别有单行之本。此可考见杜氏一家之学耳。不独非《春秋》义，即汉儒治《左氏》者，亦不如此也。欲考杜以前《左氏》注，可看洪亮吉《春秋左传诂》、李贻德《贾服注辑述》两书。《左氏》之专用杜义，亦唐定《正义》后始然。前此主贾、服诸家者，与杜相攻颇甚；刘炫"规过"，尤为有名。今之《孔疏》，往往袭刘炫《规过》之词，转以申杜。刘文淇《旧疏考证》，将今疏中袭用旧疏者，一一考出，颇足考见《孔疏》以前之旧疏也。

《左氏》一书，本只可作史读。故杜氏治此，即于史事极详。《释例》而外，又有《世族谱》《盟会图》《长历》，以考年月事迹世系。后儒治此，亦多注重史事，其中最便考索者，当推马骕《左传事纬》、顾栋高《春秋大事表》两书。《事纬》系纪事本末体，读《左氏》时参检之，可助贯串。《大事表》一书，将全书事迹分门别类，悉列为表，若网在纲，有条不紊，尤必须一读。不独有裨于《左》，兼可取其法以读他书耳。唯以《左氏》作史读，亦有不可不知者两端：（一）则《左氏》

记事，多不可信。前人论者已多，无待赘述。（二）则《左氏》记事，亦有须参证《公》《榖》，乃能明白者。《公》《榖》述事，本为解经，故其所述，但取足说明经义而止，前已言之。《左氏》则不然，故其记事之详，十倍《公》《榖》，且皆较为可信。如邲之战：据《公羊》，楚庄王几于堂堂之阵，正正之旗；而据《左氏》，则先以和诳晋，继乃乘夜袭之，实不免于谲诈。《公羊》之说，盖杂以解经者之主观矣。然《左氏》云："晋人或以广队，不能进，楚人惎之脱扃少进，马旋，又惎之拔旆投衡，乃出。顾曰：吾不如大国之数奔也。"当交战之时，而教敌人以遁逃，以致反为所笑，殊不近情。故有训"惎"为"毒"，以"惎之"断句者。然如此，则晋人"顾曰"之语，不可解矣。必知《公羊》"还师以佚晋寇"之说，乃知庄王此役，虽蓄谋以败晋军，而初不主于杀戮；故其下得教敌人以遁逃。然则"晋之余师不能军，宵济亦终夜有声"之语，盖亦见庄王之宽大。杜注谓讯晋师多而其将师不能用，殆非也。此则非兼考《公羊》，不能明史事之真，并不能明《左氏》者矣。举此一事，余可类推。世之不信《公羊》者，每谓其不近情理；其实言《春秋》而不知《公羊》之条例，其事乃真不近情理。即如《春秋》所记，诸侯盟会，前半皆寥寥数国，愈后而其国愈多。若拨弃《公羊》之义，即作为史事读，岂《春秋》诸国，其初皆不相往来者乎？

宋人之治《春秋》，别为一派。其端实启于唐之啖助、赵匡。二人始于三《传》皆不置信，而自以意求之经文。啖、赵皆未尝著书。其弟子陆淳，著《春秋集传纂例》《春秋微旨》，皆祖述啖、赵之说。宋儒之不守三《传》，亦与啖、赵同；而其用意则又各异。宋儒所著之书，以孙复之《春秋尊王发微》、胡安国之《春秋传》为最著。孙书专主尊攘，盖亦北宋时势始然。《胡传》本经筵进讲之书，时值南宋高宗，故尤发挥大复

仇之义，欲激其君以进取；意有所主，不专于说经也。明初颁
诸经于儒学，皆取宋人之注；以胡氏学出程氏，遂取其书。学
者乃并三《传》而称为四《传》焉。宋人讲《春秋》者，多近
空谈；既未必得经之意，于史事亦鲜所裨益。非研究宋学者，
可以不必措意。

七、《论语》《孟子》《孝经》《尔雅》

《诗》《书》《礼》《易》《春秋》，乃汉人所谓"五经"。《论
语》《孝经》，汉人皆以为传。（《孝经》虽蒙"经"名，亦在传列。）
《孟子》在儒家诸子中，《尔雅》则汉人所辑之训诂书也。自宋
代以此诸书，与"五经""三传"及《小戴礼记》合刻，乃有
"十三经"之名；朱子取《礼记》中之《大学》《中庸》，以配
《论语》《孟子》，乃又有"四书"之名。经与传之别，自西汉专
门之学亡后，实已不能深知；今日研究，传且更要于经，（说见
前。）亦不必更严其别也。今就此诸书，略论其读法如下。

《四书》之名，定自朱子；悬为令申〔甲〕，则始元延祐。
然《汉志》《礼记》之外，有《中庸说》二篇，《隋志》有戴颙
《中庸说》二卷，梁武帝有《中庸讲疏》一卷；则《礼记》外
有别行之本，由来已久。《大学》，唐以前无别行本，而《书录
解题》有司马光《大学中庸广义》各一卷；亦在二程之前。王
安石最尊《孟子》，司马光、晁公武却非议之，未免意气用事。
宋《礼郑韵略》所附条式，元祐中即以《论》《孟》试士，则
尊《孟》亦不始朱子矣。又朱子所定《四书》，以《大学》《论
语》《孟子》《中庸》为次。后人移《中庸》于《大学》之后，
则专以卷帙多少论耳。

朱子于《四书》皆有注，乃一生精力所萃。其于义理，诚
有胜过汉儒处，不可不细读也。欲窥宋学之藩者，读此四书之

注亦甚好。朱子注《四书》，《大学》分经传，颠倒原次；《中庸》虽无颠倒，分章亦不从郑氏，故皆谓之"章句"。《论》《孟》则聚众说，为之注解，故称"集注"。朱子注此四书之意，别著《或问》以发明之；然其后于《集注》又有改定，而《或问》于《大学》外未及重编。故《或问》与《四书注》，颇多牴牾；《文集》《语类》中，有言及注《四书》之意者，亦不能尽合，不得据《或问》以疑《四书》之注也。

《论语》有《鲁论》《齐论》及《古论》之别。《鲁论》篇次与今本同。《齐论》别有《问王》《知道》二篇；二十篇中，章句亦颇多于《鲁论》。《古论》云出孔壁，分《尧曰》后半"子张问"以下，别为一篇，故有两《子张》；篇次亦不与《齐论》《鲁论》同。张禹受《鲁论》于夏侯建，又从庸生王吉受《齐论》；择善而从，号曰《张侯论》，已乱《齐》《鲁》之别；郑玄就《鲁论》篇章，考之《齐》《古》为之注，则并《齐》《鲁》《古》三者之别而泯之矣。魏何晏集诸家之说，并下己意为《集解》，盛行于世；即今《十三经注疏》所采之本也。梁时，皇侃为之作疏。宋邢昺《疏》，即系据《皇疏》删其支蔓，附以义理者。《梁疏》后亡佚，迄清代乃得之日本焉。《古论》云有孔安国注，今见《集解》所引，盖亦王肃所伪，其后此注亦亡；清时，歙县鲍氏，云得其书于日本，重刻之，则又六朝以来伪物也。《论语》一书，皆记孔子及孔门弟子言行，说颇平易可信。书系杂记，无条理。《正义》篇篇皆言其总旨及章次，殊属不必也。清儒作新疏者，有刘宝楠《论语正义》。

《孟子》一书，存儒家大义实多。他姑勿论，民贵君轻之义，非《孟子》即几于泯殁不传。此外道性善、明仁义，亦皆孔门大义，至可宝贵。康有为谓《孟子》传孔门大同之义，荀卿只传小康；合否今姑勿论，要其为书，则远出荀卿之上，非他儒书所得比并，真孔门之马鸣、龙树矣。又《孟子》书中，存古经说甚多。其言《春秋》处，今人已多知之；言《尚书》处，则知者较鲜。予按《万章上篇》，言尧舜禅让事，无一不与《书大传》合者；盖今文书说，亦民贵君轻之大义也。若无此义，则《尧典》一篇，诚乃极无谓之物矣。古有赵岐《注》，颇无味。阮氏《校勘记》指其注"摩顶放踵"处，与《文选注》所引不合，疑亦有窜乱也。疏题宋孙奭，实邵武士人所伪，已见前。清儒作新疏者，有焦循《正义》，博而精。

《孝经》一书，无甚精义。姚际恒《古今伪书考》以为伪书。然其书在汉时，实有传授，且《吕览》即已引之，则姚说未当。此书无甚精义，而汉儒顾颇重之者，汉时社会宗法尚严，视孝甚重。此书文简义浅，人人可通，故用以教不能深造之人。如后汉令期门、羽林之士通《孝经》章句是也。（纬书云："志在《春秋》，行在《孝经》。"《六艺论》云："孔子以六艺题目不同，指意殊别，恐道离散，后世莫知根原，故作《孝经》以总会之。"可见汉人重此之心理。）此书亦有今、古两本。今文注出郑玄，传自晋荀昶；古文出于刘炫，多《闺门章》四百余字。唐开元《御注》用今文，元行冲为之作疏。宋邢昺《疏》，即以元《疏》为蓝本。清儒治此者，有皮锡瑞《孝经郑注疏》。此书无甚深义，一览可也。（孔门言孝之义，长于《孝经》者甚多。）

《尔雅》乃训诂书，后人亦附之于经。其实非也。张楫〔揖〕《上〈广雅〉表》谓"周公著《尔雅》一篇。释文以为释诂。今俗所传二篇，或言仲尼所增，或言子夏所益，或云叔孙通所补，或云沛郡梁文所考"，要之皆无确据。予案：古人字书，共有三种：（一）四言或三七言韵语，自《史籀篇》以下皆然。（王国维说。）乃古人识字之书，与今私塾教学童读《三字经》《千字文》同法。（此事盖沿之自古，予别有论。）（二）以字形分部，如今之字典，始于许慎之《说文解字》。（三）《尔雅》，今之词典也。此本抄撮以备查检，后人相传，亦必有增改，无所谓谁作。今此书训诂，几全同《毛传》，《释乐》同《周官·大司乐》，九州异《禹贡》而同《周官》，则古学既出后之物。《释兽》中狻麑即狮子，出西域；鹨鸠出北方沙漠，翠生郁林，鳞鲔出乐浪、潘国，鲂蝦出秽邪头国；皆非战国前所有，明为后人增益。正如《神农本草经》有汉郡县名耳。此书专治小学者，宜熟读之；否但粗加涉猎，随时查检即可。清儒新疏，有郝懿行《义疏》、邵晋涵《正义》两种。

论读子之法

"吾国书籍，分为经、史、子、集四部；而集为后起之物，古代只有经、史、子三者。经、子为发表见解之书，史为记载事物之书。"已见前。逮于后世，则子亡而集代兴。集与子之区别，集为一人之著述，其学术初不专于一家；子为一家之学术，其著述亦不由于一人。勉强设譬，则子如今之科学书，一书专讲一种学问；集如今之杂志，一书之中，讲各种学问之作皆有也。

子书之精者，讫于西汉。东汉后人作者，即觉浅薄。然西汉子书之精者，仍多祖述先秦之说；则虽谓子书之作，讫于先秦，可也。然远求诸西周以前，则又无所谓"子"。然则"子"者，春秋、战国一时代之物也。其故何邪？予谓专家之学兴而子书起，专家之学亡而子书讫。春秋战国，专家之学兴起之时也。前乎此，则浑而未分；后乎此，则又裂而将合。故前此无专家之学，后此亦无专家之学也。请略言之。

诸子之学之起原，旧说有二：（一）出《汉志》，谓其原皆出于王官。（一）出《淮南·要略》，谓皆以救时之弊。予谓二说皆是也。何则？天下无无根之物；使诸子之学，前无所承，周秦之际，时势虽亟，何能发生如此高深之学术？且何解于诸子之学，各明一义，而其根本仍复相同邪？（见下。）天下亦无无缘之事，使非周秦间之时势有以促成之，则古代浑而未分之哲学，何由推衍之于各方面，而成今诸子之学乎？此犹今人好言社会主义，谓其原出于欧洲之马克思等可；谓由机械发明生财之法大变，国民生计受外国之侵削，而国内劳动、资本阶级亦有划分之势，因而奋起研究者多，亦无不可也。由前则《汉

志》之说，由后则《淮南》之说也。各举一端，本不相背。胡
适之撰《诸子不出于王官论》，极诋《汉志》之诬，未免一偏
矣。

人群浅演之时，宗教、哲学，必浑而不分；其后智识日
进，哲学乃自宗教中蜕化而来。吾国古代，亦由是也。故古代
未分家之哲学，则诸子之学所同本；而未成哲学前之宗教，则
又古代不分家之哲学之根源也。必明乎此，然后于诸子之学，
能知其源；而后读诸子书，乃有入处。

宇果有际乎？宙果有初乎？此在今日，人人知非人智所
逮，哲学家已置诸不论不议之列。然此非古人所知也。今人竞
言"宇宙观""人生观"，其实二者本是一事。何则？我者，宇
宙间之一物；以明乎宇宙之真理，然后我之所以自处者，乃皆
得其道矣。故古人之所研究，全在哲学家所谓宇宙论上也。

吾国古代之宇宙论，果如何乎？曰：古之人本诸身以为
推。见夫人之生，必由男女之合也，则以为物亦如此；而仰
观、俯察，适又有苍苍者天，与抟抟者地相对；有日月之代
明，有寒暑之迭更——在在足以坚其阴阳二元之思想。于是以
为天地之生物，亦如是而已矣。故曰："物本乎天，人本乎
祖。"（《礼记·郊特牲》。）

然哲学所求之原因，必为"最后"，为"唯一"。求万物之
原因，而得阴阳二元，固犹非"一"；非"一"，则非其"最
后"者也。然则阴阳之原，又何物耶？夫谓万物厘然各别，彼
此不能相通者，乃至浅之见；不必证以科学，而亦能知其非是
者也。人日食菽饮水而后生，又或羞豕为酒以为食。方其未饮
食时，菽自菽，水自水，豕自豕，酒自酒，人自人也；及其既
饮食之后，则泯然不复见其迹焉。人三日不食则惫，七日不食
则死。然则人与动植矿物，异乎？不异乎？且也，"众生必死，
死必归土。骨肉毙于下，荫（阴）为野土；其气发扬于上，为

昭明，焄蒿悽怆。"（《礼记·祭义》。）然则人与天地，是一乎？是二乎？（古以天为积气所成。）故谓万物厘然各别，彼此不能相假者，至浅之见；稍深思之，而即知其非是者也。此固不待证之以科学也；古之人亦知此也，乃推求万物之本原，乃以为天地万物皆同一原质所成，乃名此原质曰"气"。

《易大传》曰："精气为物，游魂为变。""精"者，凝集紧密之谓。《公羊·庄十年》："觕者曰侵，精者曰伐"，注"觕，粗也。精，犹密也"是也。魂者，人气。盖同一气也，古人又以为有阴阳之分。阳者性动，轻清而上升；阴者性静，重浊而下降。（《左·昭七年》疏引《孝经说》曰："魂，芸也。""芸"，芸动也。《广雅·释天》："三气相接，剖判分离；轻清者上为天，重浊者下为地。"）其在于人，则阳气成神，是曰魂；阴气成形，是曰魄。故魂亦气也。上言气，下言魂，变词耳。"游"者，游散。（《韩注》。）构成万有之原质，循一定之律，而凝集紧密焉，则成人所知觉之物，是曰"精气为物"；循一定之律而分离游散焉，则更变化而成他物，是曰"游魂为变"而已矣。此其在人，则为生死。然非独人也，一切物之成毁莫不如是，即天地亦然。故古人论天地开辟，亦以气之聚散言之。《易正义八论》引《乾凿度》："有太易，有太初，有太始，有太素。太易者，未见气；太初者，气之始；太始者，形之始；太素者，质之始"是也。职是故，古人乃以万物之原质即气。凝集之疏密，分物质为五类，是为"五行"。五行之序，以微著为渐。《尚书·洪范》疏所谓"水最微为一，火渐著为二，木形实为三，金体固为四，土质大为五"也。（益以：（一）有形无形；（二）有质无质；（三）同是有质也，而刚柔大小不同，为分类之准。犹今物理学分物为气体、液体、固体也。）然则宇宙间一切现象，无所谓有无，亦无所谓生死，只是一气之变化而已。气之变化，无从知其所以然，只可归之于一种动力。然则此种动力，乃宇宙之根源也。故曰"易不可见，乾坤或几乎息"也。(《易·系辞》。)

故此种动力，古人视为伟大无伦。《易》曰："大哉乾元，万物资始，乃统天。"《公羊》何注曰："春秋以元之气，正天之端。天不深正其元，则不能成其化。"《老子》曰："有物混成，先天地生；寂兮寥兮，独立而不改，周行而不殆；可以为天下母。吾不知其名，字之曰道。"皆指此种动力言之。夫如是，则天地亦遵循自然之律而动作而已；非能贵于我也，更非能宰制我也。大而至于天地，小而至于蚊虻，其为一种自然之质，循自然之律而变化，皆与我同也。故曰："天地与我并生，万物与我为一。"(《庄子》。)然则中国古代之哲学，殆近于机械论者也。

此等动力，固无乎不在，是之谓"神"。《易·系辞》曰："神无方而易无体。"(盈天地之间皆是，则不能偏指一物为神，故无体。)又曰："阴阳不测之谓神。"(盈天地之间皆是，自然无论男女、雌雄、牝牡皆具之；男女、雄雌、牝牡皆具其，则无复阴阳之可言矣。)又曰："唯神也，故不疾而速，不行而至。"又曰："无思也，无为也，寂然不动，感而遂通天下之故；非天下之至神，其孰能与于此?"(言其充塞乎宇宙之间，故无从更识其动相。)亦指此等动力言之也。此等动力，既无乎不在，则虽谓万物皆有神可也，虽谓物即神可也。故曰："鬼神之为德，其盛矣乎。体物而不可遗。"(《礼记·中庸》。)神即物，物即神，则孰能相为役使? 故曰"吹万不同，使其自己；咸其自取，怒者其谁"也。(《庄子·齐物论》。)然则中国古代之哲学，又可谓之无神论，谓之泛神论也。

此等哲学思想，为百家所同具。至东周以后，乃推衍之于各方面，而成诸子之学焉。盖其时世变日亟，一切现象，皆有留心研究之人。而前此一种哲学，入于人人之心者既深，自不免本之以为推。其原既同，则其流虽异，而仍必有不离其宗者在。此周秦诸子之学，所以相反而相成也。今试略举数端以明之。

古代哲学，最尊崇自然力。既尊崇自然力，则只有随顺，不能抵抗。故道家最贵"无为"。所谓"无为"者，非无所事事之谓，谓因任自然、不参私意云耳。然则道家之所谓"无为"，即儒家"为高必因丘陵，为下必因川泽"之意；亦即法家"绝圣弃智"、专任度数之意也。自然之力，无时或息。其在儒家，则因此而得"自强不息"之义焉；其在道家之庄、列一派，则谓"万物相刃相靡，其行如驰"，"一受其成形，不亡以待尽"，因此而得委心任运之义焉。自然力之运行，古人以为如环无端，周而复始。其在道家，则因此而得"祸福倚伏"之义，故贵"知白守黑，知雄守雌"；其在儒家，则因此而得穷变通久之义，故致谨于治制之因革损益；其在法家，则因此而得"古今异俗，新故异备"之义，而商君等以之主张变法焉。万物虽殊，然既为同一原质所成，则其本自一。夫若干原质凝集而成物，必有其所以然，是之谓"命"；自物言之则曰"性"。（"性"与"生"本一字，故告子曰"生之谓性"，而孟子驳之以"白之为白"也。）"性命"者，物所受诸自然者也。自然力之运行，古人以为本有秩序，不相冲突。（《礼记·礼运》曰："事大积焉而不苑，并行而不缪，细行而不失；深而通，茂而有间；连而不相及也，动而不相害也。"《中庸》曰："万物并育而不相害，道并行而不相悖。"皆极言天然之有秩序，所谓"顺"也。）人能常守此定律，则天下可以大治；故言治贵"反诸性命之情"，故有"反本""正本"之义。儒家言尽性可以尽物，道家言善义生者可以托天下，理实由此。抑《春秋》之义，正次王，王次春；言"王者欲有所为，宜求其端于天"。而法家言形名度数，皆原于道，亦由此也。万物既出于一，则形色虽殊，原理不异。故老贵"抱一"，孔贵"中庸"。抑宇宙现象，既变动不居，则所谓真理，只有"变"之一字耳。执一端以为中，将不转瞬而已失其中矣。故贵"抱一"而戒"执一"，贵"得中"而戒"执中"。"抱一""守中"，又即"贵虚""贵无"之旨也。（"抱一"者，抱无一可抱之一；"得中"者，得无中可得之中。）然则一切现象正唯相反，然后相成。故无是非善恶之可言，而"物伦"可齐也。夫道家主因任自然，而法家主整齐画一，似相反矣。然所谓整齐画一者，正欲使天下皆遵守自然之律，而绝去私意；则法家之旨，与道家不相背也。儒家贵仁，而法家贱之。然其言曰："法之为道，前苦而长利；仁之为道，偷乐而后穷。"则其所攻者，乃姑息之爱，非儒家之所谓仁也。儒家重文学，而法家列之五蠹。然其言曰："糟糠不饱者，不务粱肉；短褐不完者，不待文绣。"则亦取救一时之急尔。秦有天下，遂行商君之政而不改，非法家本意也。则法家之与儒家，又不相背也。举此数端，余可类推。要之，古代哲学之根本大义，仍贯通乎诸子之中。有时其言似相反者，则以其所论之事不同，史谈所谓"所从言之者异"耳。故《汉志》谓其"譬诸水火，相灭亦相生"也。必明乎此，然后能知诸子学术之原；而亦能知诸子以前，古代哲学之真也。

诸子中唯墨家之学为特异。诸家之言，皆似无神论、泛神论，而墨家之言"天志""明鬼"，则所谓"天"、所谓"鬼"者，皆有喜怒欲恶如人。故诸家之说，皆近机械论，而墨子乃独非命。予按墨子之志，盖以救世，而其道则出于禹。《淮南·要略》云："墨子学儒者之业，受孔子之术。以为其礼烦扰而不悦，厚葬靡财而贫民，服伤生而害事；（"服"上盖夺"久"字。）故背周道而用夏政。"孙星衍《墨子后叙》，因此推论墨学皆原于禹，其说甚辩。予按：古者生计程度甚低，通国之内，止有房屋一所，命曰明堂，（说本阮氏元，见《揅经室集·明堂论》。）为一切政令所自出。（读惠氏栋《明堂大道录》可见。）《汉志》云："墨家者流，盖出于清庙之守，茅屋采椽，

是以贵俭；养三老五更，是以兼爱；选士大射，是以尚贤；宗
祀严父，是以右鬼；顺四时而行，是以非命；以孝视天下，是
以尚同。"茅屋采椽，明堂之制也。养三老五更，学校与明堂
合也。选士大射，后世行于泽宫；然选士本以助祭，其即在明
堂宜也。宗祀严父，清庙、明堂合一之制也。顺四时而行，盖
《礼记·月令》《吕览·十二纪》《淮南·时则训》所述之制，
所谓一切政令，皆出明堂也。明堂既与清庙合，以孝视天下，
说自易明。《论语》："子曰：禹，吾无间然矣。菲饮食，而致
孝乎鬼神；恶衣服，而致美乎黻冕；卑宫室，而尽力乎沟洫。"
"致孝乎鬼神"，"致美乎黻冕"，则宗祀严父之说也；卑宫室，
则茅屋采椽之谓也。《礼记·礼运》："孔子曰：我欲观夏道，
是故之杞；而不足征也，吾得《夏时》焉。"所谓《夏时》者，
《郑注》以《夏小正》之属当之，而亦不能质言。窃以《月令》
诸书所载，实其遗制。夏早于周千余岁，生计程度尚低，政治
制度亦简，一切政令，皆出明堂，正是其时。周之明堂，即唐
虞之五府，夏之世室，殷之重屋，乃祀五帝之所。（《史记·五
帝本纪》《索隐》引《尚书帝命验》。）五帝者：东方青帝灵威仰，
主春生；南方赤帝赤熛怒，主夏长；西方白帝白招拒，主秋
成；北方黑帝汁光纪，主冬藏；而中央黄帝含枢纽，则寄王四
时。以四时化育，亦须土也。盖以天地万物，同为自然之力所
成，乃进化以后之说。其初则诚谓有一天神焉，"申出万物"，
"阴骘下民"；继又本"卑者亲视事"之义，造为所谓五帝，以
主四时化育；而昊天上帝耀魄宝，则"居其所而众星拱之"而
已。君德之贵无为，其远源盖尚在此。夫学说之变迁，必较制
度为速。以孔子之睿智，岂尚不知五行灾变之不足凭？然其删
订六经，仍过而存之者，则以其沿袭既久，未可骤废故也。然
则夏之遗制，犹存于周之明堂，正不足怪。墨子所取之说，虽
与诸家异，又足考见未进化时之哲学矣。（墨子救世之志，诚可

佩仰；然其学不久即绝，亦未始不由于此。以是时哲学业已大进，而墨子顾欲逆行未进化时之说故也。）

诸子派别，《史记·太史公自序》述其父谈之论，分为阴阳、儒、墨、名、法、道德六家。《汉志·诸子略》，益以纵横家、杂家、农家、小说家，为十家；其中去小说家，为九流。此外兵家、数术、方技，《汉志》各自为略，而后世亦入子部。案：兵家及方技，其为一家之学，与诸子十家同；数术与阴阳家，尤相为表里。《汉志》所以析之诸子之外者，以本刘歆《七略》；《七略》所以别之者，以校书者异其人。《七略》固书目，非论学术派别之作也。十家之中，阴阳家为专门之学，不易晓。小说家无关宏旨。（九流之学，皆出王官；唯小说家则似起民间，《汉志》所谓“街谈巷议，道听涂说者之所造，间里小知者之所及”也。《庄子·外物篇》：“饰小说以干县令，其于大达亦难矣。”《荀子·正名篇》：“故知者论道而已矣，小家珍说之所愿皆衰矣。”所谓“饰小说”及“小家珍说”，似即《汉志》之小说家。盖九流之学，源远流长，而小说则民间有思想、习世故者之所为。当时平民，不讲学术，故虽偶有一得，初不能相与讲明，逐渐改正，以蕲进于高深；亦不能同条共贯，有始有卒，以自成一统系。故其说蒙“小”之名，而其书乃特多；《汉志》小说家之《虞初周说》，至九百四十三篇，《百家》至百三十九卷是也。其说固未尝不为诸子所采，如《御览》八百六十八引《风俗通》，谓“城门失火，殃及池鱼”，本出《百家》书是。然徒能为小说家言者，则不能如苏秦之遍说六国，孟子之传食诸侯；但能饰辞以干县令，如后世求仕于郡县者之所为而已。墨家上说之外，更重下教。今《汉志》小说家有《宋子》十八篇，实治墨学者宋钘所为；盖采小说家言特多也。古之所谓小说家者如此；后世寄情荒怪之作，已非其伦；近世乃以平话尸小说之名，则益违其本矣。）农家亦专门之学，可暂缓。纵横《鬼谷》系伪书。其真者《战国策》，今已归入史部。所最要者，则儒、墨、名、法、道及杂家六家而已。儒家之书，最要者为《孟子》，又《礼记》

中存儒家诸子实最多，今皆已入经部。存于子部者，唯一《荀子》。此书真伪，予颇疑之。然其议论，固有精者；且颇能通儒法之邮，固仍为极要之书也。墨家除《墨子》外，更无传书。（《晏子春秋》，虽略有墨家言，而无甚精义。）名家《经》及《经说》见《墨子》；其余绪论，散见《庄子》《荀子》及法家书中。法家《商君书》精义亦少；间有之，实不出《管》《韩》二子之外。道家又分二派：（一）明"欲取姑与""知雄守雌"之术，《老子》为之宗，而法家之《管》《韩》承其流。（一）阐"万物一体""乘化待尽"之旨，其说具于《庄子》。《列子》书晚出，较《庄子》明白易解；然其精深，实不逮《庄子》也。而杂家之《吕览》《淮南》，兼综九流，实为子部瑰宝。《淮南王书》，虽出西汉，然所纂皆先秦成说，精卓不让先秦诸子也。兵家精义，略具《荀子·议兵》《吕览》孟秋、仲秋二《纪》《淮南·兵略》，及《管子》中言兵法诸篇。医经、经方，亦专门之学，非急务。然则儒家之《荀》，墨家之《墨》，法家之《管》《韩》，道家之《老》《庄》，杂家之《吕览》《淮南》，实诸子书中最精要者；苟能先熟此八书，则其余子部之书，皆可迎刃而解；而判别其是非真伪，亦昭昭然白黑分矣。（读此八书之法，宜先《老》，次《庄》，次《管》《韩》，次《墨》，次《荀》，殿以《吕览》《淮南》。先《老》《庄》者，以道家专言原理，为诸家之学所自出也；次《管》《韩》者，以法家直承道家之流也；次《墨》，以见哲学中之别派也；《荀子》虽隶儒家，然其书晚出，于诸家之学皆有论难，实兼具杂家之用，以之与《吕览》《淮南》，相次并读，可以综览众家，考见其异同得失也。）

　　读诸子书者，宜留意求其大义。昔时治子者，多注意于名物训诂、典章制度，而于大义顾罕研求。此由当时偏重治经，取以与经相证；此仍治经，非治子也。诸家固亦有知子之大义足贵，从事表章者。然读古书，固宜先明名物制度；名物制度既通，而义乃可求。自汉以后，儒学专行，诸子之书，治之者少；非特鲜疏注可凭，抑且乏善本足据。校勘训释，为力已疲；故于大义，遂罕探讨。善夫章太炎之言曰："治经治子，校勘训诂，特最初门径然。大略言之：经多陈事实，诸子多明义理。校勘训诂而后，不得不各有所主。故贾、马不能理诸子，而郭象、张湛不能治经。"（《与章行严论墨学第二书》，见《华国月刊》第四期。）胡适之亦谓"治古书之法有三：（一）校勘，（二）训诂，（三）贯通。清儒精于校勘、训诂，于贯通工夫，尚有未逮"，（见所著《中国哲学史大纲》上卷第一篇。）诚知言之选也。今诸子之要者，经清儒校勘训释之后，近人又多有集解之本，初学披览，已可粗通。若求训释更精，及以其所述制度，互相比较，并与群经所述制度相比较，（制度以儒家为详，故以诸子所述制度与经比较尤要。）则非初学所能。故当先求其大义。诸家大义，有彼此相同者，亦有相异者。相同者无论矣，即相异者，亦仍相反而相成，宜深思而求其会通；然后读诸子书，可谓能得其要。至于校勘疏解，偶有所得，亦宜随时札记，以备他日之精研。读书尚未终卷，即已下笔千言，诋排先儒，创立异说，此乃时人习气，殊背大器晚成之道，深愿学者勿效之也。（凡人著书，有可速成者，有宜晚出者。创立新义，发前人所未发，造端宏大，欲求详密，断非一人之力所能；只可姑引其端，而疏通证明，则望诸异人，或俟诸后日。此可早出者也。此等新义之发明，恒历数百千年而后一见；乃时会为之，非可强求，亦决非人人可得。至于校勘考证之学，正由精详，乃能得阐，必宜随时改订，以求完密；苟为未定之说，不可轻出误人。今人好言著书，而其所谈者，皆校勘考证之事，此则私心期期以为不可者也。）

　　读古书固宜严别真伪，诸子尤甚。（秦汉以后之书，伪者较少，辨别亦较易，古书则不然。古书中之经，治者较多，真伪已大略可睹，子又不然也。）然近人辨诸子真伪之术，吾实有不甚敢信者。近人所持之术，大要有二：（一）据书中事实立论，事有非本人所能言者，即断为伪。如胡适之摘《管子·小称篇》记管仲之死，又言及毛嫱、西施，《立政篇》辟寝兵兼爱之言，为难墨家之论是也。（一）则就文字立论，如梁任公以《老子》中有偏将军、上将军之名，谓为战国人语；（见《学术讲演集》评胡适之《中国哲学史大纲》。）又或以文字体制之古近，而辨其书之真伪是。予谓二法皆有可采，而亦皆不可专恃。何则？子为一家之学，与集为一人之书者不同，前已言之。故读子者，不能以其忽作春秋时人语，忽为战国人之言，而疑其书之出于伪造；犹之读集者，不能以其忽祖儒家之言，忽述墨家之论，而疑其文非出于一人。

先秦诸子，大抵不自著书。今其书之存者，大抵治其学者所为；而其纂辑，则更出于后之人。书之亡佚既多，辑其书者，又未必通其学；（即谓好治此学，然既无师授，即无从知其书之由来，亦无从正其书之真伪；即有可疑者，亦不得不过而存之矣。）不过见讲此类学术之书共有若干，即合而编之，而取此种学派中最有名之人，题之曰"某子云"耳。然则"某子"之标题，本不过表明学派之词，不谓书即其人所著；与集部书之标题为"某某集"者，大不相同。集中记及其人身后之事，及其文词之古近错出，固不足怪。至于诸子书所记事实，多有讹误，此似诚有可疑。然古人学术，多由口耳相传，无有书籍，本易讹误；而其传之也，又重其义而轻其事。如胡适之所摘庄子见鲁哀公，自为必无之事。然古人传此，则但取其足以明义，往见者果为庄子与否，所见者果为鲁哀公与否，皆在所不问；岂唯不问，盖有因往见及所见之人，不如庄子及鲁哀公之著名，而易为庄子与鲁哀公者矣。然此尚实有其事，至如孔子往见盗跖等，则可断并其事而无之。不过作者胸中有此一段议论，乃托之孔子、盗跖耳；此则所谓"寓言"也。此等处若据之以谈史实，自易谬误；然在当时，固人人知为"寓言"。故诸子书中所记事实，乖谬者十有七八；而后人于其书，仍皆信而传之。胡适之概断为当时之人，为求利而伪造；又讥购求者之不能别白，亦未必然也。（误之少且小者，后人或不能辨；今诸子书皆罅漏百出，谬误显然，岂有概不能辨之理。）设事如此，行文亦然。今所传《五千言》，设使果出老子，则其书中偏将军、上将军，或本作春秋以前官名，而传者乃以战国时之名易之。此则如今译书者，于书中外国名物，易之以中国名物耳。虽不免失真，固与伪造有别也。

又古人之传一书，有但传其意者，有兼传其词者。兼传其词者，则其学本有口诀可诵，师以是传之徒，徒又以是传之其徒；如今瞽人业算命者，以命理之书口授其徒然。此等可传之千百年，词句仍无大变。但传其意者，则如今教师之讲授，听者但求明其意即止；迨其传之其徒，则出以自己之言。如是三四传后，其说虽古，其词则新矣。故文字、气体之古近，亦不能以别其书之古近也，而况于判其真伪乎？今各家学术，据其自言，皆有所本；说诚未必可信，（《淮南子·修务训》已言之。）然亦不能绝无关系。如管夷吾究但长于政事，抑兼长于学问，已杂质言。即谓长于学问，亦终不似著书之人。然今《管子·戒篇》载流连荒亡之说，实与孟子引晏子之言同，（《梁惠王下篇》。）《晏子春秋》亦载之；则此派学术，固出于齐；既出于齐，固不能断其与管仲无关也。（《中、小匡篇》所述治制，即或为管仲之遗。）其他自谓其学出于神农、黄帝者视此。（《孟子》"有为神农之言者许行"，梁任公谓其足为诸子托古之铁证。其意谓许行造作言语，托之神农也。然此语恐非如此解法。《礼记·曲礼下篇》："医不三世，不服其药。"《疏》引又说云："三世者：一曰黄帝针灸；二曰神农本草；三曰素女脉诀，又云夫子脉诀。"然则"神农本草"四字，乃一学科之名。今世所传《神农本草经》，非谓神农氏所作之《本草经》；乃谓神农本草学之经，犹今言药物学书耳。世多以其有后世郡县名，而訾其书非神农氏之旧，误矣。《月令》：季夏之月，"毋发令以妨神农之事"。此"神农"二字，决不能作神农氏解。然则诸书所引神农之教，如"一男不耕，或受之饥；一女不织，或受之寒"云云，亦非谓神农氏之教，乃谓神农学之说矣。"有为神农之言者"，"为"当训"治"，与《汉书·武帝纪》"丞相绾奏：所举贤良，或治申、商、韩非、苏秦、张仪之言"句法相同。《汉志》论农家者流曰："鄙者为之，以为无所事圣王，欲使君臣并耕"，正许行之说；初非谓其造作言语，托之神农也。）夫神农、黄帝、管仲，诚未必如托之者之言；然其为此曹所托，亦必自有其故；此亦考古者所宜究心矣。要之，古书不可轻信，亦不可抹煞。昔人之弊，在信古过甚，不敢轻疑；今人之弊，则又在一概吐弃，而不求其故。楚固失之，齐亦未为得也。

　　明乎此，则知诸子之年代、事迹，虽可知其大略，而亦不容凿求。若更据诸子中之记事以谈古史，则尤易致误矣。盖古书之存于今，而今人据为史料者，约有数种：（一）史家所记，又可分为四种：《尚书》，一也。《春秋》，二也。《国语》，三也。（孔子所修之《春秋》，虽为明义而作，然其原本则为记事之书。《左氏》真伪未定，即真，亦与《国语》同类也。）世系，四也。此最可信。（二）私家记事之作。其较翔实者，如孔门之《论语》；其务恢侈者，则如《管子·大、中、小匡》三篇是也。前者犹可置信，后者则全不足凭矣。（古代史家所记之事，诚亦未必尽信。然较诸私家传说，则其谨严、荒诞，相去不啻天渊。试取《大、中、小匡》三篇一读便见。此三篇中，《大匡》前半篇及《小匡》中"宰孔赐胙"一段，盖后人别据《左氏》一类之书补入，余则皆治法学者传述之辞也。）（三）则诸子中之记事。十之七八为寓言；即或实有其事，人名、地名及年代等，亦不可据；彼其意，固亦当做寓言用也。据此以考事实，苟非用之十分谨慎，必将治丝益棼。夫诸子记事之不可尽信如此，而今人考诸子年代、事迹，顾多即以诸子所记之事为据；既据此假定诸子年代、事迹，乃又持以判别诸子之书之信否焉，其可信乎？一言蔽之，总由不知子与集之异，太重视用做标题之人，致有此误也。

吾谓整治诸子之书，仍当着重于其学术。今诸子书亟待整治者有二：（一）后人伪造之品，窜入其中者。（二）异家之言，误合为一书者。盖诸子既不自著书，而其后学之著书者，又未尝自立条例，成一首尾完具之作，而其书亡佚又多；故其学术之真相，甚难窥见。学术之真相难见，则伪品之窜入自易，异家之误会亦多。夫真伪混淆，则学说湮晦；异家错处，则流别不明。此诚足为治诸子学之累，故皆急宜拣剔。拣剔之法，仍宜就其学术求之，既观其同，复观其异；即其同异，更求其说之所自来，而求其所以分合之由。如是，则诸子之学可明；而诸子之学之根源，及其后此之兴替，亦可见矣。此法今人必讥其偏于主观；然考校书中事实及文体之法，既皆不足恃，则仍不能不出于此也。

旧时学者，于吾国古书往往过于尊信，谓西方学术，精者不出吾书；又或曲加附会，谓今世学术，皆昔时所已有。今之人则适相反，憙新者固视国故若土苴；即笃旧者，亦谓此中未必真有可取，不过以为旧有之物，不得不从事整治而已。此皆一偏之见。平心论之，社会科学之理，古人皆已引其端；其言之或不如后世之详明，而精简则远过之。截长补短，二者适足相偿也。且古代思想，恒为后世学术风俗之原；昧乎其原，则于其流终难深晓。诸子为吾国最古之学，虽其传久晦，而其义则已于无形中蒸为习尚，深入于人人之心。不知此者，其论世事，纵或持之有故，终不免隔河观火之谈。且真理古今不异，苟能融会贯通，心知其意，古书固未必不周今用，正可以今古相证而益明也。唯自然科学，中国素不重视；即有发明，较诸今日，亦浅薄已甚。稍加疏证，不过知古代此学情形如何，当做史材看耳。若曲加附会，侈然自大，即不免夜郎之诮矣。

　　读诸子者，固不为研习文辞。然诸子之文，各有其面貌性情，彼此不能相假，亦实为中国文学，立极于前。留心文学者，于此加以钻研，固胜徒读集部之书者甚远。（中国文学，根柢皆在经、史、子中。近人言文学者，多徒知读集，实为舍本而求末，故用力多而成功少。予别有论。）即非专治文学者，循览讽诵，亦足以祛除鄙俗，涵养性灵。文学者，美术之一。爱美之心，人所同具；即不能谓文学之美，必专门家乃能知之，普通人不能领略也。诸子之文，既非出于一手，并非成于一时。必如世俗论文者之言，谓某子之文如何，固近于凿；然其大较亦有可言者。大约儒家之文，最为中和纯粹。今《荀子》虽称为儒，其学实与法家近；其文亦近法家。欲求儒家诸子之文，莫如于《小戴记》中求之；前已论及。道家黄老一派，文最古质。以其学多传之自古，其书亦非东周时人所撰也。（见后。）《庄子》文最诙诡，以当时言语程度尚低，而其说理颇深，欲达之也难，不得不反覆曲譬也。法家文最严肃。名家之文，长于剖析；而法家论事刻核处，亦实能辨别毫芒。以名、法二家，学本相近也。《墨子》文最冗蔓；以其上说下教，多为愚俗人说法，故其文亦随之而浅近也。（大约《墨子》之文，最近当时口语。）纵横家文最警快，而明于利害；《战国策》中，此等文字最多。诸子中亦时有之；说术亦诸家所共习也。杂家兼名、法，合儒、墨，其学本最疏通，故其文亦如之；《吕览》《淮南》实其巨擘。而《吕览》文较质实，《淮南》尤纵横驰骋、意无不尽，则时代之先后为之也。要之，言为心声，诸子之学，各有专门，故其文亦随之而异，固非有意为之。然其五光十色，各有独至之处，则后人虽竭力模仿，终不能逮其十一矣。以今语言之，则诸子之文，可谓"个性"最显著者；欲治文学者，诚不可不加之意也。

八、《老子》

道家之书，后世为神仙家所依托，固已全失其本真；即反诸魏、晋之初，谈玄者率以《老》《庄》并称，实亦已非其朔。若循其本，则《汉志》所谓道家者流，其学实当分二派：一切委心任运，乘化以待尽，此一派也。现存之书，《庄》《列》为其代表。秉要执本，清虚以自守，卑弱以自持，此一派也。现存之书，以《老子》为最古。此二派，其崇尚自然之力同，然一因自然力之伟大，以为人事皆无可为，遂一切放下；一则欲因任之以致治，善用之以求胜，其宗旨固自不同。夷考汉人之言，多以黄、老连称，罕以老、庄并举。按今《列子》书第一篇《天瑞》，引《黄帝书》二条，黄帝之言一条。第二篇为《黄帝篇》，引老聃之言一条。第六篇《力命》引老聃谓关尹之言一条，《黄帝书》一条。而《天瑞篇》所引《黄帝书》，有一条与今《老子》书同。（"谷神不死，是谓玄牝；玄牝之门，是谓天地根。绵绵若存，用之不勤。"）《列子》原未必可信，然十之七八，当系采古书纂辑而成，必非晋人杜撰。然则"黄老"者，乃古代学派之名；其学远托诸黄帝，而首传其说者，则老子也。今观《老子》书，文体甚古。（全书多作三四言韵语，乃未有散文前之韵文。间有长句及散句，盖后来所加。）又全书之义，女权皆优于男权。（案今《周易》首乾，而《殷易》先坤，见《礼记·礼运》："吾得坤乾焉。"《郑注》：此亦吾国男女权递嬗之遗迹。然殷时女权，实已不盛。吾别有考。《老子》全书，皆称颂女权；可见其学必始于殷以前。托诸黄帝，固未必可信。然据《礼记·祭法》，严父配天，实始于禹，则夏时男权已盛；老子之学，必始五帝时矣。

盖旧有此说，口耳相传，至老子乃诵出其文也。）书中无男女字，但称牝牡；亦可征其时代之早。近人如梁任公，以其书中有偏将军、上将军之名；又谓"师之所处，荆棘生焉，大兵之后，必有凶年"等语，似系见过长平等大战者，遂疑为战国时书。胡适之摘其"民之饥，以其上食税之多"，"天之道，损有余而补不足。人之道则不然，损不足以奉有余"等语，谓为反对东周后之横征暴敛，引《硕鼠》等诗为证，皆非也。（偏将军、上将军等语，不足为《老子》书出战国后之证，前已辩之。"师之所处，荆棘生焉，大兵之后，必有凶年"，凡战事皆然，何必长平等大战？《老子》一书，皆发挥玄理之语，非对一时政治立言；又观其文体之古，即知其书非出周代，亦不得引风《诗》为证也。）

《老子》全书之旨，可以两言括之：（一）曰治国主于无为，（二）曰求胜敌当以卑弱自处而已。吾国古代哲学，近于机械论，前已言之。既近机械论，则视一切社会现象，皆有自然之律，运行乎其间，毫厘不得差忒，与研究自然科学者之视自然现象同。彼其视自然之力，至大而不可抗也，故只有随顺，断无可违逆之，使如吾意之理。欲违逆之使如吾意，即所谓"有为"；一切随顺天然之律，而不参以私意，则即所谓"无为"也。凡治事者，最贵发见自然之律而遵守之。而不然者，姑无论其事不能成；即使幸成焉，其反动之力，亦必愈大。此老子所以主张治国以无为为尚也。至其求胜敌之术，所以主于卑弱者，则因其以自然力之运行为循环之故。（所谓"道之动曰反"也。）自然力之运行，既为循环，则盛之后必继以衰，强之后必流于弱，乃无可逃之公例。故莫如先以卑弱自处。此皆老子应事之术也。至其空谈原理之语，宗旨亦相一贯；盖所谓治国当主无为、胜敌必居卑弱者，不外遵守天然之律而已。

古代哲学之宇宙论，以为万物同出一原，前文亦已言及；

万物同出一原，则现象虽殊，原理自一。此形形色色之现象，老子喻之以"器"；而未成万物前之原质，则老子喻之以"朴"。其曰"朴散而为器"者，犹曰原质分而为万物耳。夫同一原质，断未有不循同一定律者；至其散而为万物，则有难言者矣。《老子》一书，反复推阐，不外谓朴散为器之后，仍当遵守最初之原理。其曰"见素"，欲见此也；其曰"抱朴"，欲抱此也；其曰"守中"，以此为中也；其曰"抱一"，以此为一也。又其言曰："有无相生，难易相成，长短相较，高下相倾。"又曰："天下皆知美之为美，斯恶矣；皆知善之为善，斯不善矣。"欲举天下对待之境，一扫而空之。亦以此等相对之名，皆"朴散为器"而始有；返诸其初，则只浑然之一境也。此其"绝圣弃智"，"圣人不死，大盗不止"之说所由来，而亦庄周"齐物"之理所由立。百家之学，其流异，其原固无不同；然其流既异，即不得因其原之同，而泯其派别也。

《老子》全书之宗旨如此；由前总论所述，已可见之。然《老子》书解者最多，而其附会曲说亦最甚；故不惮词费，更申言。要之，古书中语，具体者多，抽象者少。此自言语巧拙、今古不同使然。读书固贵以意逆志，不可以词害意。世之误解《老子》者，多由泥其字面，误取譬之词，为敷陈之论，有以致之也。（又古书中"自然"字，"然"字当做"成"字解，不当做"如此"解。如《老子》："功成事遂，万物皆谓我自然"；《淮南子·原道训》："万物固以自然，圣人又何事焉"是也。）

《老子》书注者极多，最通行者，为河上公《注》、王弼《注》、吴澄《注》三种。《河上公注》为伪物，前人已言之。王弼《注》刻本虽晚出，然陆德明《经典释文》，为作音训；又《列子》引《黄帝书》一条，与《老子》同者，张湛即引弼《注》注之，皆与今本相符，可证其非伪物。吴澄《注》多以释理与道家言相证，虽非本旨，亦尚无金丹黄白，如涂涂附之谈。予谓《老子》书并不难解，读者苟具哲学常识，（凡研究中国古哲学及佛书者，必须先有现在哲学常识。此层最为紧要。否则研究中国哲学者，易致貌似玄妙，而实无标准；研究佛学者，更易流于迷信。）即不看注，义亦可通；而一看注，则有时反至茫昧。初学读此书，可但涵咏本文，求其义理；诸家之注，一览已足，不必深求也。

欲求《老子》之义于本文，姚鼐《老子章义》，却可一览。《老子》原书，本无道经、德经之分，分章更系诸家随意所为；读者但当涵咏本文，自求条理，若一拘泥前人章句，则又滋纠纷矣。姚氏此书，即以前人分章为不然，以意重定；虽不必执其所定者为准，然其法自可用也。

古书经、传恒相辅而行，大抵文少而整齐有韵者为"经"，议论纵横者为"传"。盖经为历世相传、简要精当之语，"寡其辞，协其音"，所以便诵读；而传则习其学者发挥经意之书也。《老子》书理精词简，一望而可知为经；其学之传授既古，后学之发挥其义者自多。据《汉志》，道家有《老子邻氏经传》四篇，《老子傅氏经说》三十七篇，《老子徐氏经说》六篇，刘向《说老子》四篇，盖皆《老子》之传。惜其书皆不传。然解释《老子》之词，散见于诸子中者仍不少。近人长沙杨树达，尝汇辑之而成《老子古义》一书，（中华书局出版。）极可看。焦竑《老子翼》三卷，辑韩非以下解《老子》者六十四家，采撷可谓极博，然亦宋以后说为多，初学可暂缓。

九、《庄　子》

《庄子》与《老子》，同属道家，而学术宗旨实异，前已言之。《庄子》之旨，主于委心任运，颇近颓废自甘；然其说理实极精深。中国哲学，偏重应用，而轻纯理；固以此免欧洲、印度哲学不周人用之消，而亦以此乏究极玄眇之观。先秦诸子中，善言名理，有今纯理哲学之意者，则莫《庄子》若矣。（《列子》宗旨与《庄子》大同，然其书似出后人纂辑，不免羼杂；精义亦不逮《庄子》之多。又据《庄子》末篇，则惠施之学，颇与庄子相近。然惠施学说，除此以外，无可考见；他书引惠子事，多无关哲理，如今《庄子》之有《说剑篇》耳。）章太炎于先秦诸子中，最服膺《庄子》，良有由也。

今《庄子》书，分内篇、外篇及杂篇。昔人多重内篇，然外篇实亦精绝，唯杂篇中有数篇无谓耳。分见后。

《庄子注》以郭象为最古，《世说新语》谓其窃诸向秀，据后人所考校，诚然。（可参看《四库书目提要》。）此注与《列子》张湛《注》，皆善言名理；（似尚胜王弼之《易注》及《老子注》。）兼可考见魏、晋人之哲学，实可宝也。《四库》所著录者，有宋褚伯秀《南华真经义海纂微》一百六卷。纂郭象、吕惠卿、林疑独、陈祥道、陈景元、王云、刘概、吴俦、赵以夫、林希逸、李士表、王旦、范元应十三家之说。《提要》谓宋以前解《庄子》者，梗概略具于是。又焦竑《庄子翼》八卷，体例与其《老子翼》同；虽《提要》议其不如彼书之精，然亦多存旧说也。近人注释，有郭庆藩《庄子集释》、王先谦《庄子集解》。郭氏书兼载郭象注及唐成玄英疏，更集众说，加以疏释，颇为详备；王氏书较郭氏为略，盖其书成于郭氏之后，不取重复，故但说明大意而止也。

《逍遥游》第一　此篇借物之大小不同，以明当境各足之义。盖世间之境，贫富贵贱，智愚勇怯，一若两端相对者然；语其苦乐，实亦相同。然世多以彼羡此，故借大小一端，以明各当其分；大者不必有余，小者不必不足；《郭注》所谓"以绝羡欲之累"也。"列子御风而行"一段，为《庄子》所谓"逍遥"者，其义主于"无待"。夫世间之物，无不两端相对待者，欲求无待，非超乎此世界之外不可，则其说更进矣。此篇文极诙诡，然须知诸子皆非有意为文。其所以看似诙诡者，以当时言语程度尚低，抽象之词已少；专供哲学用之语，更几于绝无；欲说高深之理，必须取譬于实事实物；而眼前事物，欲以说明高深之理极难，故不得不如是也。此等处宜探其意而弗泥其辞；苟能心知其意，自觉其言虽诙诡，而其所说之理，实与普通哲学家所说者无殊矣。至于世俗评文之家，竟谓诸子有意于文字求奇，其说更不足论。此凡读古书皆然；然《庄子》书为后人穿凿附会最甚，故于此发其凡。（此篇引《齐谐》之言。所谓《齐谐》者，盖诚古志怪之书，而作此篇者引之。不然，初不必既撰寓言，又伪造一书名，而以其寓言托之也。然则此篇中诙诡之语，尚未必撰此篇者所自造；有意于文字求奇之说，不攻自破矣。）

《齐物论》第二　　"论"与"伦"古字相通。伦者类也，物必各有不同，然后可分为若干类，故"伦"字有"不同"之义。（犹今人各种东西之"种"字耳。）此篇极言世界上物，虽形形色色，各有不同，然其实仍系一物。盖"彼出于是，是亦因彼"，去彼则此之名不存，去此则彼之名亦不立。又宇宙之间，变化不已，此物可化为彼，彼物亦可变为此。此足见分别彼此、多立名目者，乃愚俗人之见矣。此篇宗旨，在"天地与我并生，万物与我为一"十二字。惠施"泛爱天地，万物一体"之说，（见《天下篇》。）亦由此理而出。实仍本于古代哲学，宇宙万物皆同一原质所成之观念也；亦可见先秦诸子之学，同出一原矣。

《养生主》第三　　此篇言作事必顺天理，以庖丁解牛为喻。天者自然，理者条理；随顺天理，即随顺自然之条理也。人能知此理，则能安时处顺，使哀乐不入，而可以养生。

《人间世》第四　　此篇言处世之道，贵于虚己。所谓"虚己"者，即无我之谓也；人而能无我，则物莫能害矣。（物兼人为之事，及自然之力言。)

《德充符》第五　此篇举兀者等事，见无我者之为人所悦，是为德充之符。

《大宗师》第六　郭注云："虽天地之大，万物之富，其所宗而师者无心也。"此篇盖发挥哲学中之机械论，夫举全宇宙而为一大机械，则人处其间，只有委心任运而已。故曰："天地大炉，造化大冶，唯所陶铸，无乎不可"也。

《应帝王》第七　以上内篇。此篇言应世之术，贵乎无所容心。其言曰："至人之用心若镜，不将不迎，应而不藏"，乃全篇之宗旨也。盖言无我则能因物付物，是为应世之术。

《骈拇》第八　此篇言仁义非人性。伯夷、盗跖，虽善恶不同，而其为失本性则均，齐是非之论也。

《马蹄》第九　此篇言伯乐失马之性，圣人毁道德以为仁义，与上篇宗旨意同。

《胠箧》第十　此篇言善恶不唯其名唯其实，因欲止世之为恶者，而分别善恶，为恶者即能并善之名而窃之；夫善之名而为为恶者所窃，则世俗之所谓善者不足为善、恶者不足为恶审矣。乃极彻底之论也。

《在宥》第十一　此篇言以无为为治，而后物各得其性命之情。戒干涉、主放任之论也。（"性命"二字之义见前。）

《天地》第十二　此篇为古代哲学中之宇宙论，极要。

《天道》第十三　此篇由哲学中之宇宙论，而推论治天下之道，见道德名法，皆相一贯，而归本于无为。

《天运》第十四　此篇言仁义等之不足尚。

《刻意》第十五　此篇言虚无无为之贵。

《缮性》第十六　此篇言心之所欲，多非本真，故戒去"性"而从心，当反情性而复其初。

《秋水》第十七　此篇首设河伯、海若问答，亦齐物之旨。

"夔怜蚿"一节，言人当任天而动。"孔子畏于匡"一节，言穷通由于时命，非人所能为。"庄子与惠子游濠梁"一节，言名学之理颇深。唯"庄子钓于濮水""惠子相梁"两节粗浅。

《至乐》第十八　此篇言"无为为至乐，至乐者无乐"，因极言生死之同。"种有几"一段亦此义。（郭《注》：有变化而无死生也。）近人以牵合生物学，似非也。

《达生》第十九　此篇言生之来不能却，其去不可止；能遗世则为善养生。亦委心任运之论。

《山木》第二十　此篇言人之处世，材不材皆足婴患，唯乘道德而游者不然。所谓"乘道德"者，虚己之谓也，虚己则无计较利害之心；无计较利害之心，则物莫之能累矣。亦《人间世》《德充符》两篇之旨也。

《田子方》第二十一　此篇记孔子告颜回语，亦齐物之旨。老聃告孔子语，推论生物之原，由于阴阳二力，亦古代哲学中之宇宙论也。

《知北游》第二十二　以上外篇。此篇言"道"，亦古代哲学中宇宙论也。其言"无无"之义，已颇涉认识论矣。

《庚桑楚》第二十三　此篇文颇艰深。其大意谓一切祸福，皆心所造；故心无利害之念，则物自莫之能侵。所谓"寇莫大于阴阳，（犹今言自然力。）无所逃于天地之间，非阴阳贼之，心自使之"；"身若槁木，心若死灰，祸亦不至，福亦不来"也。其云"万物出乎无有。有不能以有为有，必出乎无有；而无有一无有。圣人藏于是"，阐无有之理尤精。（此言一切万物，彼不能为此之原因，此亦不能为彼之原因。）乃道家虚无无为之旨所从出也。

《徐无鬼》第二十四　此篇亦言为仁义，则必流于不仁义；道家所以贵道德而贱仁义者由此。末段亦涉及古代哲学中之宇宙论，文颇难解。

《则阳》第二十五　　此篇亦言为仁义则必流于不仁不义，兼涉及宇宙论，与上篇同。篇末"莫为""或使"之辩，即哲学中"有神""无神"之争也。其论犯罪者非其罪一节，尤有合于社会主义。

《外物》第二十六　　此篇为杂论。

《寓言》第二十七　　此篇亦杂论，有与他篇重复处。

《让王》第二十八　　此篇杂记让国之事，言唯轻天下重一身者，乃足以治天下。词意似浅。然道家所谓"养生"，其意实谓必如此之人，乃足以治天下，而非徒宝爱其身，欲求全其性命。即此可见此义道家屡及之，如《吕览·贵生》《淮南·精神训、诠言训》是。神仙家之窃取附会，而自托于道家者，其失不待辩而自明矣。

《盗跖》第二十九　　此篇言君子、小人，名异实同，莫如恣睢而求目前之乐。与《列子·杨朱篇》同义。其言富者之苦乐一节，颇可考见古代社会生计情形。

《说剑》第三十　　此篇记庄子说止赵文王好剑之事，意义浅薄，与《庄子》全书，了无关涉。且此事散见他书者甚多，所属之人亦各异。凡古代传说之事，固多如此。盖此事相传，一说以属庄子，故编《庄子》书者，遂以之辑入为一篇也。

《渔父》第三十一　　此篇亦浅薄。

《列御寇》第三十二　　此篇亦浅薄，而间有精论。

《天下》第三十三　　此篇盖《庄子》之自叙，前总论，后分列诸家，可见古代学术源流。论古代学术源流者，以《庄子》此篇、《淮南·要略》《太史公自序》《汉书·艺文志》四篇为最有条理，而四篇又各有胜处。《汉志》推论诸家之学所自出，可见其各有所本；《庄子》此篇，则言道术始合而后分，可见诸家之学，虽各有所本，而仍同出一原，（同出一原，谓其同根据于古代之哲学；各有所本，则言其以一种哲学，而推衍之于各方面。）其义相反而相成。《淮南》论诸子之学，皆起于救时之弊，有某种弊即有某种学，如方药然，各有主治即各有用处；而《太史公自序》，则言诸家之学各有所长，亦各有所短，其义亦相反而相成也。

十、《列 子》

此书前列张湛《序》，述得书源流，殊不可信。而云"所明往往与《佛经》相参，大同归于老、庄"；"属辞引类，特与《庄子》相似；庄子、慎到、韩非、尸子、淮南子，玄示指归，多称其言"，则不啻自写供招。《佛经》初入中国时，原有以其言与老、庄相参者；一以为同，一以为异，两派颇有争论。湛盖亦以佛与老、庄之道为可通，乃伪造此书，以通两者之邮也。其云庄子、慎到等多称其言，盖即湛造此书时所取材。汪继培谓"后人依采诸子而稍附益之"，最得其实。然此固不独《列子》。凡先秦诸子，大都不自著书；其书皆后人采缀而成；采缀时，岂能略无附益，特其书出有早晚耳。故此书中除思想与《佛经》相同，非中国所固有者外，仍可认为古书也。（篇首刘向校语，更不可信。凡古书刘向《序》，大都伪物。姚姬传唯信《战国策序》为真，予则并此而疑之。）

注《庄子》书者甚多，《列子》则唯张湛一注，孤行于世。唐殷敬顺就张湛《注》作《释文》，本各为书；元、明以来刻本，皆以《释文》入《注》，二者遂混淆不辨。清汪继培得影宋抄本，又录《释文》单行本于《道藏》，据以参校，二者始各还其旧；此外参校之本尚多，实此书最善之本也。又有唐卢重元注，《唐书·艺文志》以下，皆不著录，郑樵《通志》始及之。书有陈景元序，谓得之徐灵府。清秦恩复得之金陵道院，重刻之。然今所传《文子缵义》，亦出徐灵府，其书殊不可信，则此书恐亦非唐时物也。

此书大旨与《庄子》相类。精义不逮《庄子》之多，而其文较《庄子》易解，殊足与《庄子》相参证。（读《庄子》不能解者，先读此书最好。）其陈义有视前人为有进者，如《汤问篇》："汤问于夏革，曰：古初有物乎？夏革曰：古初无物，今恶得物？后之人将谓今无物，可乎？汤问曰：然则物无先后乎？夏革曰：物之终始，初无极已。始或为终，终或为始，恶知其纪？自物之外，自事之先，朕所不知也。"按古人论宇宙原始者，率以为有气而后有形，有形而后有质，皆宇宙论中语。此则明人能知有，不能知无——时间之起讫，空间之际限，实非人所能知；人之所知，实以认识所及为限——已深入认识论之堂奥矣。盖佛学输入后始有之义也。

《天瑞》第一　此书为《列子》之宇宙论，与他古书所述大同，而文最明白易晓。

《黄帝》第二　此篇言气无彼我，彼我之分由形；任气而不牵于形，则与物为一；与物为一，则物莫能害。盖承上篇，言人所以自处之道也。

《周穆王》第三　此篇言造物与人之为"幻"无异，梦与觉无异，盖言真幻不别也；似亦已杂佛学之理矣。（《庄子》物化之说，虽亦已起其端，然言之不如此篇之透彻。）西极化人，即西域眩人，乃汉时事。《穆天子传》及《山海经》中涉及西域者，后人以其地理多合，信为古书；不知其正西域地理既明后，伪造之作也。观此篇所取材，而知其为魏、晋间物矣。

《仲尼》第四　此篇总旨，在"忘情任理"四字。"中山公子牟"一节，述公孙龙之学，颇有条理。其说必有所本，注文亦极明瞭，可宝也。（今《公孙龙子》殊不易读。）

《汤问》第五　此篇言空时间皆不可知。又言人所不知之事甚多，不可据其所知，以疑其所不知；乃极精之认识论也。

《力命》第六　此篇言力不胜命，今哲学中所谓定命论；又言凡事皆出于不得不然，今哲学中所谓机械论也。

《杨朱》第七　此篇为厌世之义。杨朱之学，除《孟子》称其"为我"外，他无可考；此书何从独有之？可知其伪。

《说符》第八　此篇言因果有必至之符，亦机械论。又言有术者或不能行，行之者不必有术；视学问、事功，判然二物。又言人与物徒以智力相制，迭相食，见无所谓福善祸淫等天理，其理亦皆与机械论相通也。

十一、《荀　子》

儒家孟、荀并称，然《荀子》书予极疑之。予疑《荀子》书，自读其"非象刑"之论始。盖儒家论刑，止有二义：（一）曰五刑，是为肉刑，见《书·吕刑篇》；（一）曰象刑，见《尧典》。（今本分为《舜典》。象刑之说，见《书大传》，谓不残贼人之肢体，徒僇辱之而已。汉文《废肉刑诏》："盖闻有虞氏之时，画衣冠、异章服以为戮而民弗犯。"即今文《书》说也。）皆《书》说也。"非象刑"之论，与儒家之尚德化，根本不相容。及读《汉书·刑法志》，《荀子》之论具在，乃恍然有悟。盖汉时地方豪族，以及游侠之士，（汉时去封建近，此等乃前此贵族及武士之遗也。）势力极大，上扞国法，下陵小民，狱犴不平。职是之故，仁人君子，蒿目时艰，乃欲以峻法严刑，裁抑一切。此自救时之论，有激而云，而实行之者则王莽也。夫莽固事事托之于古者也，然则"非象刑"之论，盖亦不知何人所造，而托之荀子者矣。本此以推，则见其"性恶"之论，"法后王"之言，亦皆与儒家之义，不能并立。其论礼也，谓"人生不能无群，群而无分则争，争则乱，乱则离，离则弱，弱则不能胜物"，（见《王制篇》。）亦法家论法之语也。夫如后世之论，则诸经皆出荀卿。（汪中《荀卿子通论》。案：此篇所引诸经传源流，多不可信。董仲舒作书美荀卿，说出今所传《荀子》刘向叙；他无征验。此序之伪，亦显而易见也。）今姑不必深求。但使战国之末，儒家大师荀卿，其议论果如今《荀子》书所云，则在儒家中实为异军苍头；安得历先汉二百年，迄无祖述之书，亦无反驳之论哉？

今《荀子》书，同《韩诗外传》、二《戴记》《说苑》《新序》处最多，亦有同《书大传》《春秋繁露》《公羊》《穀梁》《左氏》《国语》《楚辞》《礼纬》《诗毛氏传》《孔子家语》者；又有同《管》《韩》《庄》《列》诸子，《晏子春秋》《淮南王书》者。夫其同《说苑》《新序》，诚可诬为刘向校书中祕，已见是书。《大戴记》晚出，无传授，昔人即不之信；《小戴记》亦今古文杂；《穀梁》《左氏》《毛诗》皆晚出，姑勿论。其同《韩诗外传》《书大传》《公羊》《繁露》，何说之辞？谓诸儒袭《荀子》，则诸儒早见《荀子》书矣，何待刘向？谓其各不相袭，所本者同，又无解于《荀子》书中，与儒家持义根本不相容之处，他家皆无此论也。然则《荀子》者，乃较早出之《孔子家语》耳。其与诸书同处，正足证其书由抄袭而成；而较《荀子》晚出之书，则又转袭《荀子》者也。予之意见如此，当否诚不敢自信。至于《荀子》之书当读，则初不因其真伪而异；因其书有甚精处，要必为先秦之传，固不必问其集自何人、题为何子也。

《荀子》书多精论，然颇凌杂无条理，今为料拣之。按《荀子》书宗旨，荦荦大者，凡有八端：曰"法后王"，见《不苟》《非相》《儒效》《王制》诸篇；曰主人治，见《王制》《君道》《致士》诸篇；曰"群必有分"，见《王制》《富国》诸篇；曰阶级不能无，见《荣辱》《富国》诸篇；曰"性恶"，见《荣辱》《性恶》诸篇；曰"法自然"，见《天论》《解蔽》诸篇；

曰正名，见《正名》篇。此外攻击儒、墨、名、法，与权谋诸家之语，散见《非十二子》《儒效》《王霸》《君道》《议兵》《强国》《正论》《乐论》诸篇。要之，《荀子》书于诸家皆有诘难；语其宗旨，实与法家最近，而又蒙儒家之面目者也。全书中最精者，为《天论》《正论》《解蔽》《正名》四篇。

《荀子》书，《汉志》三十二篇。（今《汉志》作"三十三"，乃误字。）隋、唐《志》皆十二卷。唐杨倞为之注，分为二十卷，于篇第颇有升降。今世通行者，为嘉善谢氏刻本，其校勘实出卢文弨。又有宋台州刻本，黎庶昌得之日本，刻入《古逸丛书》中。王先谦更取王念孙、俞樾诸家校释，又以台州本及卢氏取之未尽之虞、王合校本，与谢本相校，成《荀子集解》一书，采摭颇备，甚便观览。

《劝学》第一、《修身》第二、《不苟》第三　以上三篇，皆儒家通常之论。《不苟篇》"君子养心莫善于诚"一节，义与《礼记·中庸篇》通。又"君子位尊而志恭"一节，论"法后王"之义。

《荣辱》第四　此篇义亦主于修为，与前数篇同。"凡人有所一同"一节，谓人之行为，为生理所限，而生理受制于自然律，实性恶之说所本也。

《非相》第五　此篇只首节非相，盖以首节之义名篇也。与《论衡·看相》等篇参看，可见古者对于相人之术，迷信颇甚。

《非十二子》第六　此篇亦见《韩诗外传》，而止十子，无子思、孟轲。《荀子》书吾颇疑其为西汉末人所集。然其所取资，固不能尽伪。（凡古伪书皆然。）墨子学于孔子，说似不诬。（见后。）今其书《非儒》《公孟》《耕柱》诸篇，攻击儒家最烈。其中固有由宗旨不同处，然讥儒者贪于饮食、惰于作务，徒古其服及言而实无可取；颇与此篇所攻子张氏、子夏氏之贱儒合。此不得谓非儒者之病。盖儒者固自有其真，然徒党既多，不能无徒窃其名而无其实者。《礼记·儒行》记孔子之言曰："今众人之命儒也妄常，以儒相诟病。"篇末又记哀公闻孔子之言，"终没吾世，不敢以儒为戏"。则当时耳儒之名而不知其义，以儒相诟病、以儒为戏者甚多；皆"贪于饮食，饰其衣冠"之贱儒，有以自取之也。颇疑此篇中攻子思、孟轲之语，为后人所造；（详见鄙著《辨梁任公阴阳五行说之来历》，见《东方杂志》第二十卷第二十号。）而其非子张、子夏氏之"贱儒"之语则真。（但为先秦旧说耳，不必定出荀卿其人，且不必定出儒家。此义亦前已及之矣。）

《仲尼》第七　此篇言"仲尼之门，五尺之竖子，羞称五霸"，与《春秋繁露·封胶西王篇》合。（《汉书·董仲舒传》亦同。）是今文家义也。夫董子者，"正其义，不谋其利；明其道，不计其功"者也；而此篇下文论擅宠于万乘之国，而无后患之术，几于鄙夫之谈，亦可见《荀子》书之杂矣。

《儒效》第八　此篇中有辟名家之论，亦及"法后王"之义。

《王制》第九　此篇中有述制度处，颇足与群经相考证。此外有论人治之语，有言"法后王"之义，又其言有群乃能胜物而群不可无分，则为法家重度数之意，可与下篇参看。

《富国》第十　此篇言群不可无分，有分为富国之道，辟墨子之徒以不足为患，陈义颇精。

《王霸》第十一　此篇斥权谋。"礼之所以正国也"一节，与《礼记·经解篇》同。（《礼论篇》"取绳墨诚陈"云云亦然。）此数语法家论法，亦恒用之；亦可见《荀子》与法家相近也。（《礼记》亦汉人集诸经之传及儒家诸子而成。见前。）

《君道》第十二　此篇言人治，辟权谋。此篇《杨注》亡。

《臣道》第十三　此篇为儒家通常之义。

　　《致士》第十四　　此篇论人治数语，与《王制篇》复。"得众动天"十六字，文体及意义，并与上下文不相蒙；下文论刑赏及师术，亦与致士无涉。盖多他篇错简，或本篇本杂凑而成，而取其一端以名篇也。

　　《议兵》第十五　　此篇论用兵之理极精。《韩诗外传》《新序》《史记·礼书》《汉书·刑法志》皆载之。

　　《强国》第十六　　此篇亦通常之论。

　　《天论》第十七　　此篇言"吉凶由人不由天"，"事非人力所能为者，不以措意"，"人当利用自然"，"怪异不足畏"，"合众事乃能求得公例，徒据一偏则不能得"，乃《荀子》书中最精之论也。此篇驳老子、慎到、墨翟、宋钘。

　　《正论》第十八　　此篇皆诘难当时诸家之论。第一节即驳法家。然第二节论汤、武非篡，义不如《孟子》之精，而持论实与法家相近。第三节驳象刑，则弥与儒家反矣。要之，此书虽驳法家，然其思想实与法家近也。篇末驳子宋子，颇可藉考宋钘学说。

　　《礼论》第十九　　此篇有精语。然大体与《大戴礼·礼三本》《史记·礼书》同。（又有同《穀梁》及《礼记·经解》"三年问"处。）

　　《乐论》第二十　　此篇同《礼记·乐记》，而多增入辟墨子语，（《史记·礼书》亦同。按《史记》八书皆亡，盖后又取他书补之。）可见《荀子》书中辟他家之语，有后来增入者。亦足为《非十二子》中辟子思、孟轲之语，为后人增入之一证也。（又一段同《礼记·乡饮酒义》。）此篇注亦亡。

　　《解蔽》第二十一　　此亦《荀子》书极精者，足与《天论篇》媲美。伪《古文尚书》"人心唯危，道心唯微，唯精唯一，允执厥中"十六字，原出此篇。

　　《正名》第二十二　　此篇论名学哲学极精。

　　《性恶》第二十三　　案：荀子"性恶"之论，为后人所訾。

然此篇首句曰："人之性恶，其善者伪也。"《杨注》曰："伪，为也，矫也，矫其本性也。凡非天性而人作为之者，皆谓之伪。故为字人旁为，亦会意字也。"则伪非伪饰，其义皦然。《礼论篇》："故曰：性者，本始材朴也；伪者，文礼隆盛也。无性则伪之无所加，无伪则性不能自美。"《正名篇》："心虑而能为之动，谓之伪；虑积焉、能习焉而后成，谓之伪。"尤不啻自下界说。以为真伪之伪，而妄肆诋諆，真不必复辩矣。（"为"之本义为母猴。盖动物之举动，有出于有意者，有不待加意者。其不待加意者，则今心理学家所谓"本能"也；其必待加意者，则《荀子》书所谓"心虑而能为之动，虑积焉、能习焉而后成"，《杨注》所谓"非天性而人作为之"者也。动物举动，多出本能。唯猿猴知识最高，出乎本能以外之行动最多，故名母猴曰"为"。其后遂以为人之非本能之动作之称。故"为"字之本义，本指有意之行动言之，既不该本能之动作，亦不涵伪饰之意也。古用字但主声，为、伪初无区别。其后名母猴曰"为"之语亡，"为"为母猴之义亦隐，乃以"为"为"作为"之为，"伪"为"伪饰"之伪。此自用字后起之分别，及字义之迁变尔。若拘六书之例言之，则既有伪字之后，非为伪饰，皆当作"伪"；其作"为"者，乃传形成声耳。）然性恶之论，究与法家相近，而非儒家尚德化之义，则亦不容曲辨也。此篇本二十六，杨升。

《君子》第二十四　此篇言人君之事，无甚精义。本第三十一，杨升。

《成相》第二十五　此篇大体多以三七言成文。俞樾谓"相"即《礼记·曲礼》"邻有丧春不相"之相，为古人乐曲之名，盖是也。《汉志》赋分四家，《成相杂辞》十一篇，与隐书并附于杂赋之末。此篇盖即所谓"成相"。而下《赋篇》，每先云"爰有大物""有物于此"，极陈其物，然后举其名，盖即所谓"隐书"矣。或谓后世弹词文体，实出《成相》。此篇本第二十八，杨降。

　　《赋篇》第二十六　　此篇之体，颇类《汉志》所谓"隐书"，已见前。然《汉志》亦有《孙卿赋》，不知其究谁指也。"天下不治，请陈佹诗"一节，文体与前不同。然末节文体与此同，《战国策·楚策》载之，亦谓之赋。盖"不歌而诵"，则皆谓之赋也。此篇本第二十二，杨降。

　　《大略》第二十七　　此篇杂，杨云"弟子杂录荀卿之语"。按以下诸篇，多与他传记诸子同。

　　《宥坐》第二十八、《子道》第二十九、《法行》第三十、《哀公》第三十一、《尧问》第三十二　　杨云："此以下皆荀卿及弟子所引记传杂事，故总推之于末。"《尧问篇》末一段，为他人论荀子之语，杨云："荀卿弟子之辞。"

十二、《晏子春秋》

　　此书《汉志》八篇。《史记正义》引《七略》及隋、唐《志》皆七卷，盖后人以篇为卷，又合杂上、下为一篇。《崇文总目》作十四卷，则每卷又析为二也。其书与经、子文辞互异，足资参订处极多；历来传注，亦多称引，绝非伪书。《玉海》因《崇文总目》卷帙之增，谓后人采婴行事为书，故卷帙颇多于前，实为妄说，孙星衍已辨之矣。前代著录，皆入儒家。柳宗元始谓墨氏之徒为之，晁公武《读书志》《文献通考·经籍考》，遂皆入之墨家。今观全书，称引孔子之言甚多；（卷一"景公衣狐白裘章"，卷二"景公冬起大台之役章""景公躄妾死章"，卷五"晋欲攻齐，使人往观章""晏子居丧逊答家老章"，皆引孔子之言，以为平论。卷三"景公问欲善齐国之政章"，则晏子对辞，称"闻诸仲尼"。卷五晏子使鲁，仲尼以为知礼，卷七仲尼称晏子行补三君而不有，亦皆称美晏子之言。又卷四"曾子问不谏上不顾民以成行义者章"，卷五"曾子将行晏子送之以言章"，皆引曾子之事。"晏子居丧逊答家老章",亦称曾子以闻孔子。又卷四"叔向问齐德哀子若何章",卷五"崔庆劫将军大夫盟章""晏子饮景公酒章",卷七"景公饮酒章",皆引《诗》。)引《墨子》之言者仅两条;(卷三"景公问圣王其行若何章",卷五"景公恶故人章"。)诋毁孔子者,唯外篇不合经术者一至四四章耳。陈义亦多同儒家,而与墨异,以入墨家者非也。

全书皆记晏子行事,其文与《左氏》复者颇多。《左氏》之"君子曰",究为何人之言,旧多异说。今观此书,引君子之言亦颇多,[卷三"庄公问威当世服天下章",卷五"齐饥晏子因路寝之役以振民章""景公夜从晏子饮章""晏子之晋睹齐累越石父章",卷六"景公欲更晏子宅章",下皆有"君子曰"。卷五"景公使晏子予鲁地章",则曰:"君子于鲁,而后知(明)行廉辞地之可为重名也。"]则系当时史家记事体例如此。《左氏》与此书,所本相同,所谓"各往往捃摭春秋之文以著书"也。(《史记·十二诸侯年表》。)然则《左氏》之"君子曰",与经义无涉,概可见矣。

此书以孙星衍校本为最便。吴鼒覆刻元本,前有都凡,每篇有章次题目,外篇每章有定著之故;足以考见旧式,亦可贵也。

十三、《墨　子》

墨家宗旨,曰尚贤,曰尚同,曰兼爱,曰天志,曰非攻,曰节用,曰节葬,曰明鬼,曰非乐,曰非命。今其书除各本篇外,《法仪》则论天志;《七患》《辞过》,为节用之说;《三辨》亦论非乐;《公输》阐非攻之旨;《耕柱》《贵义》《鲁问》三篇,皆杂记墨子之言。此外《经》上下、《经说》上下、《大、小取》六篇为名家言,今所谓论理学也。《备城门》以下诸篇,为古兵家言。墨翟非攻而主守,此其守御之术也。《非儒》《公孟》两篇，专诘难儒家，而《修身》《亲士》《所染》三篇，实为儒家言。（《修身》《亲士》二篇，与《大戴礼·曾子立事》相表里，当决与《吕氏春秋·所染篇》同。《吕氏春秋》亦多儒家言。）因有疑其非《墨子》书者。予案：《淮南·要略》谓："墨子学儒者之业，受孔子之术，以为其礼烦扰而不悦，厚葬靡财而贫民，服伤生而害事，故背周道而用夏政。"其说实为可据。（见《辨梁任公阴阳五行说之来历》。又按《墨子书·七患篇》引《周书》之解，实当作《夏箴》，见孙氏《间诂》。又《公孟篇》墨子距公孟之辞曰："子法周而未法夏也。"并墨子用夏道之证。今《墨子》书引《诗》《书》之辞最多。予昔尝辑之，然但及其引《诗》《书》之文，及其本文确为佚《诗》、佚《书》者，其与今文家经说同处，未能编辑，故尚未能写定。）百家中唯儒家最重法古，故孔子之作《六经》，虽义取创制，而仍以古书为据。《墨子》多引《诗》《书》，既为他家所无；而其所引，又皆与儒家之说不背，即可知其学之本出于儒。

或谓墨之非儒，谓其学"累世莫殚，穷年莫究"，安得躬道之而躬自蹈之？殊不知墨之非儒，仅以与其宗旨相背者为限；（见下。）此外则未尝不同。且理固有必不能异者。《公孟篇》："子墨子与程子辩，称于孔子。程子曰：'非儒，何故称于孔子也？'子墨子曰：'是亦当而不可易者也。今鸟闻热旱之忧则高，鱼闻热旱之忧则下。当此，虽禹、汤为之谋，必不能易矣。翟曾无称于孔子乎？'"又《贵义篇》："子墨子南游使卫，载书甚多。弦唐子见而怪之，曰：'夫子教公尚过，曰"揣世直而已"；今夫子载书甚多，何也？'子墨子曰：'翟闻之，同归之物，信有误者，是以书多也。今若过之心者数逆于精微，同归之物，既已知其要矣，是以不教以书也。'"然则墨子之非读书，亦非夫读之而不知其要；又谓已知其要者，不必更读耳，非谓凡人皆不当读书也。其"三表"之说，即谓上本之古圣王之事，而安得不读书。其称引《诗》《书》，又何怪焉？然则墨子之学，初出于儒，后虽立异，而有其异，仍有其同者存，此三篇亦未必非《墨子书》矣。（墨学与他家特异之处，及其长短，已见前。）

墨家之书，《汉志》著录者，除《墨子》外，又有《尹佚》二篇，《田俅子》三篇，《我子》一篇，《随巢子》六篇，《胡非子》三篇。隋、唐《志》仅存《墨子》《随巢子》《胡非子》。（《旧唐志》无《随巢子》。）《宋志》则仅存《墨子》矣。《通志·艺文略》，《墨子》有《乐台注》，《晋书·隐逸传》载鲁胜《墨辩注叙》，今其书皆不传。墨子上说下教，文最浅俗，说本易通。徒以传授久绝，治其书者亦鲜；书中既多古言古字，又包名家、兵家、专门之言，遂至几不可读。清毕沅，始为之校注；其后治《墨子》者，亦有数家；孙诒让乃集其成，而成《墨子间诂》，而其书始焕然大明。然名家言，在中国久成绝学；孙氏创通其说，阙憾犹多。近人得欧洲名学，以相印证，而其说又有进。梁启超《墨经校释》，胡适《中国哲学史大纲》上卷中涉墨学者，皆可读也。予所知又有张之锐《新考正墨经注》，刻于河南，惜未得读。《学衡杂志》载永嘉李氏笠《定本墨子间诂校补序》，则似仅写定而未刊行也。

《亲士》第一、**《修身》**第二、**《所染》**第三　　此三篇皆儒家言，已见前。《所染篇》上半与《吕氏春秋·当染篇》同，而下半绝异。或以其所引事多出墨子之后，疑其非《墨子》书；然"某子"之标题，本只以表明学派，非谓书即其人所著，则此等处正不足疑矣。

《法仪》第四　　此篇为天志之说。

《七患》第五　　此篇论节用之义，兼及守御。

《辞过》第六　　孙云："此篇与《节用篇》文意略同。《群书治要》引并入《七患篇》，此疑后人妄分，非古也。"

《三辩》第七　此篇为非乐之说。篇中载程繁之问，与墨子之答，辞不相涉。今案：此篇本有阙文，墨子答程繁之辞，盖亦有阙也。

《尚贤上》第八、《尚贤中》第九、《尚贤下》第十　凡《尚贤》《尚同》等篇，文字皆极累重。盖墨子上说下教，强聒不舍，故其辞质而不文也。

《尚同上》第十一、《尚同中》第十二、《尚同下》第十三　三篇相复緟（古同"重"），中最详，上最略。以中、上二篇相校，显见上篇有阙。尚同以天为极则，说与《天志》相通。尚同之义，或有訾其近于专制者。然铲灭异论，固不可；而是非太无标准，亦有害。战国时正值群言淆乱之际，所患者不在异论之不申，而在是非太无标准，令人无所适从；时势不同，未可以今人之见议古人也。且彼固主选贤以为长矣，是尚同亦即同于贤者也，而又何訾焉。

《兼爱上》第十四、《兼爱中》第十五、《兼爱下》第十六　亦三篇相复緟，而上篇最略。兼爱为墨家之根本义，读《墨子》书，当一切以是贯通之。

《非攻上》第十七、《非攻中》第十八、《非攻下》第十九　亦首篇最略，但言其不义；中下篇则兼言其不利，且多引古事。

《节用上》第二十、《节用中》第二十一、《节用下》第二十二　上篇校略，中篇校详。兼有及节葬之语。下篇亡。篇中欲限民婚嫁之年以求庶；以人力为生财之本，因节用而兼及之也。

《节葬上》第二十三、《节葬中》第二十四、《节葬下》第二十五　上、中皆阙。节葬之说，亦见《节用》中篇及《非儒》，宜参看。此篇言墨子所制葬法与禹同，亦墨子用夏道之证。

　　《天志上》第二十六、《天志中》第二十七、《天志下》第二十八　亦三篇相复緟。以兼爱为天志而非攻；又云："无从下之政上，必从上之政下，夫为政于天子。"则其义又与"上同"通也。

　　《明鬼上》第二十九、《明鬼中》第三十、《明鬼下》第三十一　上、中皆阙。论理并无足取，但引古事及夏、商、周之书以实之。按《论语》言"禹致孝乎鬼神"；据《礼记·祭法》，则严父配天，实始于禹；《汉志》谓墨家"宗祀严父，是以右鬼"，鬼者人鬼，明鬼盖亦夏教也。

　　《非乐上》第三十二、《非乐中》第三十三、《非乐下》第三十四　中、下皆阙。非乐之旨，太偏于实利；而其道大觳，使人不堪；故多为诸家所难。

　　《非命上》第三十五、《非命中》第三十六、《非命下》第三十七　此篇谓言有三表。"三表"者，上本之古圣王之事，下察之百姓耳目之实，发为刑政，中百姓人民之利。今上篇之论，大致本之古圣王，中篇大致考之耳目之实，下篇则言为政也。然则其余分为三篇者，亦必有一区别；特今或偏亡，或编次混乱，遂不可见耳。非命之说，亦见《非儒篇》中，宜参看。

　　《非儒上》第三十八、《非儒下》第三十九　上篇亡。下篇所言：非其丧服及丧礼，以其违节葬之旨也；非其娶妻亲迎，以其尊妻侔于父，违尚同之义也；非其执有命，以神非命之说也；非其贪饮食、惰作务，以明贵俭之义也，非其循而不作，以与背周用夏之旨不合也；非其胜不逐奔，掩函弗射，以其不如非攻之论之彻底也；非其徒古其服及言；非其君子若钟，击之则鸣，弗击不鸣；以其无强聒不舍之风，背于贵义之旨也。盖墨之非儒如此，皆以与其宗旨不同者为限，原无害于其说之本出于儒矣。此外诋訾孔子之词，多涉诬妄，则诸子书述古事者类然；因其说出于传述，不能无误也。此诚不必皆墨子之言，亦不必遂非墨子之说。当时传其家之学者，或推衍师意而自立说；或祖述师言，存其意而易其辞，固不能一一分别。毕氏必辨为非墨子之言，殊可不必矣。非儒之论，亦见《耕柱》《公孟》二篇，宜参看。

《经上》第四十、《经下》第四十一、《经说上》第四十二、**《经说下》**第四十三、**《大取》**第四十四、**《小取》**第四十五　以上六篇，皆名家言。《经说》即释《经》者。鲁胜注《墨辩》，《叙》谓《墨辩》有上下经，经各有说，凡四篇，盖即指此。《大、小取》之"取"，孙诒让谓即"取譬"之取，盖是。六篇唯《小取》篇较易解，余皆极难解，宜参看近人著述，已见前。

《耕柱》第四十六、《贵义》第四十七　此两篇皆杂记墨子之言，论明鬼、贵义、非攻、兼爱等事。又有难公孟子非儒之言，疑《公孟》篇简错也。

《公孟》第四十八　此篇多非儒之论，皆墨子与公孟子，旗鼓相当，多与《非儒》复者。间有杂记墨子之言，与非儒无涉者。

《鲁问》第四十九　此篇多非攻之论，亦及劝学、贵义、明鬼。

《公输》第五十　此篇亦言非攻。

《□□篇》第五十一　亡。

《备城门》第五十二、《备高临》第五十三、《□□》第五十四、《□□》第五十五、《备梯》第五十六、《□□》第五十七、《备水》第五十八、《□□》第五十九、《□□》第六十、《备突》第六十一、《备穴》第六十二、《备蛾傅》第六十三、《□□》第六十四、《□□》第六十五、《□□》第六十六、《□□》第六十七、《迎敌祠》第六十八、《旗帜》第六十九、

《号令》第七十、《杂守》第七十一　自《备城门》至此，凡二十一篇。今亡五十一、五十四、五十五、五十七、五十九、六十、六十四、六十五、六十六、六十七，共十篇。诸篇皆专门家言，不易晓。读一过，就其可考者考之可也。（凡读古书，遇不能解者，亦仍须读一过，不得跳过；以单词只义，亦有用处。且绝学复明，往往自一二语悟入也。）今《墨子目录》，为毕氏所定。孙氏据明吴宽抄本，当养〔卷〕篇目，以《备城门》为五十四，《备高临》为五十五，册末吴氏手跋云："本书七十一篇，其五十一之五十三、五十七、五十九之六十、六十四之六十七，篇目并阙"云云，是吴所据本，实如此也。

十四、《公孙龙子》

　　正名之学，浅言之，本为人人所共知，亦为百家所同趋。盖欲善其事，必求名实相符；名实不符，事未有能善者。此固至浅之理，而亦不诤之论也。然深求之，则正有难言者。何者？名实之宜正为一事；吾之所谓名实者，果否真确，又为一事。前说固夫人所共喻，后说或皓首所难穷，使执正名之术以为治，而吾之所谓名实者，先自舛误，则南辕而北其辙矣。职是故，正名之学，遂分为二派：（一）但言正名之可以为治，而其所谓名实者，则不越乎常识之所知。此可称应用派，儒、法诸家是也。（一）则深求乎名实之原，以求吾之所谓名实者之不误，是为纯理一派，则名家之学是也。天下事，语其浅者，恒为人人所共知；语其深者，则又为人人所共骇；此亦无可如何之事，故正名之理，虽为名家所共趋；而名家之学，又为诸家所共非。孔穿谓"言减两耳甚易而实是，言减三耳甚难而实非"，司马谈谓名家"专决于名而失人情"，皆以常识难学人也。夫学术至高深处，诚若不能直接应用；然真理必自此而明；真理既明，而一切措施，乃无谬误；此固不容以常人之浅见相难矣。

今名家之书，传者极少。《墨经》及《经说》，皆极简质，又经错乱，难读。此外，唯见《庄子·天下》《列子·仲尼》两篇，亦东鳞西爪之谈。此书虽亦难通，然既非若《墨经》之简奥，又非如《庄》《列》之零碎，实可宝也。《汉志》十四篇，《唐志》三卷，今仅存六篇，盖已非完帙；《通志》载陈嗣古、贾士隐两注，皆不传。今所传者，为宋谢希深注；全系门外语，绝无足观。读者如欲深求，当先于论理学求深造；然后参以名家之说散见他书者，熟读而深思之也。

《跡府》第一　　此篇先总叙公孙龙之学术，次叙龙与孔穿辩难，与《孔丛子》略同。俞樾曰："《楚辞·惜诵》注：'所履为迹，迹与跡同。'下诸篇皆其言，独此篇是实学一事，故谓之跡。府者，聚也，言其事跡具此也。"见《俞楼杂纂》。

《白马论》第二　　此篇言白马非马，他书称引者最多。

《指物论》第三　　此篇言"物莫非指，而指非指"。"指也者，天下之所无也；物也者，天下之所有也。"案：《庄子》"指穷于为。薪，火传也，不知其尽也"，历来注家，皆不得确解。今按《淮南·齐俗训》："至是之是无非，至非之非无是，此真是非也。若夫是于此而非于彼，非于此而是于彼者，此之谓一是一非也。此一是非，隅曲也；夫一是非，宇宙也。"（言限于一时一地而言之，则是非如此；通于异时异地而言之，则又不然。）《氾论训》："今世之为武者则非文也，为文者则非武也；文武更相非，而不知时世之用也。此见隅曲之一指，而不知八极之广大也。故东向而望，不见西墙；南面而视，不睹北方；唯无所向者，则无所不通。"以"隅曲"诂"指"，与"宇宙"及"八极"对言；则"隅曲"当作一地方，"指"字当作一方向解。庄子"指穷于为"四字当断句，言方向迷于变化耳。此篇之"指"字，亦当如此解。言人之认识空间，乃凭借实物：天下只有实物，更无所谓空间；破常人实物自实物、空间自空间之谬想耳。

《**通变论**》第四　此篇言"二无一"，"羊合牛非马，牛合羊非鸡"。"青以白非黄，白以青非碧"，（"以"同"与"。）盖言统类之名，均非实有。

《**坚白论**》第五　此篇谓"视得白无坚，拊得坚非白"，盖辨观念与感觉不同。

《**名实论**》第六　此篇述正名之旨，乃名学之用也。其言曰："天地与其所产，物也；物以物其所物而不过焉，实也；实以实其所实而不旷焉，位也；位其所位焉，正也。以其所正，正其所不正。"云云，其说甚精。浅言之，则法家"综核名实"之治，儒家"名不正则言不顺，言不顺则事不成"之说；深言之，则"天地位，万物育"之理，亦寓乎其中已。故知诋名家为诡辩之学者，实诬词也。

十五、《管　子》

《管子》一书，最为难解，而亦最错杂。此书《汉志》列道家，《隋志》列法家。今通观全书，自以道、法家言为最多；然亦多兵家、纵横家之言，又杂儒家及阴阳家之语；此外又有农家言。（《轻重》诸篇论生计学理，大率重农抑商，盖亦农家者流也。）全书凡八十六篇，与《汉志》合，而亡其十。《四库提要》云："李善注陆机《猛虎行》曰：江邃《释》引《管子》云：'夫士怀耿介之心，不荫恶木之枝。恶木尚能耻之，况与恶人同处。'今检《管子》，近亡数篇，恐是亡篇之内，而邃见之，则唐初已非完本矣。"又曰："今考其文，大抵后人附会，多于仲之本书；其他姑无论。即仲卒于桓公之前，而篇中处处称桓公，其不出仲手，已无疑义矣。书中称《经言》者九篇，称《外言》者八篇，称《内言》者九篇，称《短语》者十九篇，称《区言》者五篇，称《杂篇》者十一篇，称《管子解》者五篇，称《管子轻重》者十九篇。意其中孰为手撰，孰为记其绪言，如语录之类；孰为述其逸事，如家传之类；孰为推其义旨，如笺疏之类，当时必有分别。观其五篇明题《管子解》者，可以类推。必由后人混而一之，致滋疑窦耳。”

予案："某子"之标题，本只取表明其为某派学术，非谓书即其人所著。（见前。）《管子》之非出仲手，可以勿论。古书存者，大抵出于丛残缀辑之余，原有分别，为后人所混，亦理所可有。然古代学术，多由口耳相传。一家之学，本未必有首尾完具之书。而此书错杂特甚，与其隶之道、法，毋宁称为杂家；则谓其必本有条理，亦尚未必然也。今此书《戒篇》有流连荒亡之语，与孟子述晏子之言同。又其书述制度多与《周官》合；制度非可虚造；即或著书者意存改革，不尽与故事相符，亦必有所原本。此书所述制度，固不能断为《管子》之旧，亦不能决其非原本《管子》。然则此书盖齐地学者之言，后人汇辑成书者耳。《法法篇》有"臣度之先王"云云，盖治此学者奏议，而后人直录之。（《尹注》以"臣"为管子自称，恐非。）亦可见其杂也。此书多古字古言；又其述制度处颇多，不能以空言解释，故极难治。旧传房玄龄《注》，晁公武以为尹知章所记。《四库提要》云："《唐书·艺文志》，玄龄注《管子》不著录，而所载有尹知章注《管子》三十卷。则知章本未记名，殆后人以知章人微、玄龄名重，改题之以炫俗耳。"其注极浅陋，（甚至并本书亦不相参校，以致误其句读，即随误文为释。）前人已多议之。明刘绩有《补注》。今通行赵用贤校本，亦已择要列入。清人校释，除王念孙《读书杂志》、俞樾《诸子评〔平〕议》外，又有洪颐煊《管子义证》、戴望《管子校正》、章炳麟《管子馀义》三书，然不可通者尚多也。

《牧民》第一、《形势》第二　此两篇皆道、法家言，（此书以道、法家言为主。凡属道、法家言者，以后即不复出。）理精深而文简古，《形势篇》有解。

《权修》第三　此篇言用其民以致富强之术。（此"术"谓之权。）

《立政》第四　此篇凡八目，多关涉制度之言。其中《九败》有解。《九败》辟兼爱、寝兵之说，可知为战国时物。

《乘马》第五　此篇为《管子》书中言制度者。篇中备述度地建国、设官分职及赋民以业之法；可见古者立国之规模。而仍归其旨于无为，则道、法家言也。此篇难解。

《七法》第六　此篇为兵家言。"七法"及"四伤百匿"二目，言法为兵之本；"为兵之数"，言治兵之术；"沥陈"言用兵之术也。此篇但言胜一服百，而无兼并之谈，盖尚非战国时语。此篇亦难解。

《版法》第七　此篇言赏罚之道，亦难解。此篇有解。

《幼官》第八、《幼官图》第九　（以上《经言》。）此两篇为阴阳家言。盖本只有图，后又写为书，故二篇相复。两篇皆难解。

《五辅》第十　此篇言王霸在人，得人莫如利之，利之莫如政。文明白易解，然仍简质。

《宙合》第十一　此篇先列举若干句，下乃具释之。案：《管子》书中如此者多，盖经传别行之体；今其解释有在本篇之内者，有仍别行者。其仍别行者，如有"解"诸篇是也；即在本篇之内者，如此篇是也。此篇篇首诸语，盖一气相承，而以末句名其篇。注分为十三目，非也。此篇极精深而难解。其言"宙合有橐天地其义不传"云云，可见古哲学中之宇宙论。

《枢言》第十二　理精而文简质，难解。

《**八观**》第十三　　此篇言觇国之法。文极质朴，却不难解。

《**法禁**》第十四　　此篇言法禁。其论"法制不议"，与李斯主张焚书之理颇同。种种防制大臣之术，亦必三家分晋、田氏篡齐之后，乃有是言，殆战国时物也。以下三篇，文皆朴茂，却不难解。

《**重令**》第十五　　此篇言安国在尊君，尊君在行令，行令在严罚，说极武健严酷。案：古言法、术有别。言法者主商君，言术者宗申子。（见《韩非子·定法篇》。）今《商君书》颇乏精义。法术家言之精者，皆在管、韩二家书中。如此篇等者，盖皆主商君之法家言也。

《**法法**》第十六　　此篇颇杂。其言"斗士食于功，小人食于力"，即壹民于农战之意。又云"令未布而民为之，不可赏罚"云云，则意与上篇同。又云："民未尝可与虑始，而可与乐成功"，则商君变法之意。盖亦主商君之法家言也。篇中两云："故《春秋》之记，有臣弑其君、子弑其父者。"又云："政者，正也；正也者，所以正定万物之命也。是故圣人精德立中以生正，明正以治国。"又云："巧者能生规矩，不能废规矩而正方圆。虽圣人能生法，不能废法而必治国。"又云："凡民从上也，不从口之所言，从情之所好，上之所好，民必甚焉。"又云："贤人之行其身也，忘其有名也；王主之行其道也，忘其成功也。"皆与儒家言相近。论废兵数语，与上下皆不贯，疑下篇错简。篇中有"臣度之先王者"云云，疑直最后人奏议。（见前。）此篇盖杂凑而成也。

《**兵法**》第十七　　（以上《外言》。）此篇为兵家言，文极简质。

《**大匡**》第十八、《**中匡**》第十九、《**小匡**》第二十　　此三篇皆记管子之事。其中《大匡》上半篇及《小匡》"宰孔赐胙"一段，与《左氏》大同，余皆战国人语，述史事多颇谬。盖传达管子之事者之辞。自《大匡》后半篇以下，其事大略一贯。大、中、小盖犹言上、中、下；因篇幅繁重，分为三篇耳。《注》释《大匡》曰"谓以大事匡君"，盖谬。此三篇述史事不甚可据；而《中、小匡》中关涉制度之处颇多，足资考证。

《王言》第二十一　亡。

《霸形》第二十二　此篇记管仲、隰朋说桓公之事，多与他篇复。其文则战国时之文也。《霸言篇》说理颇精，而此篇无甚精义；疑原文已亡，而后人以杂说补之也。

《霸言》第二十三　此篇多纵横家及兵家言，其文亦战国时之文。

《问》第二十四　此篇列举有国者所当考问之事，可见古者政治之精密。文亦简质。

《谋失》第二十五　亡。

《戒》第二十六　（以上《内言》。）此篇与儒家言相似处最多。其文亦战国时之文也。

《地图》第二十七、《参患》第二十八、《制分》第二十九　此三篇皆兵家言。其文则战国时之文也。（《参患篇》与晁错《言兵事书》多同，盖古兵家言而错引之。）

《君臣上》第三十、《君臣下》第三十一　此两篇言君臣之道，道、法家言为多，间有似儒家言处。其文亦战国时人之文。

《小称》第三十二　此篇论敬畏民喦之理，文颇古质。末记管仲戒桓公勿用易牙、竖刁等事，与《戒篇》大同小异，与上文全不贯，盖亦他篇错简。

《四称》第三十三　此篇记桓公问有道无道之君及臣而管子对，文颇古质。

《正言》第三十四　亡。

《侈靡》第三十五　此篇极难解。且与侈靡有关之语少，而篇幅极长。盖亦杂凑而成也。末段章氏《管子馀义》以为讖。

《心术上》第三十六、《心术下》第三十七　　两篇皆言哲学，文颇简质。

《白心》第三十八　　此篇亦言哲学，文简质难解。

《水地》第三十九　　此篇文尚易解，语多荒怪；然颇有生物学家言，亦言古哲学者可宝之材料也。

《四时》第四十、《五行》第四十一　　此两篇为阴阳家言。

《势》第四十二　　此篇为道家言，文极简质。

《正》第四十三　　此篇言道德法政刑相一贯之理。道家之精义也。

《九变》第四十四　　（以上《短语》。）此篇为兵家言，文尚易解。

《任法》第四十五、《明法》第四十六、《正世》第四十七　　此三篇皆法家言，文皆明白易解。《明法》有解。

《治国》第四十八　　此篇言重农贵粟之理，明白易解。

《内业》第四十九　　（以上《区言》。）此篇盖言治心之法，故曰"内业"。多道家言，偶有与儒家言类处，又似有杂神仙家言处。文简质难解。

《封禅》第五十　　注云："元篇亡，今以司马迁《卦禅书》所载管子言补之。"

《小问》第五十一　　此篇首节言兵，次节言牧民，此外皆记杂事；无甚精义，而颇涉怪迂。

《七臣七主》第五十二、《禁藏》第五十三　　此两篇亦法家言，而甚杂。两篇各有一节为阴阳家言，与《幼官》《四时》《五行》相出入，盖亦他篇简错也。

《入国》第五十四　　此篇言九惠之政，文甚明白。

《九守》第五十五　　此篇言君人所当守。文简质，然易解。

《桓公问》第五十六　此篇言"啧室之议"，颇合重视舆论之意。文亦明白。

《度地》第五十七　此篇言建国之法，于治水最详。"冬作土功，夏多暴雨"云云，亦阴阳家言。先秦学术，虽不尚迷信；然哲学原出宗教，故各种学术，多与阴阳家言相杂也。

《地员》第五十八　此篇言地质及所宜之物，农家言也。专门之学，殊不易解。

《弟子职》第五十九　此篇记弟子事先生之礼，皆四言韵语。盖《曲礼》《少仪》之类，与《管子》书全无涉；亦可见《管子》书之杂也。此篇庄述祖有《集解》，别为单行本一卷。

《言昭》第六十、《修身》第六十一、《问霸》第六十二（以上《杂篇》。）

《牧民解》第六十三　以上四篇皆亡。

《形势解》第六十四、《立政九败解》第六十五、《版法解》第六十六、《明法解》第六十七　（以上《管子解》。）以上四篇为解与原文别行者，文皆明白易晓。《尹注》疑为韩非《解老》之类，吾谓《解老》亦未必韩非所作，盖《老子》书本有此传耳。

《臣乘马》第六十八、《乘马数》第六十九、《问乘马》第七十、《事语》第七十一、《海王》第七十二、《国蓄》第七十三、《山国轨》第七十四、《山权数》第七十五、《山至数》第七十六、《地数》第七十七、《揆度》第七十八、《国准》第七十九、《轻重甲》第八十、《轻重乙》第八十一、《轻重丙》第八十二、《轻重丁》第八十三、《轻重戊》第八十四　以上皆《管子》中所谓"轻重"之篇。其中亡第七十及八十二两篇。诸篇文字，大致明白，而亦间有难解处。所言皆生计学理，大致可分为三端：（一）畜藏敛散；（二）盐铁山泽；（三）制民之产。盖法者正也，正之义必有取于平；而致民之不平，莫大贫富之悬隔。故法家欲以予夺贫富之权，操之于上。其言最与近世之所谓国家社会主义者近。（此义未必可行于今，然不得以此议古人。盖今日之中国为大国，而古者则分为小邦；自汉以后，政治久取放任，而古代则习于干涉，国家之权力较大也。）此盖东周以后，井田之制大坏，私人所营工商之业勃兴，而后有之。（吾国古代小国、小部落并主，皆行共产之制。其后虽互相吞并，此制犹有存者。故有横征厚敛之暴君污吏，而无豪夺巧取之富人大贾。至春秋以后，其制乃大变。其说甚长，一时难遍疏举。欲知其略，可看《史记·货殖列传》及《汉书·食货志》。）观其所引之事，及于越、梁二国，即知其为战国时物矣。

《轻重己》第八十五　　（以上《管子轻重》。）此篇以"轻重"名，而皆阴阳家言，盖误入"轻重"也。

十六、《韩非子》

刑名法术，世每连称，不加分别，其实非也。刑名之"刑"，本当作"形"。形者，谓事物之实状，名则就事物之实状，加以称谓之谓也。凡言理者，名实相应则是，名实不相应则非；言治者，名实相应则治，不相应则乱。就通常之言论，察其名实是否相应，以求知识之精确，是为名家之学。操是术以用诸政治，以综核名实，则法家之学也。故"形名"二字，实为名、法家所共审；而"名法"二字，亦可连称。"法术"二字，自广义言之，法盖可以该术，故治是学者，但称法家。若分别言之，则仍各有其义：法者，所以治民；术者，所以治治民之人。言法者宗商君，言术者祖申子。（见本书《定法篇》。）法家之学，世多以刻薄訾之。其实当东周之世，竞争既烈，求存其国，固不得不以严肃之法，整齐其民。且后世政治，放任既久，君主之威权不能逮下，民俗亦日益浇漓。故往往法令滋彰，则奸诈益甚；国家愈多所兴作，官吏亦愈可借以虐民。在古代国小民寡、风气淳朴之时，固不如是。天下无政治则已，既有政治，即不能无治人者与治于人者之分。然同是人也，治于人者固须治，岂得谓治人者，即皆自善而无待于治？今世界各国，莫不以治人者别成一阶级为患。其所谓利，上不与国合，下不与民同。行政官吏然，民选立法之议会，亦未尝不然。世界之纷扰，由于治于人者之蠢愚者，固不能免；出于治人者之狡诈昏愚、嗜利无耻者，殆有甚焉。术家之言，固犹不可不深长思也。《韩非》谓言法者宗商君，言术者祖申子。今《申子》书已不传。世所传《商君书》，虽未必伪，然偏激太甚，而精义顾少，远不逮《管》《韩》二书。道、法二家，关系最切。原本道德之论，《管子》最精；发挥法术之义，《韩非》尤切。二书实名法家之大宗也。

《韩非书》，《汉志》五十五篇，隋、新旧唐《书》《宋史》《志》二十卷，皆与今本符。《唐志》有尹知章《注》，今亡。今所传注之何犿，谓出李瓒，《太平御览》《事类赋》《初学记》诸书已引之，则其人当在宋前；然其注颇不备，且有舛误。何犿本刻于元至元三年，明赵用贤以宋本校之，知有缺脱。用贤刻本，与明周孔教大字本同。《四库》据周本著录，而校以赵本；然赵本实多误改。清吴鼐得朱乾道刻本，为赵本所自出；顾广圻为校，而鼐刻之。（顾氏《识误》三卷，刻原书之后。）顾氏而外，卢文弨、王念孙、俞樾，于是书亦有校识。长沙王先谦，合诸家校释，而成《韩非子集解》一书，实最便观览也。

《初见秦》第一　此篇见《战国策》，为张仪说秦惠王之词，盖编《韩子》者误入之。司马光以此讥非欲覆宋国，非也。

《存韩》第二　此篇载非说秦毋攻韩。次以李斯驳议，请身使韩，秦人许之；斯遂使韩，未得见，因上书韩王。盖编

《韩子》者，存其事以备考也。

　　《难言》第三　　此篇即《说难》之意。

　　《爱臣》第四　　此篇言人君防制其臣之术，术家言也。

　　《主道》第五　　此篇言人君当虚静无为，以事任人；可见法家言之原出于道。

　　《有度》第六　　此篇言君当任法以御下，多同《管子·明法篇》。

　　《二柄》第七　　此篇言刑、德为制臣之二柄，不可失。又言人君不可以情借臣，当去好恶而任法。

　　《扬权》第八　　此篇言无为之旨，君操其名，而使臣效其形；去智巧，勿授人以柄。可见刑名法术，皆原于道。此篇十之九为四言韵语，盖法家相传诵习之词也。

　　《八奸》第九　　此篇言人臣所以成奸者有八术，亦术家言。

　　《十过》第十　　此篇无甚精义。

　　《孤愤》第十一　　此篇言智能法术之士，与权奸不两立；智能法术之士恒难进，然权奸之利，实与人主相反，术家之精言也。

　　《说难》第十二　　此篇先陈说之难，继言说之术，极精。

　　《和氏》第十三　　此篇言法术为人臣士民所同恶，可见"法"之与"术"，虽名异而理实相通。

　　《奸劫弑臣》第十四　　此篇言君以同是非说其臣，于是臣以是欺其主，而下不得尽忠，故必参验名实。次节言学者不知治乱之情，但言仁义惠爱，世主不察，故法术之士无由进。皆言用人之术，亦术家言也。末节"厉磷王"，《国策》《荀子》，皆作荀子答春申君书。

　　《亡征》第十五　　此篇列举可亡之事，而曰："亡征者，非曰必亡，言其可亡也。"乃自下"亡征"二字之界说也。

　　《三守》第十六　　（一）戒漏言，（二）戒假威，（三）戒不自治事而假手于人，亦术家言。

《备内》第十七　此篇言人臣之于君，非有骨肉之亲，故窥觊其君无已时；而后妃、太子，亦利君之死，故有因后妃、太子以成其奸者。看似刻核，然于后世权奸、宫闱之祸，若烛照而数计；其见理明，故其说事切也。大抵人类恶浊之性，恒人不甚乐道出，而法术家务揭举之，故常为世所訾；然其说理则甚精，而于事亦多验，固不可不措意矣。又言王良爱马，为其可以驰驱；勾践爱人，乃欲用以战斗，则法家刻酷之论矣。建国原以为民；欲保国者，有时原不能曲顾人民；然若全忘人民之利益，视若专供国家之用者然，则流连而忘本矣。此则法家之失也。

《南面》第十八　此篇言人君当任法以御臣，不可任甲以备乙，亦术家言也。末节言变法之理甚精。

《饰邪》第十九　此篇主明法以为治，戒信龟策、恃外援，可考见战国时迷信及外交情形。

《解老》第二十　此篇皆释《老子》之言，义甚精，然非必《老子》本意。盖治学问者，原贵推广其意，以应百事。韩婴之作《诗外传》即如此；凡古书之有传者，实皆如此也。

《喻老》第二十一　上篇释《老子》之意，此篇则举事以明之。

《说林上》第二十二、《说林下》第二十三　此篇列举众事，借以明义。《史记索隐》谓其"多若林"，故曰《说林》也。此可见古人"多识前言往行以畜其德"之义。

《现行》第二十四、《安危》第二十五、《守道》第二十六、《用人》第二十七、《功名》第二十八、《大体》第二十九　以上六篇，皆法术家言。《大体篇》亦及因任自然之旨，与道家言通。篇幅皆短。

《内储说上七术》第三十、《内储说下六微》第三十一、

《**外储说左上**》第三十二、《**外储说左下**》第三十三、《**外储说右上**》第三十四、《**外储说右下**》第三十五　　《内、外储说》皆言人主御下之术，乃法术家言之有条理者。其文皆先经后说，可见古者经传别行之体。

《**难一**》第三十六、《**难二**》第三十七、《**难三**》第三十八、《**难四**》第三十九　　一至三皆述古事而难之；四则既难之后，更有难难者之语。剖析精微，可见法术家综核名实之道。

《**难势**》第四十　　难任势为治之论。

《**问辨**》第四十一　　非民以学议法，李斯焚书之理如此。

《**问田**》第四十二　　此篇言法家不惮危身以婴暗主之祸。案：战国之时，大臣跋扈，率多世禄之家。游说之士虽盛，然多出自疏远，能执国之柄者盖少。故韩非发愤屡言之，术家言之所由兴也。

《**定法**》第四十三　　此篇言法与术之别。

《**说疑**》第四十四　　此篇亦言人主御臣之术，多引古事以明之。

《**诡使**》第四十五　　此篇言利与威与名，所以为治，然真能用之者少。

《**六反**》第四十六　　此篇举奸伪无益之民六，谓其皆足以毁耕战有益之民。又辟轻刑。《商君书》之精义，已具于此及《五蠹》《饬令》《制分》三篇已。

《**八说**》第四十七　　此篇举匹夫之私誉，而为人主之大败者八事。又言法令必人人所能。古者人寡而物多，故轻利而易让；后世生计穷蹙，则不能。然天下无有利无害之事，但在权其大小。治国者不可恃爱。皆法术家之精论。

《**八经**》第四十八　　（一）凡治天下，必因人情。人情有好恶，故赏罚可用。（二）力不敌众，智不尽物，与其用一人，不如用一国。故君当用人之智，而不自任其力。（三）言臣主异利。（四）言参伍之道。（五）言明主务周密。（六）言参听及言必责实之道。（七）言宠必在爵，利必在禄。（八）言功名必出于官法，不贵法外难能之行。亦法术家极精之论。

《五蠹》第四十九　此篇言圣王不期修古，不法常可；论世之事，因为之备。即商君变法之旨。又言文学非急务，取譬于糟糠不饱者不务粱肉，短褐不完者不待文绣。可见法术家言，虽刻核而重实利；然自为救时之论，非谓平世亦当如此也。篇末辟纵横之士，谓其徒务自利。此外大旨与上篇同。

《显学》第五十　此篇辟儒、墨，亦精。

《忠孝》第五十一　此篇非尚贤。

《人主》第五十二　此篇戒大臣太贵，左右太威，亦术家言。

《饬令》第五十三　此篇言人君任人当以功，而不可听其言。又主重刑厚赏，利出一孔。与《商君书·靳令篇》同。（《商君书》亦有作"饬令"者。）

《心度》第五十四　此篇言圣人之治民，不从其欲，期于利之而已。其说甚精，可见法家之治，虽若严酷，而其意实主于利民，而尤足为民治时代之药石。盖求利是一事，真知利之所在，又是一事；人民自主张其利益者，往往不知利之所在，欲求利而适得害。故先觉之言，不可不察也。

《制分》第五十五　此篇言相坐之法，亦商君所以治秦也。

十七、《商君书》

《汉志》：法家，《商君书》二十九篇。隋、新旧唐《志》皆五卷。《通志》谓二十九篇亡其三。《直斋书录解题》谓二十八篇亡其一。严万里得元刻本，凡二十六篇，而中亡其二，实二十四篇。《史记·商君列传》："太史公曰：余读商君《开塞耕战书》，与其人行事相类。"《索隐》："按《商君书》：'开'谓刑严峻则政化开，'塞'谓布恩惠则政化塞，其意本于严刑少恩。又为田开阡陌，及言斩敌首赐爵，是耕战书也。"所释"开塞"之义，与今书《开塞篇》不合。晁公武谓司马贞未尝见其书，妄为之说。今案：开塞、耕战，盖总括全书之旨。（或太史公时《商君书》有此名。）非专指一两篇，《索隐》意亦如此，晁氏自误解也。《尉缭子·兵教下》："开塞，谓分地以限，各死其职而坚守。"此"开塞"二字古义。《索隐》庸或误释，然谓其未见《商君书》固非。或又以与《索隐》不合而疑今书为伪，亦非也。今《商君书》精义虽不逮《管》《韩》之多，然要为古书，非伪撰；全书宗旨，尽于"壹民农战"一语。其中可考古制，及古代社会情形处颇多，亦可贵也。此书有朱师辙《解诂》，最便观览。

　　《更法》第一　此篇记孝公平画，公孙鞅、甘龙、杜挚三大夫御于君。鞅主变法，甘龙、杜挚难之，孝公从鞅。与《史记·商君列传》大同。

　　《垦令》第二　此篇主抑商废学以重农，说多偏激。

　　《农战》第三　此篇言官爵者，人主所以劝民；而国以农战兴，当使民求官爵以农战。又论绝学及去商贾技艺。

　　《去强》第四　此篇主峻刑法。"金粟互生死"一节，亦涉及生计。

　　《说民》第五　此篇亦主严刑重农战之论。其云："家断有余，官断不足，君断则乱。"则言人臣当各举其职，人君不可下侵臣事，法家多重"乡治"由此。

　　《算地》第六　此篇言任地之法，亦及重刑赏以壹民于农战之意。

　　《开塞》第七　此篇首为原君之论。其言以乱而求立君，颇合欧西民权论中之一派。下为主严刑之论。

《壹言》第八　此篇言尚农战，下辩说、技艺，绝游学，杜私门。又言不法古，不修今，因势而治，皆与他篇互见。

《错法》第九　此篇论赏罚。

《战法》第十、《立本》第十一、《兵守》第十二　三篇皆论兵事。多阙误，难读。

《靳令》第十三　此篇言任人当以功，不当以言。又言重刑轻赏，利出一孔。《去强篇》曰："虱官者六：曰岁，曰食，曰美，曰好，曰志，曰行。"此篇又曰："六虱：曰礼乐，曰诗书，曰修善，曰孝弟，曰诚信，曰贞廉，曰仁义，曰非兵，曰羞战。国有十二者，上无使农战，必贫至削。十二者成群，此谓君之治不胜其臣；官之治不胜其民，此谓六虱胜其政也。"其词错乱，未知其说。此篇同《韩非子·饬令篇》。（本书标题，亦有作"饬令"者。）

《修权》第十四　此篇言国所以治者三：（一）曰法，（二）曰信，（三）曰权。法与信，君臣所共；权，君之所独。又曰："尧、舜之位天下也，非私天下之利也，为天下位天下也；三王五霸，非私天下之利也，为天下治天下。今则不然。公私之交，存亡之本也。"亦廓然大公之论。

《徕民》第十五　此篇言秦患土满，三晋反之；当利其田宅，复其身，以徕三晋之民。颇有精论。

《刑约》第十六　亡。

《赏刑》第十七　此篇言圣人之为国也，壹赏，壹刑，壹教。壹赏谓利禄官爵，专出于兵；壹刑谓刑无等级；壹教谓富贵之门专于战。

《画策》第十八　此篇言胜敌必先自胜，亦主壹民于战。

《境内》第十九　此篇言户籍及军爵。

《弱民》第二十　此篇言民强则国弱，民弱则国强，乃以人民为国家机械之论。

《□□［御道］》第二十一　　亡。

《外内》第二十二　　此篇言重农战之理。

《君臣》第二十三　　此篇言君不可释法，亦及重农战之论。

《禁使》第二十四　　此篇主势治。

《慎法》第二十五　　此篇言人主御下之术。"使吏非法无以守，则虽巧不得为奸；使民非战无以效其能，则虽险不得为诈"二语，乃一篇主旨也。

《定分》第二十六　　此篇言立法、行法及司法之官吏，可以考见古制。

十八、《尹文子》

此书言名法之义颇精，然文甚平近，疑经后人改窜矣。按《汉志》，《尹文子》一篇；《隋志》二卷。《四库提要》云："前有魏黄初末山阳仲长氏《序》，称条次撰定，为上下篇。《文献通考》著录作二卷。此本亦题《大道》《上篇》《下篇》，与《序》文相符，而通为一卷；盖后人所合并也。《序》中所称熙伯，盖缪袭之字。其山阳仲长氏，不知为谁。李淑《邯郸书目》以为仲长统。然统卒于建安之末，与所云'黄初末'者不合。晁公武因此而疑史误，未免附会矣。"按《四库》著录之本，与今通行本同。此《序》恐系伪物。《群书治要》引此书，上篇题《大道》，下篇题《圣人》，与今本不合，则今本尚定于唐以后也。今本两篇，精要之论，多在上篇中。然上篇实包含若干短章，因排列失次，其义遂不易通；盖条次撰定者，于此学实未深造。此篇盖《汉志》之旧，其文字平近处，则后人所改。下篇由杂集而成，盖后人所附益，非汉时所有。故《汉志》一篇，《隋志》顾二卷也。今略料拣上篇大意于下。学者依此意分节读之，便可见此书之意矣。

　　此书之旨，盖尊崇道德，故谓道贵于儒墨名法，非法术权势之治，所得比伦。夫所贵于道者，为其能无为而治也；无为而治，非不事事之谓，乃天下本无事可为之谓；天下所以无事可为者，以其治也；天下之所以治，以物各当其分也。盖天下之物，固各有其分；物而各当其分，则天下固已大治矣。然此非可安坐而致，故必借法以致之。所谓"道不足以治则用法，法不足以治则用术，术不足以治则用权，权不足以治则用势；势用则反权，权用则反术，术用则反法，法用则反道"也。夫权与术、与势，皆所以行法；法则所以蕲致于道也。法之蕲致于道奈何？曰：使天下之物，各当其分而已。然非能举天下之物，为之强定其分，而使之守之也；能使之各当其固有之分而已。所谓"圆者之转，非能转而转，不得不转；方者之止，非能止而止，不得不止。故因贤者之有用，使不得不用；因愚者之无用，使不得用"也。夫如是，则"形以定名，名以定事"之术，不可不讲矣。天下万事，不可备能；责其备能于一人，贤者其犹病诸。今也，人君以一身任天下之责，而其所操者，不过"形以定名，名以定事"之一事，不亦简而易操乎？故曰"以简治烦惑，以易御险难；万事皆归于一，百度皆准于法；归一者简之至，准法者易之极"也。夫任法之治，固尚未能合道。所谓"法行于世，则贫贱者不敢怨富贵，富贵者不敢凌贫贱；愚弱者不敢冀智勇，智勇者不敢鄙愚弱。道行于世，则贫贱者不怨，富贵者不骄；愚弱者不慑，智勇者不凌"是也。然必先合于法，而后可以蕲致于道；欲蕲致于道者，必先行法，则断然矣。而欲定法则必先审形名；此形名之术，所以为致治之要也。上篇之大旨如此。此篇虽经后人重定，失其次序；亦或有阙佚；其文字疑亦有改易。然诸书言形名之理，未有如此篇之明切者，学者宜细观之。（"形名"二字，本谓因形以定名；后世多误为"刑名"，失之。释"形名"二字之义者，亦唯此书最显。）

又此书上篇，陈义虽精，然亦有后人窜入之语。如"见侮不辱，见推不矜；禁暴寝兵，救世之斗"，乃《庄子》论《尹文》语；此篇袭用之，而与上下文意义，全不相涉，即其窜附之证。盖古人之从事辑佚者，不肯如后人之逐条分列，必以己意为之联贯。识力不及者，遂至首尾衡决，亦非必有意作伪也。下篇则决有伪窜处。如"贫则怨人，贱则怨时"一节，断非周秦人语，亦全非名家之义也。

十九、《慎　子》

此书亦法家者流，而阙佚殊甚。《汉志》：法家，"《慎子》四十二篇。名到。先申、韩，申、韩称之"。《史记·孟荀列传》："慎到，赵人。田骈、接子，齐人。环渊，楚人。皆学黄老道德之术，因发明序其指意。故慎到著《十二论》，环渊著《上下篇》，而田骈、接子，皆有所论焉。"《集解》："徐广曰：今《慎子》刘向所定，有四十一篇。"（"一"系误字，《汉志》法家都数可证。）《正义》："《慎子》十卷，在法家，则战国时处士。"案：《荀子》谓"慎子蔽于法而不知贤"；又谓"慎子有见于先，无见于后"。（谓其物来顺应，更无他虑，即庄子"不师知虑，不知前后"之意，非谓其知进而不知退也。）《庄子》以慎到与彭蒙、田骈并称，谓其"弃知去己，而缘不得已。笑天下之尚贤，非天下之大圣。不师智虑，不知前后；推而后行，曳而后往。曰：至于若无知之物而已。豪杰相与笑之。曰：慎到非生人之行，而死人之理也。"观荀、庄二子之论，其学实合道、法为一家。故《史记》谓其学黄老道德之术，《汉志》以其书隶法家也。（《韩子·难势篇》，《吕览·慎势篇》，引慎到语，皆法家之言。）其书《唐志》十卷，与《史记正义》合。《崇文总目》三十七篇，校《汉志》已损其五。王应麟谓唯有《威德》《因循》《民杂》《德立》《君人》五篇，与今本合。然今本每篇皆寥寥数行，《四库》谓又出后人捃摭，非振孙所见之旧已。

　　然如《威德》篇谓："古者立天子而贵之，非以利一人也。曰：天下无一贵，则理无由通；通理以为天下也。故立天子以为天下，非立天下以为天子也。"可见法家虽尊君权，实欲借以求治，非教之以天下自私。又如《因循篇》谓："因则大，化则细。因也者，因人之情也；人莫不自为也，化而使之为我，则莫可得而用。"此"化"字实为《老子》"化而欲作"之"化"字之确诂。虽阙佚，亦可宝也。

二十、《邓析子》

　　此书《汉志》二篇，在名家。《隋志》一卷。《四库提要》云："今本仍分《无厚》《转辞》二篇，然其文节次不相属，似亦掇拾之本也。"又云："'圣人不死，大盗不止'一条，其文与《庄子》同，或篇章浅缺，后人�摭《庄子》以足之欤？"愚案：此书有采掇先秦古书处，又有后人以己意窜入处。核其词意，似系南北朝人所为。如"在己为哀，在他为悲"，"患生于宦成，病始于少瘳，祸生于懈慢，孝衰于妻子"等，皆绝非周、秦人语也。伪窜处固已浅薄；采掇古书处，亦无精论；无甚可观。

二十一、《吕氏春秋》

　　《吕氏春秋》，为杂家之始。毕沅所谓"书不成于一人，不能名一家者，实始于不韦，而《淮南》内外篇次之"是也。《史记·吕不韦传》，谓不韦使其客人人著所闻，集论以为《八览》《六论》《十二纪》，号曰《吕氏春秋》；而《自序》及《汉书·迁传》载迁《报任安书》，又云："不韦迁蜀，世传《吕览》。"案：《序意》云"维秦八年，岁在涒滩"，是时不韦未徙，故有议史公之误者。然史公本谓世传《吕览》，不谓不韦迁蜀而作《吕览》也。据《本传》"号曰《吕氏春秋》"之语，则四字当为全书之名，故《汉志》亦称《吕氏春秋》。然编次则当如梁玉绳初说，先《览》后《论》，而终之以《纪》。"世称《吕览》"，盖举其居首者言之；《序意》在《十二纪》之后，尤其明证。毕氏泥《礼运》注疏，谓以《十二纪》居首，为《春秋》之所由名；（说本王应麟，见《玉海》。）《四库提要》谓唐刘知几作《史通》，《自序》在《内篇》之末、《外篇》之前，因疑《纪》为内篇，《览》与《论》为外篇、杂篇，皆非也。《礼运》郑注，本无吕氏以《春秋》名书，由首《十二纪》之意。古人著书，以"春秋"名者甚多，岂皆有《十二纪》以为之首邪？古书自序，例在篇末；《吕览》本无内、外、杂篇之名，何得援唐人著述，凿空立说乎？

此书合《八览》《六论》《十二纪》，凡二十六篇。自《汉志》以下皆同。庾仲容《子钞》、陈振孙《书录解题》、《史记索隐》作三十六，"三"盖误字；《文献通考》作二十，则又脱"六"字也。《玉海》引王应麟，谓"《书目》，是书凡百六十篇"，与今本篇数同。卢文弨曰："《序意》旧不入数，则尚少一篇。此书分篇，极为整齐，《十二纪》纪各五篇，《六论》论各六篇，《八览》当各八篇。今第一览止七篇，正少一。考《序意》本明《十二纪》之义，乃末忽载豫让一事，与《序意》不类。且旧校云一作"廉孝"，与此篇更无涉，即豫让亦难专有其名。因疑《序意》之后半篇俄空焉，别有所谓《廉孝》者，其前半篇亦简脱；后人遂相附和，并《序意》为一篇，以补总数之阙。然《序意》篇首无"六曰"二字，后人于目中专辄加之，以求合其数，而不知其迹有难掩也。"案：卢说是也。

予谓此书篇数，实止廿六。今诸《览》《论》《纪》又各分为若干篇，亦后人所为，非不韦书本然也。此书诸《览》《论》《纪》，义皆一线相承，（说见后。）固无取别加标题。《四库提要》谓"唯夏令多言乐，秋令多言兵，似乎有义，其余绝不可晓"，谬矣。

此书虽称杂家，然其中儒家言实最多。（今人指为道家言者，实多儒、道二家之公言。参看论《淮南子》处。）《四库提要》谓其"大抵皆儒家言"，实为卓识。按《书大传》："古者诸侯始受封，则有采地。其后子孙虽有罪黜，其采地不黜，使其子孙贤者守之，世世以祠其始受封之人。此之谓'兴灭国，继绝世'。"《史记·秦本纪》：庄襄王元年，"东周君与诸侯谋秦，秦使相国吕不韦诛之，尽入其国。秦不绝其祀，以阳人地赐周君，奉其祭祀。"即"兴灭国、继绝世"之义也。史又称是年"大赦罪人；修先王功臣；施德，厚骨肉，而布惠于民"，亦必不韦所为。不韦其能行儒家之义矣！

不韦进身，诚不由正，然自非孔、孟，孰能皆合礼义？伊尹负鼎，百里自鬻，王霸之佐，皆有之矣。高似孙曰："始皇不好士，不韦则徕英茂、聚俊豪，簪履充庭，至以千计。始皇甚恶书也，不韦乃极简册、攻笔墨，采精录异，成一家言。《春秋》之言曰：十里之间，耳不能闻；帷墙之外，目不能见；三亩之间，心不能知。而欲东至开晤，南抚多鹗，西服寿靡，北怀儋耳，何以得哉？此所以讥始皇也。"方孝孺亦称其书"诋訾时君为俗主，至数秦先王之过无所惮"。夫不韦著书，意在"备天地万物古今之事"，（《史记》本传语。）原不为讥切一时。然其书立论甚纯，而不韦又能行之；使秦终相不韦，或能行德布化，以永其年，不至二世而亡，使天下苍生亦蒙其荼毒，未可知也。今此书除儒家言外，亦存道、墨、名、法、兵、农诸家之言。诸家之书，或多不传，传者或非其真；欲考其义，或转赖此书之存焉，亦可谓艺林瑰宝矣。要之不韦之为人，固善恶不相掩，而其书则卓然可传；讥其失而忘其善，已不免一曲之见；因其人而废其书，则更耳食之流矣。

此书注者，唯有高诱；其注误处甚多。《史记》谓不韦书成，"布咸阳市门，县（悬）千金其上，延诸侯游士宾客，有能增损一字者予千金"。《高注》多摘其书误处，谓扬子云恨不及其时，车载其金。（见《慎人》《适威》二篇注。）殊不知古人著书，重在明义；所谓误不误者，但就论道术之辞言之，非斤斤计较于称引故实之间也。高引扬雄语以诋吕氏，毕沅即摘《高注》误处，转以是语相讥，宜矣。近人孙德谦云，注此书已成，然未刊布。今通行者，仍为毕沅校本。

《孟春纪》　　《十二纪》皆与《礼记·月令》大同。按此所述，为古明堂行政之典。《淮南·时则训》《管子·幼官图》，皆是物也。此盖同祖述古典，参看论《墨子》处自明。或以《吕览》载之，疑为秦法，误矣。

《孟春纪》下标目凡四：曰《本生》，言养生之理。曰《重己》，言人当顺性之情，使之不顺者为欲，故必节之。曰《贵公》，曰《去私》，义如其题。盖天下之本在身，春为生长之始，故《孟春》《仲春》《季春》三纪之下，皆论立身行己之道，而《孟春纪》先上本之于性命之精焉。（诸《览》《论》《纪》下之分目，虽后人所为，亦便识别，故今皆仍之；而又说明其一线相承之义，以见此书编次之整齐焉。）

《仲春纪》　　纪下亦标四目：曰《贵生》，义与《庄子·让王篇》同。又云："全生为上，亏生次之，死次之，迫生为下。"此言生活贵有意义，尊生者非苟全其生命之谓，其说极精。后世神仙家言之自托于道家者，乃徒欲修炼服饵，以求长生，其说不攻而自破矣。曰《情欲》，言欲有情、情有节，圣人修节以止欲，故不过行其情。此"情"字当作"诚"字解，今所谓"真理"也。不主绝欲而务有节，实儒家精义。曰《当染》，前半与《墨子·所染篇》同，而后文议论处异。又云："古之善为君者，劳于任人，而佚于官事。"盖因私人交友之道，而及人君用人之方也。曰《功名》，言立功名必以其道，不可强为。

《季春纪》　下标四目：曰《尽数》，言自然之力，莫不为利，莫不为害，贵能察其宜以便生，则年寿得长。又云："长也者，非短而续之也，毕其数也。"此可见求长生之谬矣。曰《先己》，亦言贵生之理。反其道而身善，治其身而天下治，是为无为。可见所谓无为者，乃因任自然，而不以私意妄为之谓，非谓无所事事也。曰《论人》，前半言无为之理，后半言观人之法。曰《圜道》，言天道圜、地道方，各有分职；主执圜、臣处方，贵各当其职。《仲春》《季春》二纪，因修己之道，旁及观人、用人之术，而极之于君臣分职之理。

《孟夏纪》　下标四目：曰《劝学》，曰《尊师》，义如其题。（《尊师篇》可考古者弟子事师之理。）曰《诬徒》，言教学当反诸人情，（即人性之本然。）极精。曰《用众》，言取人之长，以补己之短。其曰："吾未知亡国之主，不可以为贤主也。其所生长者不可耳。"即今教育当重环境之说也。孟夏为长大之始；人之于学，亦所以广大其身，（《礼记·文王世子》："况于其君以善其身乎？"《郑注》："于读为迂。迂犹广也，大也。"）故论为学之事。

《仲夏纪》　下标四目：曰《大乐》，言乐之所由生，并驳"非乐"，论颇精。曰《侈乐》，言乐贵合度，不贵侈大，侈则失乐之情。（此篇有同《礼记·乐记》处。）曰《适音》，言大小清浊之节，盖即所谓"度量"也。曰《古乐》，述乐之史。

《季夏纪》　下标四目：一曰《音律》，言十二律相生及十二月行政。曰《音初》，言东西南北之音所自始。（末节同《乐记》。）曰《制乐》，言治厚则乐厚，治薄则乐薄。下引汤、文、宋景公之事，无甚深义。曰《明礼》，言乱国之主不知乐，多侈陈灾祥之言。"乐盈而进"，故于夏长之时论之。《仲夏纪》论乐之原理颇精；《季夏纪》所论，或为专门之言，或杂怪迂浅薄之论。

《孟秋纪》　　下标四目：曰《荡兵》，推论兵之原理。谓"有义兵而无偃兵"，极精。曰《振乱》，曰《禁塞》，皆辟"非攻"之论，亦精。曰《怀宠》，此篇论所谓"义兵"者，即儒家所谓"仁义之师"。案：儒家崇尚德化，而不言去兵。儒家经世之道，备于《春秋》；而《孟子》曰"《春秋》无义战"，则"义战"二字，乃儒家用兵标准也。《吕览》多儒家言，此篇所述，盖亦儒义。（予别有论。）

《仲秋纪》　　下标四目：曰《论威》，言立威之道。其言曰："死生荣辱之道一，则三军之士，可使一心；三军一心，则令无敌。士民未合，而威已谕、敌已服，此之谓至威。"又曰："兵欲急疾捷先，并气专精，心无有虑，一诸武而已。"皆兵家极精之论。曰《简选》，言简选不可专恃，然因此遂谓市人可胜教卒则非。曰《决胜》，言"民无常勇，亦无常怯。有气则实，实则勇；无气则虚，虚则怯"，"兵有本干，必义，必智，必勇"，"兵贵因，因敌之险，以为己用；因敌之谋，以为己事"，"兵贵不可胜，不可胜在己，可胜在彼；必在己，不必在彼"者，亦兵家极精之论也。曰《爱士》，言行德爱人，则民亲其上；民亲其上，则乐为君死。

《季秋纪》　　下标四目：曰《顺民》，曰《知士》，义如其题。曰《审己》，言凡物之然也必有故；不知其故，虽当，与不知同，其卒必困。（此言作事当通其原理，不可恃偶合。）曰《精通》，言精神相通之理。圣人所以行德乎己，而四荒咸饬其仁。秋主则杀，故论用兵之事。《顺民》《知士》，乃用兵之本；

《审己》则慎战之理；《精通》亦不战屈人之意也。

　　《孟冬纪》　　下标四目：曰《节丧》，曰《安死》，皆言厚葬之祸，可考古代厚葬及发墓者情形。曰《异宝》，言古人非无宝也，所宝者异耳，以破世俗之惑。曰《异用》，言人之所以用物者不同，为治乱、存亡、死生所由判。意承上篇。（盖人之愚，皆由为物所惑；不为物所惑，而且能用物，则所为皆成矣。）此亦哲学家极精之论。

　　《仲冬纪》　　下标四目：曰《至忠》，言忠言逆耳，非明主莫能听。曰《忠廉》，言忠廉之士难得。曰《当务》，言辩而不当论，（同“伦”。）信而不当理，勇而不当义，法而不当务；大乱天下，必此四者。即《孟子》“非礼之礼，非义之义，大人弗为”之说，亦所以恶“执中而无权”也。曰《长见》，言知愚之异，在所见之短长。审今可以知古，审古亦可以知后。故为后人所非之事不当作，因知而推之于行也。

　　《季冬纪》　　下标四目：曰《士节》，言定天下国家，必由节士，不可不务求。曰《介立》，言贵富有人易，贫贱有人难。晋文公贫贱时能有介之推，而贵富时不能有，所以不王。曰《诚廉》，言诚廉之士，视诚廉重乎其身，出乎本性。曰《不侵》，言尊富贵大，不足以来士，必知之然后可。冬主闭藏，故言丧葬之理。（墨家固主节葬，儒家、道家亦戒厚葬。然此特道术之士然，至于习俗，盖皆主厚葬；秦始皇等，特其尤甚者耳。故戒厚葬之谈，实其时当务之急也。）人能多所蓄藏则必智，而智莫大于知人。故诸篇多论求智之事，及知人之方焉。

　　《序意》　　此篇为全书自序。《十二纪》本列《六览》《八论》之后；此书在《十二纪》之后，亦即在全书之末；今本升《纪》于《览》《论》之前，故序亦在《纪》与《览》《论》之间也。《序》语似专指《十二纪》者，以其已非完篇也。（见前。）

　　《有始览》　　首节言天地开辟。中与《淮南・地形训》同。

末言"天地万物，大同众异"，与《庄子·天下篇》引惠施之说同。可见此为古代哲学家之公言，非庄、列、惠施等二三人之私论也。下标七目：曰《应同》，言祯祥感应之理。曰《去尤》，言心有尤则听必悖，故必去之，然后能听言。曰《听言》，言听言者必先习其心于学问。曰《谨听》，戒人自以为智。曰《务本》，言人臣当反身自省，不可徒取禄。曰《谕大》，言小之安必恃大，大之安必恃小，小大贵贱交相恃；然意偏于务大，则因人之蔽于小而不知大者多，故以是戒之也。古人论政，原诸天道；而一国之政，君若臣实共司之。此篇因论天地开辟之宇宙论，而及于君若臣所以自处之道，及其所当务也。（此篇从天地开辟说起，亦可见《八览》当列全书之首。）

《孝行览》　言为天下国家必务本，本莫贵于孝，多同《孝经》及《礼记·祭义》。下标七目：曰《本味》，言功名之本在得贤。曰《首时》，言成功在于得时。曰《义赏》，言一事之成，皆有其外缘使之。赏罚之柄，上之所以使下也。赏罚所使然，久则成习，而安之若性；故赏罚之所加，不可不慎也。曰《长攻》，言治乱存亡，安危强弱，亦有外缘。汤、武非遇桀、纣不王，桀、纣非遇汤、武不亡。曰《慎人》，承上篇，言功名之成，虽由于天，然因是而不慎人事则不可。亦及不得时则不可强为之义。曰《遇合》，言外缘之相值，由于适然。曰《必己》，承上篇，言外物不可必，故君子必其在己，不必其在人者；多同《庄子·山木》。其言修德不必获报，无论如何，无必免患之法，可破修德获报之说。此览承上览，言治国之本，及总论成败之道。

《慎大览》　言强大当慎、居安思危之义。下标七目：曰《下贤》，言人主当下贤。曰《报更》，举报恩之事，言人主当博求士。曰《顺说》，言说术。曰《不广》，言智者之举事必因时。曰《贵因》，言创者难为功、因者易为力之理。曰《察今》，言先王之法不足法，当法其所以为法；因言察己可以知人，察今可以知古；法随时变之理。极精。此览亦承上览。《孝行览》论成功之术，盖就国家开创时立言；此览则就国家既成立后言之，皆守成之道也。

《先识览》　言国之兴亡，有道者必先知之。故有道者之言，不可不重。下标七目：曰《观世》，言有道之士少，不可不求。曰《知接》，言知者所接远，愚者所接近。所接近者，告之以远亦不喻。戒人不可自以为智。曰《悔过》，此篇承上篇，上篇言耳目有所不接，此篇言心智亦有所不至。因引秦穆公事，遂以"悔过"题篇，实非本意也。（此可见各纪、各览、各论中之分篇，多后人所为。）曰《乐成》，言民可与乐成，难与虑始；汹汹之论，不可不察。曰《察微》，言治乱存亡，始于至微；能察之，则大事不过。曰《去宥》，"宥"同"囿"。曰《正名》，言名实之间，不可不察。此览亦承前言之。《孝行》《慎大》二览，皆就行事立言；此览则就知识立言也。

《审分览》　言君臣异职，人主不可下同群臣之事。下标七目：曰《君守》，言人君所处之分，以无为为尚。曰《任数》，言御下之术，当修其数；耳目智巧不足恃。曰《勿躬》，言人君不可躬亲事务。曰《知度》，言治要存乎除奸；除奸之要，存乎治官；治官之要，存乎治道；治道之要，存乎知性命。可见政治学与哲学一贯之旨。曰《慎势》，言以大畜小，以重使轻，此势不可失。曰《不二》，戒听众议以治国。此篇有脱文。曰《执一》，言天下之本在国，国之本在家，家之本在身；闻为身，不闻为国。亦道家养生之旨也。此览言臣主之分，而仍归本于性命之情，可见形名度数，皆原于道。

《审应览》　言人主应物，不可不审。其道在因人之言，以责其实，而不为先。下标七目：曰《重言》，言人主之言不可不慎。曰《精喻》，言慎密之道。曰《离谓》，言名实不副，为乱国之道。曰《淫辞》，言名实不副者，上不可无以察之。曰《不屈》，言察士应物，其辞难穷；然不必为福。曰《应言》，盖即举察士应物之辞。曰《具备》，言立功名者自有其具；说与治之务莫若诚。此览言人君听说之道，多难名、法家之言，以其能变乱是非也；而归结于臣主之务，莫若以诚，可谓得为治之要矣。

《离俗览》　言世以高行为贵，然以理义论，则神农、黄帝，犹有可非，微独舜、禹。盖极言理论与实际，不能相合，戒作极端之论也。下标七目：曰《高义》，言君子之所谓穷通与俗异，故不苟受赏逃罪；人之度量，相越甚远，不可不熟论。言以求众人之道驭非常之人，则必失也。曰《上德》，言用人者不可徒恃罚；曰《用民》，言用民者亦不可徒恃威。其理甚精，足箴法家过任威刑之失。曰《适威》，言立法必为民所能行。《管子》所谓"下令于流水之原"也。曰《为欲》，言民之可用，因其有欲；治乱强弱，由其使民之术不同。甚精。曰《贵信》，言信立则虚言可以赏，六合之内，皆为己府，而不患赏之不继矣。甚精。曰《举难》，戒求全。此篇承前览，前览言听言之术，此览则言用人之术也。

《恃君览》　言人之生恃乎群；群之所以不涣，恃乎群中之人，皆以群为有利；群之能利其群之人，以君道立也。此等原君之论，法家常主张之。然又曰："君道以利立，故废其不然而立其行道者。德衰世乱，然后天子利天下。"则又儒家"汤、武革命，应天顺人"之说矣。固知九流之学，流异原同也。下标七目：曰《长利》，言天下之士，必虑长利。利倍于今，而不便于后，弗为也；安虽长久，以私其子孙，弗为也。又谓贤者不欲其子孙恃险久存，以行无道，亦廓然大公之论。曰《知分》，言达乎生死之分，则利害存亡弗能惑。理颇近庄、列。曰《召类》，言祸福自来，众人不知，则以为命，其实皆有以召之。案：上篇言理，偏重自然；故以此篇继之，以见事虽有非人力所能为者，然人事仍不可失也。曰《达郁》，言人身精气郁则病；一国亦然，郁则万恶并起。理极精。曰《行论》。言人主之行与布衣异，势不便，时不利，则当事仇以求存。何者？执民之命，不得以快志为事也。可破宋以后气矜之隆，不论利害之失。曰《骄恣》，言亡国之主之失。曰《观表》，言人心难测，圣人过人以先知。先知必审征表。众人以为神，以为幸，而不知其为数之所不得不然也。此览推论国家、社会所以成立之原，由于众以为利，因博论利害之理，及人所以知利害之术；并及立君所以利民，戒人主不可以国自私，真廓然大公之论。

《**开春论**》 言贤主不必苦心焦思，在能任贤。下标五目：曰《察贤》，义如其题。曰《期贤》，言世主多暗；人君有明德，则士必归之。曰《审为》，言身重于天下；今人多趋利而忘其身。盖因下篇言爱类，故先及此也。曰《爱类》，言仁者必爱其类。贤人往来王公之朝，非求自利，欲以利民。故人主能务民，则天下归之。曰《贵卒》，言智者之异于人，以其能应变于仓促之间。此论承前论：前论言人主利民之道，此论言贤人皆以利民为务，因及人君用人之方。

《**慎行论**》 言计利者未必利，唯虑义则利。下标五目：曰《无义》，极言义之利。曰《疑似》，言知必求其审；故疑似之务，不可不察。曰《壹行》，言人之行义，当昭然与天下以共见，使人信之。如陵上巨木，人以为期，易知故也。乘船者为其能浮而不能沉；贤士君子，为其能行义而不能行邪僻也。曰《求人》，上篇言壹行在己，故言求人以该其义也。曰《察传》，言得言不可不察。数传而白为黑、黑为白矣。故闻言必熟论，必验之以理。如"夔一足""穿井得一人"等，皆可以理决其无者也。此论实为破除迷信之根。此论承前二论：前二论皆言利，恐人误见小利，故此论极言以义为利之旨；利之为利易见，义之为利难知，故极言知之贵审；既知义则必行之，故又极言行之贵壹也。

《贵直论》 言直臣之可贵。下标五目：曰《直谏》，言非贤人不肯犯危谏诤，故人主当容察之。曰《知化》，言恶直言者，至其后闻之则已晚。曰《过理》，言亡国之主，皆由所乐之不当。曰《雍塞》，言亡国之主，不可与直言。曰《原乱》，举祸乱因雍塞而生者以为戒。前论言知贵审而行贵壹，知及行必藉人以自辅，故此论承之，极言直臣之可贵也。

《不苟论》 言贤主必好贤。下标五目：曰《赞能》，言进贤之功。曰《自知》，言人主欲自知，则必得直士。曰《当赏》，言赏罚爵禄，人臣之所以知主；所加当，则人为之用。曰《博志》，言有所务，必去其害之者；贤者之无功，不肖者害之也。曰《贵当》，言治国之本在身，治身之本，在得其性。所谓性者，则自然之道也。此论亦承前论，前论言直臣之可贵，此论则言人主当用贤去不肖。人主之于贤臣，固不徒贵知之，必贵能用之也。而以用人之本，归结君心，则《孟子》所谓"唯大人为能格君心之非""一正君而国定"者也。

《似顺论》 言事有貌相似而实相反者，因言循环之道。下标五目：曰《别类》，言剖析疑似之事，因推论智识有限，故圣人不恃智而因任自然。极精。曰《有度》，言必通乎性命之情，则执一而万物治。所谓"性命之情"者，即今所谓真理也。曰《分职》，言君当守无为之道，使众为之。曰《处分》，言物各异能，合众异正所以为同，故贵因材授任；然立法则必为人之所共能。曰《慎小》，义如其题。此篇承前，前论以知人、用人归束于君，故此篇又总论君道也。

《士容论》 言诚则人应之，无待于言，言亦不足谕人。下标五目：曰《务大》，言务大则小自该。戒人臣欲贵其身，而不知贵其主于天下。与《谕大》篇有缠复处。曰《上农》，言导民莫先于农。农则朴，朴则易用；农则重，重则少私义；少私义则公法立，可以战守。（义与《商君书》同。下言男女分职之理，义颇合于《孟子》；言制民之产之法，又与儒家言大同。亦可见九流之学之本无不合也。）曰《任地》，曰《辨土》，曰《审时》，皆农家专门之言，不易解。（与《亢仓子》同。《亢仓子》伪书盖取诸此。）此论亦承前。前五论皆言人君之道，此论则言臣民之务也。

二十二、《尸　子》

此书虽阙佚特甚，然确为先秦古籍，殊为可宝。按《汉志》：杂家，"尸子二十篇。名佼，鲁人。秦相商君师之。鞅死，佼逃入蜀"。《史记·孟荀列传》："楚有尸子。"《集解》："刘向《别录》曰：楚有尸子，疑谓其在蜀。今按《尸子》书，晋人也，名佼。秦相卫鞅客也。商君被刑，佼恐并诛，乃逃亡入蜀。自为造此二十篇书，凡六万余言。"《索隐》谓："尸子名佼，晋人，事具《别录》。"案：裴骃、司马贞及见《别录》及《尸子》全书，所知较详，说当不误。"晋""鲁"形近，今《汉志》作鲁人，盖讹字也。其书二十篇，隋、唐《志》皆同。宋时遂残缺。王应麟《汉志考证》、李淑《邯郸书目》存四卷。《馆阁书目》只存二篇，合为一卷，其本又不传于后。清时所行，凡有三本：（一）为震泽任氏本，（一）为元和惠氏本，（一）为阳湖孙氏本。汪继培以三本参校，以《群书治要》所载为上卷，诸书称引与之同者，分注于下；其不载《治要》、散见诸书者为下卷；引用违错及各本误收者，别为《存疑》附于后。实最善之本也。今所传刘向校上《荀子》语，谓尸子著书，"非先王之法，不循孔氏之术"；刘勰谓其"兼总杂术，术通而文钝"。据今所辑存者，十之七八皆儒家言，刘向《校序》

本伪物，不足信。

此书盖亦如《吕览》，兼总各家而偏于儒。其文极朴茂，非刘勰所解耳。今虽阙佚已甚，然单词碎义，足以取证经子者，实属指不胜屈。今姑举其最要者数条。如《分篇》："天地生万物，圣人裁之。裁物以制分，便事以立官。""君臣，父子，上下，长幼，贵贱，亲疏，皆得其分曰治。爱得分曰仁，施得分曰义，虑得分曰智，动得分曰适，言得分曰信；皆得其分，而后为成人。""明王之治民也，事少而功立，身逸而国治，言寡而令行。事少而功多，守要也；身逸而国治，用贤也；言寡而令行，正名也。""君民者苟能正名，愚智尽情。执一以静，令名自正，令事自定。赏罚随名，民莫不敬。"《发蒙篇》："天下之可治，分成也；是非之可辨，名定也。过其实，罪也；弗及，愚也。是故情尽而不伪，质素而无巧。""故陈绳则木之枉者有罪，措准则地之险者有罪，审名分则群臣之不审者有罪。""是故曰：审一之经，百事乃成；审一之纪，百事乃理。名实判为两，合为一。是非随名实，赏罚随是非。是则有赏，非则有罚。人君之所独断也。""明君之立也正，其貌庄，其心虚，其视不躁，其听不淫，审分应辞，以立于廷，则隐匿疏远，虽有非焉，必不多矣。""明君不用长耳目，不行间谍，不强闻见；形至而观，声至而听，事至而应。近者不过，则远者治矣；明者不失，则微者敬矣。"实足以通儒、道、名、法四家之邮。又如《分篇》："夫弩机损若黍则不钩，益若□则不发。言者百事之机也，圣王正言于朝，而四方治矣。"实《易·系辞传》"言行者君子之枢机"一节绝好注脚。又如《仁义篇》："治水潦者禹也，播五种者后稷也，听狱折衷者皋陶；舜无为也，而天下以为父母，爱天下莫甚焉。"亦足与《论语》"无为而治者，其舜也欤"相补足。此外典制故实，足资考证者尚多，不及备举也。

二十三、《鹖冠子》

此书历代著录，篇数颇有异同。《汉志》：道家，"《鹖冠子》一篇。楚人，居深山，以鹖为冠。"隋、唐《志》皆三卷。《四库》所著录，为宋陆佃《注》本，卷数同。《提要》云："此本凡十九篇。佃《序》谓韩愈读此称十六篇，未睹其全。佃北宋人，其时韩文初出，当得其真。今本韩文乃亦作十九篇，殆后来反据此书，以改《韩集》。此注则当日已不甚显，唯陈振孙《书录解题》载其名。晁公武《读书志》则但称有八卷一本，前三卷全同《墨子》，后两卷多引汉以后事；公武削去前后五卷，得十九篇。殆由未见佃《注》，故不知所注之本，先为十九篇欤？"按《汉志》只一篇，韩愈时增至十六，陆佃注时，又增至十九；则后人时有增加，已绝非《汉志》之旧。然今所传十九篇，皆词古义茂，绝非汉以后人所能为；盖虽非《汉志》之旧，又确为古书也。第七、第八、第九、第十四、第十五诸篇，皆称庞子问于鹖冠子，第十六篇称赵卓（"倬"之借字。）襄王问于庞煖，第十九篇称赵武灵王问于庞煖；则庞子即庞煖，鹖冠子者，庞煖之师也。全书宗旨，原本道德，以为一切治法，皆当随顺自然。所言多明堂阴阳之遗。儒、道、名、法之书，皆资参证，实为子部瑰宝。

《博选》第一　此篇言君道以得人为本，得人以博选为本。

《著希》第二　此篇言贤者处乱世必自隐，戒人君不可不察。

《夜行》第三　此篇言天文地理等，皆有可验。"有所以然者：（然，成也。）随而不见其后，迎而不见其首；成功遂事，莫知其状。故圣人贵夜行。"夜者，暗昧之意。第十九篇"《阴经》之法，夜行之道"，同义。《管子·幼官篇》，"若因夜虚守静"之夜，亦当如此解。

　　《天则》第四　　此篇言："天之不违，以不离一；天若离一，反还为物"。"人有分于处，处有分于地，地有分于天，天有分于时，时有分于数，数有分于度，度有分于一。""列地而守之，分民而部之；寒者得衣，饥者得食，冤者得理，劳者得息；圣人之所期也。""同而后可以见天，异而后可以见人，变而后可以见时，化而后可以见道。"盖言天地万物，同出一原；然既为万物，则各有其所当处之分；各当其分，斯为至治。物所当处之分，出于自然；能知其所当处之分，而使之各当其分，斯为圣人。合天然与人治为一贯，乃哲学中最古之义也。

　　《环流》第五　　此篇言："有一而有气，有气而有意，有意而有图，有图而有名，有名而有形。""物无非类，动静无非气。""物极则反，命曰环流。"盖古哲学中宇宙沦。又云："一之法立，而万物皆来属。""言者，万物之宗也；是者，法之所与亲也；非者，法之所与离也。是与法亲，故强；非与法离，故亡。"亦人事当遵循自然之意。又云："命者自然者也；命无所不在，无所不施，无所不及"，"命之所立，贤不必得，不肖不必失"，则定命机械之论也。

　　《道端》第六　　此篇原本自然，述治世之法，与第八篇皆多明堂阴阳之言。

　　《近迭》第七　　此篇言当恃人事，不当恃天然之福，而人道则以兵为先。颇合生存竞争之义。然云："兵者，礼义忠信也。行枉则禁，反正则舍。是故不杀降人，王道所高；得地失信，圣王弗贵。"则仍仁义之师，异夫专以杀戮为威者矣。

　　《度量》第八　　此篇言度量法令，皆原于道。

　　《王𫓧》第九　　"王𫓧"二字，义见首篇；此篇中亦自释之。此篇先述治道，亦法自然之意。后述治法，与《管子》大同。

　　《泰鸿》第十　　此篇言"天地人事，三者复一"。多明堂阴阳家言。

《**泰录**》第十一 此篇亦言宇宙自然之道。又曰："神圣之人，后天地生，然知天地之始；先天地亡，然知天地之终。""知先灵、王百神者，上德，执大道；凡此者，物之长也。及至乎祖籍之世，代继之君，身虽不贤，然南面称寡，犹不果亡者，其能受教乎有道之士者也。不然，而能守宗庙、存国家者，未之有也。"按：《学记》一篇，多言人君之学。《汉志》以道家为君人南面之术，观乎此篇，则可以知古代为人君者之学矣。

《**世兵**》第十二 此篇大致论用兵之事。

《**备知**》第十三 此篇先言浑朴之可尚，有意为之则已薄，与《老子》颇相近。继言功名之成，出于时命，非人力所可强为。因言"费仲、恶来，知心而不知事；比干、子胥，知事而不知心。圣人者，必两备而后能究一世"，盖其所谓"备知"者也。

《**兵政**》第十四 此篇言兵必合于道，而后能胜。

《**学问**》第十五 此篇载庞子问"圣人学问服师也，亦有终始乎？抑其拾诵记辞，阖棺而止乎？"鹖冠子答以"始于初问，终于九道"。盖学问必全体通贯，而后可谓之有成。此即《大学》"物有本末，事有终始"，《论语》"一以贯之""有始有卒，其唯圣人"之义也。

《**世贤**》第十六 此篇借医为喻，言治于未乱之旨。

《**天权**》第十七 此篇先论自然之道，而推之于用兵。亦多阴阳家言。

《**能天**》第十八 此篇言安危存亡，皆有自然之理。又曰："道者通物者也，圣者序物者也。"又曰："圣人取之于势，而弗索于察。势者，其专而在己；察者，其散而之物者也。"与第四篇义同。

《**武灵王**》第十九 此篇亦论兵事。

二十四、《淮南子》

　　《汉志》：杂家，"《淮南》内二十一篇，外三十三篇"。《淮南王传》："招致宾客方术之士数千人，作为《内书》二十一篇，《外书》甚众。又有《中篇》八卷，言神仙黄白之术，亦二十余万言。"今所传《淮南王书》，凡二十一篇。其为内篇，似无疑义。然高诱《序》谓："与苏飞、李尚、左吴、田由、雷被、毛被、伍被、晋昌等八人，及诸儒大山、小山之徒，共讲论道德，总统仁义，而著此书。其旨近《老子》，淡泊无为，蹈虚守静，出入经道。言其大也，则焘天载地；说其细也，则沦于无垠。及古今治乱存亡祸福，世间诡异瑰奇之事。其义也著，其文也富。物事之类，无所不载；然其大较，归之于道。号曰《鸿烈》，鸿，大也；烈，明也；以为大明道之言也。故夫学者不论《淮南》，则不知大道之深也。是以先贤通儒，述作之士，莫不援采，以验经传。刘向校定撰具，名之《淮南》。又有十九篇，谓之外篇。"述外篇篇数，与《汉志》不合。《汉志·天文》有《淮南杂子星》十九卷，卷数与诱所述外篇篇数却符。然舍《汉志》外三十三篇不言，顾以其为《杂子星》者当外篇，于理终有可疑。

　　案：《汉志》，《易》家有《淮南王道训》二篇。《注》曰："淮南王安，聘明《易》者九人，号九师法。"今《淮南·要略》，为全书自序。其言曰："言道而不言事，则无以与世浮沉；言事而不言道，则无以与化游息。"又曰："今专言道，则无不在焉。然而能得本知末者，其唯圣人也。今学者无圣人之才，而不为详说，则终身颠顿乎混溟之中，而不知觉寤乎昭明之术矣。"可见淮南此书，实以道与事相对举。今《要略》两称"著二十篇"云云，盖以本篇为全书自叙，故不数之；若更去其首篇《道训》，则所余者适十九篇矣。《高注》久非故物，此序词意错乱，必为后人窜改无疑。颇疑《高序》实以十九篇与《原道训》分论。"言其大也，则焘天载地；说其细也，则沦于无垠"等，为论《原道训》之语。"及古今治乱存亡祸福，世间诡异瑰奇之事，其义也著，其文也富，物事之类，无所不载"等，为论其余十九篇之语。本无《外篇》之名，后人既混其论两者之语而一之，乃妄臆"其余十九篇"不在本书之内，遂又加入"谓之外篇"四字也。《汉志》言安聘明《易》者九人，《高叙》所举大山、小山，或亦如《书》之大、小夏侯，《诗》之大、小毛公，一家之学，可作一人论；则合诸苏飞、李尚等，适得九人矣。得毋今书首篇之《原道训》，即《汉志》所谓《道训》者，《汉志》虽采此篇入《易》家，而于杂家仍未省；又或《汉志》本作二十篇，而为后人所改邪？书阙有间，更无坚证，诚未敢自信。然窃有冀焉者：九流之学，同本于古代之哲学；而古代之哲学，又本于古代之宗教。故其流虽异，其源则同。前已言之。儒家哲学，盖备于《易》，《易》亦以古代哲学为本。其杂有术数之谈，固无足怪。然遂以此为《易》义则非也。今所谓汉《易》者，大抵术数之谈耳。西汉今文之学，长于大义；东汉古文之学，则详于训诂名物之间。今施、孟、梁丘之《易》皆亡，今文家所传《易》之大义，已不可见。《淮南王书》引《易》之处最多，（见《缪称》《齐俗》《氾论》《人间》《泰族》诸篇。）皆包举大义，无杂术数之谈者。得毋今文《易》义转有存于此书中者邪？

　《淮南》虽号杂家，然道家言实最多；其意亦主于道，故有谓此书"实可称道家言"者。予则谓儒、道二家哲学之说，本无大异同。自《易》之大义亡，而儒家之哲学，不可得见。魏晋以后，神仙家又窃儒、道二家公有之说，而自附于道。于是儒家哲学之说，与道家相类者，儒家遂不敢自有，悉举而归诸道家；稍一援引，即指为援儒入道矣。其实九流之学，流异原同。凡今所指为道家言者，十九固儒家所有之义也。魏晋间人谈玄者率以《易》《老》并称，即其一证。其时言《易》者皆弃数而言理，果使汉人言《易》，悉皆数术之谈，当时之人，岂《易》创通其理，与《老》相比。其时今文《易》说未亡，（施、孟、梁丘之《易》，皆亡于东、西晋间。）其理固与《老子》相通也。河洛《图》《书》之存于道家，亦其一证。宋人好以《图》《书》言《易》，清儒极攻之。然所能言者，《图》《书》在儒家无授受之迹耳；如何与《易》说不合，不能言也。〔方东澍（树）说。方氏攻汉学，多过当误会之语，然此说则平情也。〕西谚云："算账只怕数目字。"《图》《书》皆言数之物，果其与《易》无涉，何以能推之而皆合，且又可以之演范乎？然则此物亦儒家所固有，而后为神仙家所窃者耳。明乎此，则知古代儒、道二家之哲学，存于神仙家（即后世之所谓"道家"。）书中者必甚多。果能就后世所谓道家之书，广为搜罗，精加别择，或能辑出今文《易》说，使千载湮沉之学，焕然复明；（即道家之说，亦必有为今日所不知者。）而古代哲学，亦因之而益彰者也。意见所及，辄引其端，愿承学之士共详之。

此书今所传者，凡二十一篇。《汉书》所谓外篇及中篇者，盖久亡佚矣。《汉志》于内外篇皆仅称《淮南》；今题作《淮南子》，"子"字盖后人加之。（今所谓"某某子"，"子"字为后人所加者甚多。）《隋书》及新、旧《唐志》皆作二十一卷，许慎、高诱两注并列。《旧唐志》又有《淮南鸿烈音》二卷，何诱撰；《新唐志》亦题高诱。《宋志》于《许注》仍云二十一卷，《高注》则云十三卷。晁公武《读书志》，据《崇文总目》，云亡三篇；李淑《邯郸图志》，则云亡二篇。而洪迈《容斋随笔》，称所存者二十一卷，与今本同。盖其书自宋以后，有佚脱之本，而仍有完本。高似孙《子略》云二十篇者，以《要略》为淮南自叙，除去计之；《四库》亦以为非完本，非也。（《提要》又云："白居易《六帖》引乌鹊填河事，云出《淮南子》。今文无之，则尚有脱文。"案：此必不出内篇，《四库》此言亦误也。）《音》二卷，实出何诱；《新唐志》并题高诱者误。今本篇数仍完，而注则许、高二家，删合为一矣。（以上并据庄逵吉《叙》。）向所行者为庄逵吉校本。原出钱坫所校《道藏》本。近人刘文典，撰《淮南鸿烈集解》，用力至勤，法亦严密，读胡适《序》可见。实佳者也。

《原道训》　此篇言道之体用，皆世所谓道家言也。极精。（《淮南书》中，世所谓道家言，予疑其实多与儒家言合。今从众所称名，仍称为道家言。）廿一篇唯《要略》下无"训"字，姚范云：疑"训"字乃高诱自名其注解，非《淮南》篇名所有。

《俶真训》　此篇为古代哲学中之宇宙论，因推论及于事物变化无极，生死无异，极精。

《天文训》　言天文、律历、度量衡等事。亦推论及于哲学。

《地形训》　此篇颇似荒怪。然古实有此说，特今尚未能大通耳。凡古书言地理之荒怪，有可信，有不可信者。为后人窜造最多者，为《山海经》《穆天子传》等书。如此篇及《楚辞》等，则其较可信者也。

《时则训》　前述十二月行令，与《月令》同。下多五位六合，篇末明言为明堂之制，可见以《月令》为秦制者非矣。

《览冥训》　此篇大旨言物类之相感应，非人所能知，故得失亦无从定。圣人之所以不恃智而贵无为者以此，亦哲学中之精论。

《精神训》　此篇大旨言我本自然之物，故当随顺自然；所以不能随顺自然者，以嗜欲害之也，故当去嗜欲。又言天下之不足欲，死生之无异，以见嗜欲之不足慕。极精。末节辟儒家之言礼乐，不能使人无欲，而徒事强制，亦有精义。

《**本经训**》　　此篇言仁义礼乐之不足行，世所谓道家言也。

《**主术训**》　　此言人主所执之术。首言无为，道家言也。次言任人、任法、势治、名实，法家言也。末言制民之产，同《王制》，又有同《公羊》《礼记》《孟子》处，则儒家言也。

《**缪称训**》　　此篇首言道灭而德用，德衰而仁义生，世所谓道家言。下言治贵立诚，则世所谓儒家言也。

《**齐俗训**》　　此篇言礼俗皆非本性，不得执成法以非俗，亦不得以高行为俗。颇精。

《**道应训**》　　此篇解故事而以老子之言结之，颇似韩非之《喻老》。又引《庄子》《管子》《慎子》各一条。

《**氾论训**》　　此篇论变法，与商君之言同，盖法家言也。其论因迷信而设教一节，极有见。又言圣人处刚柔之间，贵权寡欲，则世所谓道家言。

《**诠言训**》　　此篇言无欲则无缪举，故治天下之本在身，身之本在心，爱身者可以托天下。又言无为之旨。又言合道术者，但能无害，不必能求利。亦养生之论也。

《**兵略训**》　　此篇先论兵之原理。次及用兵之利，用兵之术。兵家极精之言。

《**说山训**》《**说林训**》　　此两篇以极简之言，说明一理，与他篇之议论纵横者，文体颇异，而味弥永。

《**人间训**》　　此篇极言祸福倚伏之义，多引故事以明之。

《**修务训**》　　此篇首言无为非不事事，下皆劝学之语。又针砭学者眩于名而不知真是非。论亦切至。

史籍与史学

一、史学定义

何谓史？史也者，记事者也。此人人所能作之语也。虽然，世界之事亦多矣，安能尽记？即记亦有何益？能答是问者，则较少矣。号为学问之士，则曰：史事者，前车之鉴也。古人如何而得，则我可从而仿效之；如何而失，则我可引为鉴戒。此说似是，而稍深思，即知其非。何者？史事之有记载，亦既数千年矣，岂尝有两事真相同者。世之以为相同，皆察之不精，误以不同者为同耳；世事既实不相同，安可执古方以药今病？欧人东来后，中国交涉之所以败坏，正坐此耳。此真不远之鉴也。不宁惟是，世运愈进，则变迁愈速。一切事物，转瞬即非其故，执古方以药今病，在往昔犹可勉强敷衍者，今则不旋踵而败矣。故以史事为前车，实最危险之道也。然则读史果何用哉？天资较高者，窥破此理，乃以学问为无用，以载籍为欺人，专恃私智，以应事物，究其极，亦未有不败者。古来不学无术之英雄，皆此曹也。然则史学果有用乎？抑无用乎？

史也者，事也；而史学之所求，则为理而非事。是何也？曰：佛家之理事无碍观门言之矣，事不违理，故明于理者必明于事。然则径求其理可矣，何必更求其事？曰：此则理事无碍观门又言之矣。事外无理，故理必因事而明。然则明于事者，亦必能知理。明于事理，则不待讲应付之术，而术自出焉。犹欲制一物者，必先知其物之性质；苟深知其物之性质，则制造之法，即可由之而定也。夫明于事，则能知理者，何也？请就眼前之事物思之。物之接于吾者亦多矣，习见焉则不以为异，不复深求其故；苟一思之，则此事之所以如此，彼事之所以如彼，无不有其所以然。偶然者，世事之所无，莫知其然而然，则人自不知之耳。一切事物如此，社会何独不然？中国之社会，何以不同于欧洲，欧洲之社会，何以不同于日本，习焉则不以为异；苟一思之，则知其原因之深远，虽穷年累世，犹未易明其所以然也。一切学问之所求，亦此所以然之故而已矣。两间之事物甚繁，而人类之知识有限，学问于是乎有分科。史之所求，以人类社会为对象，然则史也者，所以求明乎人类社会之所以然者也。

然则史也者，所以求知过去者也；其求知过去，则正其所以求知现在也。能知过去，即能知现在；不知过去，即必不知现在。其故何也？曰：天地之化，往者过，来者续，无一息之停。过去、现在、未来，原不过强立之名目。其实世界进化，正如莽莽长流，滔滔不息，才说现在，已成过去，欲觅现在，惟有未来，何古何今，皆在进化之长流中耳。然则过去、现在、未来，实为一体，不知过去，又安知现在？真知现在，又安有不知将来者邪？

世事之所以然，究竟如何，不可知也。然既从事研求，则必有其见地，所见虽未必确，固不妨假定为确，使所假定者而果确焉，此即社会演进之真理也。事不违理，非徒可以知现在，抑亦可以测将来矣。吾曹今日，于此虽尚无所知，然其所研求，则正此物也。故史也者，所以求社会演进之遗迹，而因以推见其定则者也。

欲明进化之定则，必知事物之因果，然今古之界，既系强分，彼此之名，自然亦系强立。一事也，欲求其因，则全宇宙皆其因；欲求其果，则全宇宙皆其果耳。夫安能尽记，抑安能遍知，史学复何由成立哉？应之曰：史也者，非一成不变之物，而时时改作焉者也。吾侪自有知识，至于今日，所经历之事亦多矣，安能尽记？然吾之为何如人，未尝不自知也。我之知我为何如人，固恃记忆而得。然则史事岂待尽记哉？亦记其足以说明社会之所以然者可矣。惟何等事实，足以说明社会之所以然，别择甚难。此则世界之历史，所以时时在改作之中，而亦今日之治史学者，所为昕夕研求、孳孳不怠者也。

二、史籍溯源

史学与史籍，非一物也。会通众事而得其公例者，可以谓之史学；而不然者，则只可谓之史籍。史学缘起颇迟，而史籍之由来，则甚旧也。

英儒培根氏，根据心理，分学问为三类：一曰属于记忆者，史是也；二曰属于理性者，哲学是也；三曰属于情感者，文学是也。中国四部中之史，与其所谓属于记忆者相当，可不俟论；经、子与其所谓属于理性者相当；集与其所谓属于情感者相当，虽不密合，亦姑以皋较言之也。

文学之书，自为一类，盖自二刘立《诗赋略》始，（集部后来庞杂至不可名状，然追原其始，则固所以专收文学之书，《七略》中之《诗赋略》是也。范、陈二史，著诸文士撰述，皆云诗、赋、碑、箴、颂、诔若干篇。王俭《七志》犹以诗赋为《文翰志》；至阮孝绪《七录》，乃以文集为一部。盖缘后人学问日杂，所著之书，不复能按学术派别分类，乃不得不以人为主，编为别集也。此自后来之迁变，不害始刨（创）《诗赋略》者体例之纯。）史则尚附《春秋》之末也。然则刘《略》以前，探索原理之经、子，记载事物之史，发抒情感之文，皆混而为一矣。此自古人学问粗略使然，然亦可见其时客观观念之阙乏也。故曰：史学之缘起颇迟也。云史籍之由来甚旧者：人类生而有探求事物根柢之性，（故必知既往，乃知现在之见解，人人有之。）与其恋旧而不忍忘之情，故一有接搆，辄思考究其起源；而身所经历，尤必记识之，以备他日之覆按。当其离群索居，则于宇宙万物，冥心探索；群萃州处，又必广搜遗闻轶事，以为谈助。思索所极，文献无征，犹或造作荒唐之辞，以炫人而自慰；况其耳目睹记，确为不诬，十口相传，实有所受者乎？此民间传述，所以远在书契以前；而史官记载，亦即起于始制文字之世也。

史官之设，亦由来已旧。《玉藻》曰："王前巫而后史。"又曰："动则左史书之，言则右史书之。"《玉藻》所记，为王居明堂之礼，必邃古之遗制也。《内则》称五帝、三王，皆有惇史。而《周官》所载，有大史、小史、内史、外史、御史之分，又诸官皆有史，盖世弥降、职弥详矣。就其书之存于今者观之：《尚书》，记言之史也；《春秋》，记事之史也；《大戴记》之《帝系姓》，及《史记·秦始皇本纪》后所附之《秦纪》，小史所掌之系姓也；古所谓《礼》，即后世所谓典志，亦必史官所记，惟不知其出于何职，大约属于某官之事，即其官之史所记也。古代史官之书，留诒于后世者如此。

民间传述，起源尤古。就其所传之辞观之：有出于农夫野老者，亦有出于学士大夫者；有传之未久即著竹帛者，亦有久之乃见记载者；其所传之事，有阅世甚久者，亦有相去不远者。传之久始著竹帛者，其失实多；而不然者，其失实少。（如《管子·大、中、小匡篇》述管仲事，有可信者，有极悠缪者，即由其或以史籍为据，或出辗转传述也。）所传之事，出于近世者，多系人事；其出于荒古者，则不免杂以神话。（太史公谓"百家言黄帝，其文不雅驯"，盖即如此。谶纬荒怪之辞，亦必非全无根据，盖亦以此等传说为资料也。）今日读古书，固不能一一知其所出，据此求之，犹可得其大略也。

《史通》分正史为六家：一《尚书》，二《春秋》，三《左传》，四《国语》，五《史记》，六《汉书》。《史》《汉》皆出后世。《左氏》，近儒谓后人割裂《国语》为之，说若可信，《国语》则《尚书》之支流余裔耳。何以言之？《尚书》重于记言，既记嘉言，自亦可记懿行；既记嘉言懿行以为法，自亦可记莠言乱行之足为戒者也。古者设官记注，盖惟言、动二端。典礼之书，后人虽珍若球图，当日仅视同档案，等诸陈数之列，迥非多识之伦。《系世》所记，更属一家之事，故溯史职者不之及也。至《史》《汉》出，而体例大异。《汉书》原本《史记》；《史记》亦非谈、迁所自作，观《世本》之例，多与《史公书》同，则系当时史官记注成法如此，谈、迁特从而网罗之耳。《帝纪》及《世家》《年表》，盖合《春秋》及《系世》而成，《列传》出于《国语》，（《史记》称列传犹曰"语"，如《礼志》述晁错事，曰"见袁盎语中"。）《书》《志》出于《典》《礼》。前此不以为史者，至此悉加甄采；前此只有国别史，至此则举当日世界各国之史，合为一编。史籍至此，可谓大异于其故，盖骎骎焉进于史学矣。

三、史学缘起

史籍非即史学，前已言之矣。然则吾国史学，果始何时乎？曰：其必始于周、秦之际矣。何以言之？

史学者，合众事而观其会通，以得社会进化之公例者也。夫合众事而观其会通，以得社会进化之公例，非易事也。必先于社会之事，多所记识；然后以吾之意，为之分类；又就各类之事，一一绎之而得其所以然，然后能立一公例；所积既众，则又合诸小公例而成一较大之公例焉，而史学之公例乃渐出。此非一朝一夕之功，亦非一手一足之烈，史学初萌，断不足以语此。先河后海，大辂椎轮，但求其记识搜辑，确以备他日绎之须，则亦可谓之史学矣。信如是也，吾必谓中国史学，起于周、秦之际。何以言之？

吾国有史，由来旧矣。然其初之记识，非以供他日绎之资也。史官之载笔，盖如后世之胥吏；其所记识，则如后世之档案。纣之欲立微子启，则殷之大史，执简以争，此奉档案之旧例为不可违也。职是故，则珍其档案，而不忍轻弃者出焉。夏之亡也，太史终古抱其图法以奔商；商之亡也，太史向挚抱其图法以奔周，（《吕氏春秋·先识篇》。）则是也。儒者之"必则古昔，称先王"，（《礼记·曲礼》。）意亦如此。故曰："徒善不足以为政，徒法不能以自行。""《诗》曰（云）：'不愆不忘，率由旧章。'遵先王之法而过者，未之有也。"（《孟子·离娄上》。）此皆不脱以史籍为档案之思想，未足语于史学。又有视史事若父老相传之故事，用为鉴戒之资者：《易》曰："君子多识前言往行，以畜其德。"《诗》曰："殷鉴不远，在夏后之世。"皆此意也。此亦未足语于史学。古之能绅绎史事、求其公例者，其惟道家乎？《汉书·艺文志》曰："道家者流，盖出于史官，历记成败、存亡、祸福、古今之道，然后知秉要执本，清虚以自守，卑弱以自持。"观史事而得所以自处之方，可谓能绅绎众事、得其公例矣；然于史事初无所传，此仍只可谓之哲学，而不可谓之史学也。《韩非子》曰："孔子、墨子，俱道尧、舜，而取舍不同，皆自谓真尧、舜。尧、舜不复生，将谁使定儒、墨之诚乎？"（《显学篇》。）可见当时诸家，于史事各以意说，意说而不求其真，此为非史学之诚证矣。且如孔子，删《诗》《书》，定《礼》《乐》，赞《周易》，修《春秋》，古代之史籍，几无不藉以传。然《春秋》之作，实以明义。（《左氏》为《春秋》之传与否，姑不论，即谓《春秋》之传，亦只可谓治《春秋》者当兼明本事耳，不能谓《春秋》之作，非以明义也。）尧、舜禅让，事究如何，殊难质言，孔子之亟称之，盖亦以示公天下之义耳。《孟子·万章上》所陈，盖即孔门书说也。（此事予别有《广疑古篇》明之。）《左氏》出于《国语》。《国语》者，《尚书》之流，其为士夫所传习，则吾所谓"视如故事，资为鉴戒"者耳。《战国策》者，纵衡（古同"横"）家之书，今已亡佚之

《苏子》《张子》等，（见《汉书·艺文志》。）盖当与相出入，以为史籍则缪矣。然则十家九流，信未有能知史学者也。

今称史书，必始《史记》。《史记》体例，实源于《世本》，前已明之。史公之作此书，意盖亦以为一家之著述，故曰："究天人之际，通古今之变，成一家之言。"（司马迁《报任安书》，见《汉书》本传。）其告壶遂，不敢自比于《春秋》，（《史记·太史公自序》。）乃其谦辞耳。然《史记》论议，率与记事别行，（论赞是也。间有不然者，如《伯夷列传》之类，然较少。）与孔子作《春秋》，删改旧史以明义者迥别。其言曰："述故事，整齐其史传。"（《太史公自序》。）则始知保存史实，以备后人之研究；与前此九流十家，但著其研究之所得者，迥不侔矣。《史记》源于《世本》，而《世本》出于战国之世，（《史通》谓战国之世好事者为之。）故吾谓中国史学，实始于周、秦之际也。

史不必皆史官所记；史官所记亦不必皆优于寻常人所传。然寻常人非职守所在，所记或断续无条理，又多杂以不经之谈；史官则不容如此，故古史流传，仍以史官所记为可贵。史设专职，古代盖各国皆然。（参看《史通·古今正史篇》。）《史记·六国表》曰："秦既得意，烧天下诗书，诸侯史记尤甚，为其有所刺讥也。诗书所以复见者，多藏人家，而史记独藏周室，以故灭，惜哉惜哉！"此"诗书"二字，当包凡书籍言；（《秦始皇本纪》诗书与百家语对举，此处不言百家语，亦包诗书之中。）"周室"二字，亦兼诸侯言之，乃古人言语，以偏概全之例，非谓是时惟周室有史，更非谓诸侯之史，皆藏周室也。（孔子如周，得百二十国之书，乃纬书妄语，古代简策繁重，周室安能藏百二十国之书邪？）当时之史，实类后世之档案，惟官家有之，故一焚而即灭。《尚书》《春秋》虽借儒家之诵习而仅存；而如孟子所称晋之《乘》、楚之《梼杌》等，则皆为煨烬矣，岂不惜哉！

　　然史籍亡于周、秦之际，而史学亦肇于是时，是则可异也。岂天其哀念下民，不忍其文献之沦亡，而有以默相之邪？非也。古籍亡灭，后人悉蔽罪于始皇；其实非是。炎汉而后，更无祖龙，然各史《艺文》《经籍志》所载之书，果何往哉？则历代书籍，以社会之不克负荷而亡灭者，为不少矣。（焚书之令，当时奉行如何，今不可考；然无论如何严密，谓有此一令，腹地、边远皆莫不奉行惟谨，即人民亦莫敢隐藏，亦必无之事也。）即史籍但藏于官中，亦非尽亡于始皇之一炬。《春秋》之世，弑君三十六，亡国五十二，诸侯奔走、不得保其社稷者，不可胜数，岂能皆有向挚抱图法以适兴朝？古代系世掌于小史，（《周官》。）而秦、汉以后，公卿大夫，至于失其本系，（唐柳芳语，见《唐书·柳冲传》。）可见列国互相兼并之日，即其史记沦于兵燹之时；始皇所焚，亦其仅存者耳。夫物，完具则人莫以为意，散佚则思搜辑之者起焉。周、秦之际，实学术昌盛之时，而亦史籍沦亡之世，故悯其残阙而思搜辑之者多也，非天也，人也。

　　史学之家，自汉以后，盖日益众盛。然记事为史官专职，计书亦辐凑（辏）京师，（《汉仪注》：天下计书，先上太史公，副上丞相，序事如古《春秋》，见《汉书·司马迁传》注引如淳说，盖太史为天子掌文书，故以正封上之也。）故其能斐然有作、以诒后人者，必其能绅金匮、石室之书，居东观、兰台之署者也。然材料虽取自公家，述作实为私家之业。史谈执手，勤勤以"继志"为言；而史迁著书，亦欲藏之名山，传之其人；班固欲撰《汉书》，乃以私改《史记》获罪，概可知矣。自是以后，作《后汉书》者有范晔，作《三国志》者有陈寿，作《宋书》者有沈约，作《齐书》者有萧子显，作《梁书》《陈书》者有姚思廉，作《魏书》者有魏收，作《北齐书》者有李百药，作

《周书》者有令孤德棻，作《南史》《北史》者有李延寿，虽其撰述多奉诏敕，然其人必史学专家，或父子相继。此特就今日立于学官者言之耳；此外作而不著、著而不传者何限，亦皆私家之业也。至唐开史馆，集众纂修，而其局乃一变。集众纂修，论者多以为诟病；然史籍降而愈繁，网罗既非国家不能，整齐亦非私家所及，其不得不出于此，亦势使然矣。此其所以虽为世所诟病，而后世修史，卒莫能易此局也。此盖史学益昌，故其撰述遂为私家所不克胜，亦不可谓非史学之进步矣。

四、史部大略（上）

中国以史籍之富闻天下，乙部之书亦可谓汗牛充栋矣。抑犹不止此，前人之去取，不必尽符乎后人：盖有昔人以为当属史部，而今则摒诸史部之外；昔人以为无与史部，而今则引诸史部之中者矣。然则居今日而言史学，虽谓一切书籍皆史料可也，史之为业，不亦艰巨矣乎？然合诸书而陶冶之，非旦夕间事也。史部分类，历代不同，今亦未暇遍征，但举清代《四库书目》史部分类之法如下，取其最后出也。

史部之中，昔人所最重者，厥惟正史。正史之名，昉见《隋志》；宋时定著十有七，明刊监版，合宋、辽、金、元《史》为二十一；清定《明史》，增《旧唐书》《五代史》为二十四；民国又加柯劭忞之《新元史》为二十五，此功令所定也。功令所定，必仍原于学者之意；读《史通》最可见之。《史通》所谓"六家"，盖刘氏所认为正史；其"二体"，则刘氏以为可行之后世者。《古今正史篇》所举，以此为限。其"杂说"所举十家，则刘氏所谓非正史者也。同一史也，何以有正与非正之分？此则当观于马端临氏之论矣。

马氏《文献通考》叙曰："《诗》《书》《春秋》之后，惟太史公号称良史，作为纪传书表，纪传以述理乱兴衰，八书以述典章经制。"斯言也，实昔时学者之公言也。夫史事不可胜穷也，人类生而有求是之性，与夫怀旧而不忍忘之情，前既言之。故文化愈高，则思就身所经历，记识之以遗后人者愈众，而史部之书遂日繁。书既繁，则不得不分别孰为最要，孰为次要。理乱兴衰，典章经制，盖昔时学者，所共认为最要之事者也。记理乱兴衰，而以时为纲，是曰编年；以人为纲，是为纪传；（表亦有时可用。）以事分类，是曰纪事本末。记典章经制，而限于一代者，为断代史之表志；通贯历代者，则为通史之表志及《通典》《通考》一类之政书。此四者，以昔时学者之见衡之，实皆可谓之正史。特功令所定，不如是之广耳。功令所以专取一体者，则以学者诵习，为日力所限故也。

　　今俗所谓"正史"，专指《史》《汉》一类之书，此特就功令所定立名。若就体裁言之，则当称为"表志纪传体"。（世家，自《汉书》以下不用；《五代史》称十国为世家，实亦与《史记》之世家不同物也。此体昔人亦但称为"纪传体"，以昔时读史，知重表志者较少。）史公之书，本为通体；《汉书》而下，乃皆变为断代者。（读《史通》之《六家篇》，可以见之。）盖自汉以来，每易代必修前代之史，几若习为故事。而搜集编纂，皆范围狭则易精。刘知几时，史籍尚少，故此体之复重、矛盾，皆非所忌。至于清世，则史书益多，而史文烦冗，又非前代之比，故章实斋又力排断代，而称通史之便。此自时代为之，彼此不必相非也。（梁武帝敕撰《通史》六百二十二卷，又魏济阴王晖撰《科录》二百七十卷，亦通史体，皆见《史通·六家篇》，其书皆不行。郑樵生千载之后，排班固而祖马迁，《通志》之主张，实能自圆其说；然《二十略》外，亦无人过问。盖通史之作，意在除去复重。然同异即在复重之中，考据之家，一字为宝；又欲考史事，宜据原书，新书竞陈，势必舍新而取旧。具兹二义，通史之作，即诚突过前贤，犹或见弃来哲。况乎卷帙过巨，精力虽周，众纂则取诮荒芜，独修则贻讥疏漏。安得不如子玄所云今学者"宁习本书，怠窥新录"邪?）此体之长，在于有纪传以详理乱兴衰，有表志以详典章经制。昔人所重两端，盖惟此体为能该备；若取编年，则于二者有所偏阙矣。故编年、纪传，自古并称正史；（观《史通·古今正史篇》可知。唐时三史，尚以《汉纪》与《史》《汉》并列。）而后世修史，卒皆用纪传体；功令所定正史，亦专取纪传也。此体之弊，在于以人为纲，使事实寸寸割裂，又不能通贯历代，（此不可以咎史公。史公书本通史体，其纪传或非一时之人，即为并时人，其材料各有所本，彼此关系，亦觉甚疏，初无复重割裂之弊也。《史通·列传篇》曰："编年者，历帝王之岁月，犹《春秋》之经；列事者，录人臣之行状，犹《春秋》之传。《春秋》则传以解经，《史》《汉》则传以释纪。"信如所言，《五帝本纪》《夏本纪》《殷本纪》，岂不有纲而无目？凡诸列传，亦岂不多有目无纲邪？）不便观览，故编年、纪事本末及《二通》（《通典》《通考》。）一类之政书，不得不与之并行。

编年体原起最早。孔子所修之《春秋》，固明义之书，其体裁则当沿鲁史之旧，观《公羊》引《不修春秋》，（庄七年。）《礼记·坊记》引《鲁春秋》，其体皆与今《春秋》同，可知也。此种史盖专记国家大事，其文体极为简严。专记国家大事，则非尽人所能知；文体过于简严，则不免干燥而无味，故其流行，远不如记言体之广。（参看《史通·疑古篇》。）然时固史事天然之条理，自《左氏》有作，取记言体之详尽，而按纪事体之年月编排之，遂使读者展卷之余，于各方面之情形，皆可深悉，则于一时代之大势，自易明瞭，以供研习，实远较纪传为优。且依时排比，可使事无复出；而记载之讹舛，亦有不待校而自明者，故作长编者，亦必有取于兹焉。此体又有二：一为温公之《通鉴》，一为朱子之《纲目》。《通鉴》专法《左氏》；《纲目》则兼法《春秋》与《左氏》者也。论纂辑，自以《通鉴》为精；论体裁，实以《纲目》为便，此亦史体之一进步，不可不知。（《通鉴》无纲目之分，检阅殊为不便，温公因之乃有《目录》之作，又有《举要》之作。然《目录》与本书分离，检阅仍苦不便；《举要》之作，朱子与潘正叔书，议其"论不能备首尾，略不可供检阅"，亦系实情。《纲目》"大书以提要，分注以备言，则此弊免矣。《左氏》为《春秋》之传与否，予实疑之，然无意中却为史书创一佳体。运会将至，有开必先，即作伪者亦不自知其所以然也"。）

纪事本末，其出最晚，盖至袁枢撰《通鉴纪事本末》，而后此体出焉。所以晚出，盖亦有由，以史事愈后愈繁猥；愈繁猥，则求其头绪愈难，故删繁就简、分别部居之作，应时而出也。此体之作，最重分别部居，故必合众事为一书，乃足当之。梁任公论史学，乃立"单、复"之名，以专记一事者为单体，则何书不可称纪事本末乎？误矣。袁氏之书，本为羽翼《通鉴》，然于无意中，乃为作史者创一佳体，以其能删繁就简，则芜秽去而精粹存；分别部居，则首尾具而因果显也。然此体以作观览之书则可，以修一代之史则不可，以零星之事，无可隶属，刊落必多；而史事关系之有无，实为天下之至赜，吾见为无关系而删之，在后人或将求之而不得也。往者议修《清史》之初，论者乃或主用是体，可谓阔于务矣。

有编年体以通观一代大势，有纪事本末体以详载一事之始末，更有纪传体之纪传以总核一人之生平、理乱兴衰之事，可以谓之无憾矣；然犹未也。典章经制，最宜通贯历代，马端临氏之说，固当认为不诬，（见《通考序》。）此《通典》《通考》，所以相继而作也。此类书搜采贵博，分类贵详，故《通考》之体例，实较《通典》为优；章实斋盛称《通志》而言《通考》为策括之伦，（见《文史通义·答客问》。）未为知言也。又此等书恒成于正史之后，其所搜采，多出于正史之外，足以补正史之阙而订其讹；故读正史者，亦宜资为考证，不仅供贯穿之用而已。

五、史部大略（下）

别史者，未列学官之正史也。细别之又有三：一，为正史底稿，如《东观汉纪》《东都事略》是；二，修成而未列学官者，如谢承、华峤之《后汉书》是；三，后人以前人之史为不然而重作者，如宋萧常之《续后汉书》、（此书乃改《三国志》，以蜀汉为正统，吴、魏为载记。）清周保绪之《晋略》是；使两书并列学官，即如新、旧《唐书》、新、旧《五代史》、新、旧《元史》之例矣。又有虽非正史体，而所记之事，与正史相出入者，《四库》亦入此类，如《周书》是。（此书俗称《逸周书》，或又称《汲冢周书》，皆非是。）此类书与正史互相出入，故读正史时，可供参考之处最多。

杂史者，所记之事，亦与正史相出入，而其体例限于一时、一地者也，如《国语》是。

记一事之外形者，必推官文书为最确。诏令、奏议，皆官文书也，故以考史事，为用甚大。奏议之佳者，必能综合各方情势，娓娓言之，尤于读史者有裨。

传记一类，有当时人所撰者，亦有后人所撰者。当时人所撰者，闻见较真，自属可贵；然或不免毁誉之私，甚有因此变乱事实者，用之不可不慎。又时人所撰，苟或粗疏，事迹亦未必不误，如道宣、慧立皆玄奘弟子，而为其师作传，皆误其出游之年，即其一例。（见梁任公《中国历史研究法》第五章。）后人所撰，虽出捃摭；然其精密，有时转非并时人所逮，如近世考证之家，所撰昔人年谱是也。特此等书功力仅在网罗考证，其事迹终不能出于前人所留诒者之外耳。

史钞一体，看似抄撮成书，然在今日，则其为用甚大。何者？苟欲钩玄提要，取精弃粗，其于昔人之书，势必不能无所去取；然去取前人之书，一入自己口气，为之改作，原书之面目即不可得见，两书之同异信否，又生校勘考据之劳矣。惟用史钞体者，可免此弊。今日史学趋向与昔不同，别编新史之事，势必日出无已，若能推广此体而善用之，实可为读史者省却无限精力也。又史钞本有一种专为节省后人考据之力起见者，如《新旧唐书合钞》是也。

偏隅之国，正史不能甚详；载记一门，足补其阙。非徒为割据者详其行事，于考究各地方之进化，亦深有裨焉；以偏方之地，往往为割据者所资也。

时令本不当隶史部，旧时书目，无类可归，乃强隶焉，实最无理可笑者也。或谓气候与人生关系甚大，雨旸寒燠，于政治、生计、文化，咸有影响，隶之史部，未为不可；然则何事于人生无关涉，复何书不可隶史部乎？故谓读史者当参考时令之书则可；谓时令之书当入史部，实不可也。以旧时分类论，毋宁入之子部天文家，为较当矣。

地理亦专门之学；然往时地理，多为史学附庸，十之八九，皆读史地理而已。总志、都会、郡县、河渠、边防、山川，读史者皆当明其大概。然昔时之书，足供此用者颇少，大抵专门考据之士，然后能取资焉。古迹、杂记、游记等，披沙拣金，往往见宝，尤非初学之士所能使用。今者将普通地理，与读史地理划开，而将读史地理，撰成一简明切要、提纲挈领之书，以备初治史学者通知大要；而其余则留待专门家之取携，实相需甚殷者也。（昔时初学多读《读史方舆纪要》，然此书在今日亦不甚适用。）外国之事，往史亦多不详，史部地理中"外纪"一门，不徒记外国之地理、风俗、物产；即彼中史事及其与华夏之交涉，亦多存焉，实治外交史及外国史者，所当奉为瑰宝也。

职官一门，昉自《周礼》，《唐六典》《明清会典》，悉沿其流。国家行政，必借机关，详各官之职司，实足挈政治之纲领。官箴一门，详在官之法戒，可考行政实在情形，亦足见民生利弊，尤习政治者所当究心也。

一代典章，于国政民生，所关极巨。正史表志所载，仅其匡略耳。若求详备，则政书尚焉。此中门类甚多，各视其所欲治者而究心焉可也。此为今后撰专门之史者所必资；然即为考证普通史籍计，取材亦不少矣。

目录中之经籍，赅括群书，实不仅为史学示其纲领；通观昔贤著述，最足见学术进步情形。我国今日，学术史尚乏善本；书目之佳者，实亦兼具学术史之用也。

金石一门，自宋以后，日蒸月盛，据其遗文，往往足以补正史籍；摩挲其物，又足以考见古代制作。今后考据之学日精，金石之出土者，必将更为人所贵；其所贵之物，且将不限于金石，可豫决也。然此类物既足资稻粱之谋，又足快好事之意，故伪品亦日出不穷，不可不察。

史评一门，有论史事者，亦有论史裁者。论史裁之书，佳作殊鲜，著名者，惟刘知几之《史通》、章学诚之《文史通义》耳。此事当有达识通才，区区计较于琐细之间，无当也。论史事者，高者借抒己见，或托讽时事，虽不可谓之无识，然史事之实则不然，此不可为论史之正；下者不考事实，妄发议论，则并不免于场屋策论之习矣。无已，其惟考据家之书乎？属辞比事，参互错综，事实既明，则不待多发议论，而其是非得失自见，此则于读史深有裨益者也。

史部之大略如此。此以言乎往日之史学，非谓今后之史学，当以此为范围也。盖治学问必先定其界说，界说异，斯其范围异；范围异，斯其所资者自不同矣，固不容一概论也。

六、史家宗旨今昔异同

史也者，非一成不变之物，而时时在改作之中者也。所谓"改作"者，非徒欲正其误谬、补其阙略而已。盖其所取之材料，实有不同焉。而材料之不同，则因宗旨之不同而生者也。

古人作史之宗旨，不同于今人者，大端有三。

一曰偏重政治。正式之史，本出史官，而史官由国家设立，其易于偏重政治者，势也。人类之作事，恒有其惰性，前人创行焉，则后人率循而不敢越。抑不仅此，古代国小而俗朴，举一国惟在上者之马首是瞻，斯时庙堂之政令，盖诚为举国之枢机；即在后世，法出而奸生，令下而诈起，然政治之力，仍足强制在下者，使之变易其外形，所及广而收效宏，盖无逾于政治则喋喋不休也。然政治之力，虽能改易举国之外形，而其所改易，亦仅及外形而止。况于国大民众，中枢之命令，不能遍及，社会程度日高，一心听令又非古昔之比，虽欲变易其外形，或且不可得乎？试观近代，政治转移社会之力，较机械为何如乎？

一曰偏重英雄。此由古代事权，恒操于一二人之手之故。其实英雄全恃凭借，亦全恃命运；试以身所接搆之人，较其成功者与败绩者，其才力相去，初不甚远可知。又英雄之称，实由庸众所赐；而庸众识力不及，往往以矫诬侥幸之徒为英雄，而真英雄转非所识。试观往史，有众所唾骂，或以为无足重轻，而今声价日增者；亦有众所归美之人，今断觉其一钱不值者。而先知先觉，眼光过于远大，与恒人相去太远者，尤易为世所缪辱。验诸并世，此等情形，尤随在可见，特人莫之察耳。以莫能察者之多，而庸众之程度可见矣；庸众之程度可见，而其所评定之英雄可知矣。即谓英雄之成功，非全侥幸，然必能利用事势，乃能成功，则确不可易。时势造英雄，盈天地间皆是。英雄造时势固非无其事，然皆世所淡漠视之者也。故真能促进社会之过程者，皆非世所谓英雄，而世所谓英雄，则皆随波逐流之徒也。

一曰偏重军事。此由外观之兴亡，每因军事而起。其实国之兴亡，由于战之胜败；而战之胜败，初不在于胜败之时，事至习见，理亦易明。时至今日，本有取人之国而不用兵者；即在浅演之世，胜负专决于兵，亦不过能慑服之，使不我抗而已。真欲同化他族，使之泯然无迹，亦必别有设施，我族同化异族之事，即其佳证也。

偏重政治，偏重英雄，偏重军事，三者弊亦相因。以政治、军事，古多合而为一；而握有此权者，苟遭际时会，恒易有所成就，而为世人目为英雄也。此盖往史最大之弊。自此以外，犹有五焉。

一曰用以奖励道德。其义又有二，一以维持社会之正义，如往史之讲褒贬、重激扬是；一资为立身之模范，如以善人为法、恶人为戒是也。

一曰用以激励爱国、爱种族。今日之史，犹未能合全世界为一。乙部大宗，大抵一国家、一民族之史也。即一国种族甚多者，亦仍以一族为主，如中国之史，以汉族为主是也。同族同国之人，其相亲爱，本已异于异族异国，况于今日种族之界限尚未能破，一民族为他族所征服，往往为之奴隶牛马，不能不思所以自保；而欲图自保，又不能无国家为利器乎？况于古代褊狭之见，又有留诒至今未能澌除者？爱国爱族，诚未尝不可提倡；然蔽于偏见，致失史事之真，则缪矣。中西交接之初，史家此等谬误，盖未易枚举，今日读之，未见不哑然失笑者也。若乃明知非史事之真，而故为矫诬，以愚民而惑世，如日本人之所为者，则尤不足道矣。

　　一曰借以传播神教。教徒所作之史恒有之。试读《蒙古源流考》，观其妄援吐蕃，以为有元帝室之祖；又试读梁任公《佛教初输入》一篇，则见白马驮经之说，本道教徒之谰言，而其后辗转附会，转用以诋毁道教，即可知此等史迹，无一可信。然至今日，此等事仍不能免。往者梁任公撰《克伦威尔传》，称扬其革命之功，基督旧教所出之汇报，乃务反之。又今日奉佛之人，喜援佛经之寓言，侈陈佛之灵迹；信孔教者，亦喜引谶纬怪说，以见孔子之殊异于人。此皆予所亲见者也，其智与撰《蒙古源流考》、造白马驮经之说者何异？此等事，在今世，诚不甚多，有之亦不足惑众；然在往昔，则惑世诬民甚深。并有更无正史，欲考行事，惟有求之教中经典者矣。中国信教，不如外国之深。教徒奸乱历史亦不如外国之甚；然其崇古，亦略带迷信性质。如刘知几《疑古》《惑经》两篇，往昔论者，多诋为非圣无法是也。

　　一曰偏重生计。此弊旧日无之，只病视之过轻耳；今之过信唯物史观者，则颇有此弊。史事因果至为繁复，诚有如释家所谓"帝网重重"者，偏举一端，纵极重要，必非真相。况于戴蓝眼镜者，则所见物无一非蓝；戴黄眼镜者，则所见物无一非黄。意有偏主，读一切书，观一切事，皆若足为吾说之证，实则未足深信乎？孔子之讲大同，老子之慕郅治，所慨想者，实皆隆古部落共产之世。今日社会学者所慨慕，夫岂古人所不知，然终不谓生计制度一变，天下遂可臻于大同郅治；以社会之事，经纬万端，故非偏举一端，所可概也。

　　一曰偏重文学。史之源出于传述，传述之语，必求新奇可喜，感慨动人，而事之真髓因之而隐。《荷马史诗》，本类唱本者，无论矣；即学者所传，亦多不免此弊。《管子》述桓公之威，北慑离枝，西臣大夏。夫离枝即后世之鲜卑，大夏极近，亦当在今山西境。齐桓盟会，晋献讫未尝与，献公死而国乱，齐桓亦未能正，安能暴师徒以征并北之远夷？《左氏》谓山戎病燕，不过在今北平境；《公羊》谓其旗获而过鲁，则并在今山东境矣，安能远及长城之外乎？此由口耳相传，兹不谛。先秦两汉，多有此病；魏晋而降，务华饰而失真；赵宋以还，好学古而不切；近世文字，虽稍平实，然好讲史法，务求简洁雅驯，失实处仍不少也。

以上所举，皆史家之弊。至于近世，又有教育之家，因儿童不能了解，曲说史事，致失真相者。学究固非史家，生徒亦难言史学；然其人数甚多，影响颇巨，则亦不可不慎也。（今日粗识之无之辈，以及耳食之徒，论三国事，无不误以《演义》为史实者，可知通俗教育，影响之大。）

偏重之弊，厥有三端：一曰不重之事，易于漏略。二曰所重之事，易于扩大；（无论有意无意。）三曰原因结果，易于误认，而史事之真相失矣。史籍无论如何详博，断不能举天下事一一记载，终不能无所去取。去取必凭史家之意，意向稍歧，而史籍之误滋多矣。此古人所以有"尽信书不如无书"之叹也。

今日史家，异于往昔者，有一语焉，曰：求情状，非求事实。何谓"求情状非求事实"？曰：梅定九氏言之矣。梅氏之言曰：历之最难知者有二，其一里差，其一岁差。是二差者，有微有著，非积差而至于著，虽圣人不能知，而非其距之甚远，则所差甚微，非目力可至，不能入算。故古未有知岁差者，自晋虞喜，宋何承天、祖冲之，隋刘焯，唐一行，始觉之。或以百年差一度，或以五十年，或以七十五年，或以八十三年，未有定说。元郭守敬，定为六十六年有八月；回回、泰西，差法略似。而守敬又有上考下求，增减岁余天周之法，则古之差迟，而今之差速，是谓岁差之差，可谓精到。若夫日月星辰之行度不变，而人所居有东西南北，正视、侧视之殊，则所见各异，谓之里差，亦曰视差。自汉至晋，未有知之者，北齐张子信，始测交道有表里，此方不见食者，人在月外，必反见食。《宣明历》本之，为气刻时三差，而《大衍历》有九服测食定晷漏法，元人四海测验七十二所。而近世欧逻巴，航海数万里，以身所经山海之程，测北极为南北差，测日食为东西差，里差之说，至是而确。是盖合数十年之积测，以定岁差；合数万里之实验，以定里差。距数愈远，差积愈多，而晓然易辨。且其为法，既推之数千年、数万里而准，则施之近用，可以无惑。历至近日，屡变益精，以此。

夫史学之进步，亦若是则已矣。今日之政治，非夫古代之政治也；今日之风俗，亦非复古代之风俗也，以政治、风俗之不同也。生于其间者，其所作为，与其所成就，自亦不能无异。然政治、风俗之不同，非旦夕可见者也。烝民之生虽久，而其有史则迟，大化之迁流，岂不知往事者所能睹，则戚继光以为国家社会之为物，亘古如兹。犹前剧后剧，舞台初未尝更，特搬演于其上之人物，有不同而已。庸有当乎？试举两事为证。

韩信之破陈余也，日驱市人而战之；而戚继光之御众，则纪律极严，其兵至能植立大雨中而不动，读《练兵实纪》一书，犹可想见其规制之密、训练之勤焉。彼能驱市人而战之乎？使驱市人以战，而亦可获胜，继光何为纷纷然，何继光之不惮烦？然则继光之才，不逮韩信邪？非也。信距战国之世近，其民固人人能战，故劫之以势，则皆胜兵。若未习战之白徒，则务固其势，以壮其胆，犹且虑其奔北；若蹙之必死之地，彼非哗溃，则相挤入水耳。不观汉高彭城、苻坚淝水之败乎？古人所处之时不同，为尚论所不容遗，犹天文之有岁差也。

昔人之论佛也，曰："其微言不能出吾书，其诞者吾不信也。"此语最中肯綮。彼教怪诞之言，论者本有两说：一以为皆实语，一则以为寓言。神教非吾侪所知，以哲理论，则后说为当矣。然则佛固诞谩，不如孔子之真实邪？须知佛所处者为印度，孔子所处者为中国，佛之说，亦印度旧说，非其所自创；犹"子所雅言，诗书执礼"，亦虞夏商周之旧物，非其所自为也。以印度旧说之诞诋佛，亦将以诗书礼乐之违失罪孔子乎？此与訾孔子不通梵文、佛不以华言著书何异？古人所处之地不同，为尚论所不可遗，犹天文之有里差也。

此等理，原非古人所不知，然于异时地之情形，知之不悉，及其论事，终不免以异时异地之事，即在此时此地境界之中；犹评外国戏剧者，设想其即在中国舞台之上，其言必无一得当矣。职是故，今日史家之先务，遂与昔时大异，彼其重情状，不重事实，非吐弃事实也；其所求者，皆足以考证一时一地社会情形之事实云尔。社会之情形既明，而一切事实，皆不烦言而解矣。求明社会情形之事实如何？曰：有二。

一曰重恒人。谚曰："三军易得，一将难求"，斯固然；然不知兵之勇怯，亦安知将之良否？读前所论韩信、戚继光之事可见矣。故英雄犹匠人，其所凭借之社会犹土木，匠人固不能成室，而匠人技艺之优劣，亦视其运用土木如何耳。成一时一地之情形者，恒人之饮食男女、日用行习也。英雄犹浮屠之顶，为众所著见，不待考而明；恒人犹全浮屠之砖石，易见忽略，故非详加考察不可也。

一曰重恒事。恒事者，日常琐屑之事也，亦易见忽略，然实为大事之基。鲜卑者，东胡之裔。东胡盖古之山戎也，方其未强盛时，齐桓伐之而捷，秦开却之而克，至匈奴冒顿攻之，遂奔北逃窜，一若绝无能为者。然至檀石槐、轲比能，遂方制万里，使边郡之士夫，为之旰食。何哉？蔡邕之言曰：关塞不严，禁网多漏，精金良铁，皆为贼有。汉人逋逃，为之谋主，兵马利疾，过于匈奴。证以金室初兴，厚值以市商人所携之兵甲；满清猾夏，实起抚顺之互市，而鲜卑盛强之原因，可想见矣。宁城下通胡市，后书之记此，固以见汉抚驭之略，非以著鲜卑强盛之由，而吾侪连类钩考，乃能别有所得。知风化乃知山崩，地表之变动，海岸线之升降，固不让火山之暴发，洪泽湖之陷落。不知平时，固无由知革命也。

学问之道，求公例，非求例外。昔人不知各时各地之不同，则无论何事，皆有其不可解之处，而史事悉成例外矣。知之，则事实之形状不同，而其原理则一；汇万殊归一本，而公例斯主。此固凡学问之所同，不独史也。

七、史　材

今日史家之宗旨，既已不同于往时，即往时史家之撰述，不能尽合于今日。由史学家言之，往史之在今日，特皆史料而已。善用史料，以成合于今日之用之史，固史家所有事也。然则所谓"史料"者，初不限于史书，其理亦不难知矣。

史料可大判为二：一属于记载者，一属于非记载者。属于记载者又分为五：

（一）史籍，即前人有意记载，以诒后人者也。其识大识小，固因其才识、境遇而不同，而其为日用则一。今者瀛海交通，古物日出，此种材料，亦日增多。如研究元史，可取资于欧洲、西亚之书；旁证旧闻，或得之于敦煌石室之籍是也。此种搜采，愈博愈妙，故秘籍之表章，佚书之搜辑，实史家之要务也。

（二）史以外之记载，谓虽亦有意记载，以诒后人，然非以之为史者，大之如官府之档案，小之如私家之日记、帐簿皆是。此等物，吾侪得之，固亦与昔人有意所作之史无异；然据理言之，实不容不分为二。吾谓古代史官所记，严密论之，惟左右史之所书可称为史，以此。

（三）纪功之物，如金石刻是。此等物，或仅图夸耀一时，非欲传之永久；即其传诸永久者，意亦仅主于夸耀；并有仅欲传之子孙者，如卫孔悝之鼎铭。然后人于此，却可得无数事实，其辞虽多夸耀，究属当时人亲身之记述；去其夸辞，即得其真相矣，其为用甚大。

（四）史以外之书籍，谓非有意作史，并非有意记载，以诒后人者也，如经、子、文集皆是。人与社会不能相离，故苟涉笔，虽无意于记载，社会之情形，必寓于其中。且社会之情形极繁，人能加意记述，以诒后人者，实至有限。故有许多过去之情形，在往史中不可得，转于非史书中得之者；讲古史必取材于经、子，考后世之事亦不能摈文集，以此也。不独正言庄论，即寓言亦可用，如读《庄子》之《逍遥游》，而知其时之人，理想中之小物为鲲（鱼子），大物为鹏；读《水浒传》，而知宋、元间社会情形；读《儒林外史》，而知明、清间社会情形是也。

（五）传述。传述与记载原系一事，特其所用之具不同而已。“秦人不死，验苻生之厚诬；蜀老犹存，知葛亮之多枉。”传述之足以订正史籍者何限？抑始终十口相传，未曾笔之于书者，野蛮部落中固多；即号称文明之国，亦不少也。口相传述之语，易于悠谬而失真，第一章已言之，此诚非考订不可用；然事实固存于其间，抑考其增饰之由，观其转变之迹，而可知传述之性质，此亦一史实也。

属于非记载者，其类有四：

（一）人体。此可以考古今人种之异同。因古今人种之不同，而其迁徙之由，以及文化不同之故，均可考索矣。吾国古有长狄，三《传》记载，一似确有其事，而其长则又为情理所无。（即谓有此长人，吾国古代，似亦不应有之；以果有此特异之人，三《传》而外，不应一无记载也。）予尝撰《长狄考》，考定其长，不过与今欧人等，自谓颇确；然考据终只是考据，不能径以为事实。《左氏》于见杀之长狄，一一记其埋骨之处，似亦虑后人之疑惑而然。万一能案其地址，掘得其遗骸，则于人种学、于史学，皆发明匪细矣。此事诚类梦想；然吾国历代，种族之移徙及混合极多，若能多得古人遗骸，定其时代，考其骨骼，实足考种族迁移之迹，及其混合之渐也。

（二）古物。有尚存于目前者，如云冈石佛，无疑为南北朝之遗；有埋藏地下而复发见者，如郑县所得古鼎等，万人贞观，不容作伪，且其物巨大，亦不容作伪，此实三代彝器，复见于今者也。吾国地大物博，考古之学，虽不可云盛，然国民保守之性甚笃；又偏僻之区，数百千年，未经兵燹者，亦自不乏，古代遗物，实随在而有，在能搜集、鉴别之耳。且不必僻远之区，吾乡有吴某者，明亡时，其祖遗衣冠一袭，亦慎藏之，以待汉族之光复；辛亥之岁，吴氏年六十余矣，无子，尝衣之，一游于市，深幸及其身，得见光复之成也。其衣，亦三百年前物，较之今日裁制，出于想象模拟者，迥不侔矣。惜当时戎马仓皇，人无固志，未能访得其人，请其将此衣捐赠公家，留为永久之纪念耳。然以吾国之大，此等古物，正自不乏，大则宫室桥梁，小则衣服械器，不待发掘而可得者，正不知凡几也。

（三）图画及模型。中国人仿造古器，以供研究者绝鲜，惟贩卖骨董之人，恒借是等伪器，为稻粱谋耳。以此淆乱耳目，其罪诚可诛；然古器形制，借此而存，其功亦不可没。如汉代之五铢，唐代之开元钱，今日犹得见其形制，不徒索诸谱录中，即其一例也。此等仿造之品又不可得，则得图画而观之，亦觉慰情胜无，如昔人所传之《三礼图》《宣和博古图》是也。又古物形制，有本国已亡，而转存于他国者，如寝衣之在日本是。

（四）政俗。二者本一物，特法律认之，又或加以修正，成为典章，则谓之"政"；而不然者，则谓之"俗"耳。政俗最可考见社会情形。如宜兴某乡，有丧，其家若干日不举火，邻人饮食之，客有往吊者，亦由邻家款以食宿。此必甚古之俗，当考其何自来，并当考其何以能保存至今也。政原于俗，俗之成，必有其故，一推迹之，而往昔社会之情形，瞭然在目矣。政俗之距今远者，往往遗迹无存，然他族进化较晚者，实足以资借镜：如观于蒙古，而可追想我族游牧之世之情形；观于西南之苗、瑶，而可追想我国古代山谷中之部落是也。

以上四者，皆非记载之物。然一切记载，自其又一方面观之，亦为古物之一，如宋、元书，观其版本，而考其时之纸、墨、刻工是也；又一实物亦有多方面，如观古之兵器，兼可知其时冶铸之术是也。此皆学者所宜留意也。

八、论搜辑

驾驭史料之法，如之何？曰不外二途：一曰正讹，一曰补佚。二者事亦相关，何则？谬说流传，则真相隐没。苟将谬误之说，考证明白，即不啻发见一新史实；而真相既出，旧时之谬说自亦不辩而明也。今请先言补佚之法。

补佚之法，是曰搜辑。旧日史家非不事搜辑也，然其所谓搜辑者，大抵昔人已认为史料之物，有所缺脱而我为之补苴而已。今也不然，两间事物有记载之价值，而为昔人所未及者，一一当为之搜其缺而补其遗；而昔人已认为史料之物，其当力求完备，更不俟论也。

史事之当搜辑，永无止息之期，是何也？曰：凡著书皆以供当时人之观览，当时之情形，自为其时之人所共晓，无待更加说述；故其所记者，大抵特异之事而已，所谓"常事不书"也。然大化之迁流，转瞬而即非其故，前一时代之情形，恒为后一时代之人所不悉；不知其情形，即知其时之事实亦无所用之，况其事亦必不能解乎？此则史事之须搜辑所以无穷期也。

搜辑之种类有二：（一）本不以为史料者。如郑樵作《通志》，其《二十略》虽略本前代史志；然其《氏族》《七音》《都邑》《草木》《昆虫》五略，实为前史所无，即其例也。今日欲作新史，此等材料何限，皆不可不加以搜辑矣。（二）则向亦以为史料，而不知其有某种关系者。如茹毛饮血，昔人但以为述野蛮之状况，而不知茹毛为疏食之源，疏食为谷食之源，于饮食之进化关系殊大也。前代事实果其无复留诒，今日岂能凭空创造？虽曰可重行发现，然其事究非易也。史事所以时生新解，多缘同一事实，今昔观点之不同耳。又有范围、解释皆同前人，特因前人搜辑有所未备，而吾为之弥缝补苴者。此则旧时所谓补佚，十八九皆属此类，虽无独创之功，亦有匡矫之益也。

凡事物有既经记载、保存而又亡佚者，亦有未经记载、保存而即亡佚者。已经记载、保存而又亡佚者，又可分为二：（一）出无意，向来亡佚之书籍多此类也；（二）出有意，或毁真者使不存，或造伪者以乱真，如向来焚毁禁书及造伪书者皆是也。其未经记载、保存而遗失者，则不可胜举矣，凡今日欲知其事，而无从知之者，皆是。

然亦有业经亡失，阅时复见者：如已佚之古书忽然复见；又如意大利之庞贝，我国之钜鹿，（宋大观二年湮没，民国八年发现。）久埋土中，忽然复出是也。凡事物皆不能断其不再发现，故所谓阙佚者，亦只就现时言之尔。

　　凡搜集，必只能专于一部，或按事物性质分类，或限以时，或限以地，均无不可。欲辑某种专门史实者，于此种专门学问，必须深通；否则材料当前，正明目而视之不可得而见也。求一时代、一地方之史实者亦然，于其时、其地之语言、文字、风俗、制度、器物等，皆不可以不知。知其物矣，知其事矣，据其事、其物而追思其时之情形，而使之复现于目前，道异时、异地之情况，若别黑白而数米盐焉，此则史家之能事也已。

九、论考证

　　史事之须搜辑，永无已时，既如前章所述矣，其考证则如何？凡史事无不待考证者，何也？曰：史事必资记载，记载必本见闻，见闻殆无不误者；即不误，亦以一时一地为限耳，一也。见闻不能无误，记忆亦然；即谓不误，亦不能无脱落之处。脱落之处，必以意补之，非必出于有意。以意补之，安能无误乎？二也。事经一次传述，必微变其原形，事之大者，其范围必广，相距稍远之处，即不能不出于传闻；传闻之次数愈多，真相之改变愈甚，三也。推斯理也，史事传之愈久者，其变形亦必愈甚矣，四也。凡一大事，皆合许多小事而成，恰如影戏中之断片，为之线索者，则作史者之主观也；主观一误，各事皆失其意义，五也。事为主观所重，则易于放大；所轻，则易于缩小，六也。（每有史事大小相等，因史文之异，而人视之，遂轻重迥殊者。《史通・烦省》曰："蚩尤、黄帝交战阪泉，施于《春秋》，则城濮、鄢陵之事也；有穷篡夏，少康中兴，则王莽、光武之事也；夫差既灭，勾践霸世，施于东晋，则桓玄、宋祖之事也；张仪、马错为秦开蜀，施于三国，则钟会、邓艾之事也。"即此理。）事之可见者，总止其外表；至于内情，苟非当事者自暴其隐，决无彰露之日。然当事者大抵不肯自暴者也，有时自暴，亦必仅一枝一节；即或不然，亦必隐去其一枝一节。夫隐去一枝一节，其事已不可晓，况于仅暴其一枝一节者乎？又况当事者之言，多不足信，或且有伪造以乱真者乎？更谓当事者之言，皆属真实，然人之情感、理智，皆不能无偏，当局尤甚，彼虽欲真实，亦安得而真实乎？一事也，关涉之人亦多矣，安得人人闻其自暴之语乎？七也。情感、理智之偏，无论何人皆不能免，（读《文史通义·史德篇》可知。）然此尚其极微者，固有甘心曲笔，以快其恩仇好恶之私；又有迫于势，欲直言而不得者矣。邻敌相诬之辞，因无识而误采；怪诞不经之语，因好奇而过存，（如王隐、何法盛《晋书》有《鬼神传》，即其一例。见《史通·采撰篇》。）更不必论矣，八也。事之可见，止于外形，则其内情不能不资推测，而推测为事极难，识力不及，用心过深，其失一也；即谓识解无甚高低，而人心不同，各如其面，内情亦安可得乎？九也。异时、异地，情况即不相同；以此时、此地之事，置诸彼时、彼地情形之中，谬误必不能免，前已言之。此等弊，显者易知；其微者无论何人，皆不能免，十也。事固失真，物亦难免，何者？物在宇宙之中，亦自变化不已，古物之存于今者，必非当日之原形也，十一也。有此十一端，而史事之不能得实，无待再计矣。如摄影器然，无论如何逼肖，终非原形；如留声机然，无论如何清晰，终非原声。此固一切学问如此，然史主记载，其受病乃尤深也。欧洲史家有言："史事者，众所同认之故事耳。"岂不信哉！为众所不认者，其说遂至不传，如宋代新党及反对道学者之言论事实是也；此等不传之说，未必遂非。

史实之不实如此，安得不加以考证？考证之法有：（一），所据之物，可信与否，当先加以审察；（二），其物既可信矣，乃进而考其所记载者，虚实如何也。

　　史家所据，书籍为多。辨书籍真伪之法，梁任公《中国历史研究法·史料搜集》一章，所论颇为详备；惟为求初学明了起见，有失之说杀之处耳，当知之。

　　凡书无全伪者。如《孔子家语》，王肃以己意羼入处固伪，其余仍自古书中采辑；又其将己意羼入处，以为孔子之言则伪，以考肃说则真矣。故伪书仍有其用，惟视用之之法如何耳。凡读古书，最宜注意于其传授。读古书者，固宜先知学术流别；然学术流别，亦多因其言而见。清儒辑佚多用此法，如陈乔枞之《三家诗遗说考》，其最显而易见者也。又据文字以决书之真伪，似近主观，然其法实最可恃。此非可执形迹以求，故非于文学有相当程度者，决不足以言此。伪《古文尚书》为辨伪最大公案，然其初起疑窦，即缘文体之异同。此两法虽亦平常，然近人于此，都欠留意，故不惮更言之也。

　　辨实物真伪之法，如能据科学论断，最为确实；否则须注意三端：（一），其物巨大，不易伪造者；（二），发现之时，如章太炎所谓"万人贞观，不容作伪"者；（三），其物自发现至今，流传之迹如何。大抵不重古物之世，发现之物较可信，如宋人初重古物时，其所得之物，较清人所得为可信是也。以此推之，则不重古物之地，所得之物，亦必较通都大邑、商贾云集之地为可信。

　　考证古事之法，举其概要，凡有十端：设身处地，一也。（谓不以异时、异地之事，置之此时、此地之情形中也。如以统一后之眼光，论封建时之事；以私产时之见解，度共产时之人，均最易误。）注意于时间、空间，二也。（如以某事附之某人，而此人此时或未生，或已死，或实不在此地，或必不能为此事，即可知其说之必误。）事之有绝对证据者，须力求之，三也。（绝对证据，谓如天地现象等，必不可变动者。）小事似无关系，然大事实合小事而成，一节模糊，则全体皆误，四也。（有时考明其小节，则大事可不烦言而解。如知宋太祖持以画地图之斧为玉斧，则知以"斧声烛影"之说，疑太宗篡弑之不确是也。）记事者之道德、学识，及其所处之境，与所记之事之关系，皆宜注意，五也。（关系在己者，如将兵之人自作战史；关系在人者，如为知交作传志。）进化、退化之大势，固足为论断之资，然二者皆非循直线，用之须极谨慎，六也。由此推之，则当知一时代中，各地方情形不同，不可一概而论，七也。（如今固为枪炮之世，然偏僻之地，仍用刀剑弓矢为兵者，亦非无之。）以科学定律论事物，固最可信，然科学定律，非遂无误；又科学止研究一端，而社会情形则极错杂，据偏端而抹杀其余，必误矣，八也。事不违理，为一切学术所由建立，然理极深奥，不易确知，时地之相隔既遥，测度尤易致误。故据误理推断之说，非不得已，宜勿用，九也。（据理推断之法，最易致误，然其为用实最广。此法苟全不许用，史事几无从论证矣，此其所以难也。必不得已，则用之须极谨慎。大抵愈近于科学者愈可信，如谓刘圣公本系豪杰，断无立朝群臣、羞愧流汗之理，便较近真；谓周公圣人，其杀管、蔡，必无丝毫私意，便较难信，因其事，一简单、一复杂也。《史通·暗惑》一篇，皆论据理论事之法，可参看。其实此法由来最古，《孟子·万章》《吕览·察传》所用，皆此法也。此法施之古史最难，以其所记事多不确，时代相隔远，又书缺有间，易于附会也。）昔人有为言之，或别有会心之语，不可取以论史，十也。搜采惟恐不多，别择惟恐不少，此二语，固治史者所宜奉为圭臬矣。

十、论论史事之法

前论考证史事之法，夫考证果何所为乎？种谷者意在得食，育蚕者意在得衣，读书稽古，亦冀合众事而观其会通，有以得其公例耳。信如是也，则论定史事之法尚矣。

史事可得而论乎？曰：难言之矣。世界本一也，史事之相关如水流然，前波后波息息相续，谓千万里外之波涛，与现在甫起之微波无涉，不可得也。故曰：欲问一事之原因，则全宇宙皆其原因；欲穷一事之结果，则全宇宙皆其结果。佛说凡事皆因缘会合而成，无自相。夫无自相，则合成此事之因缘，莫非此事，因又有因，缘又有缘，即合全世界为一体矣。所谓循环无端，道通为一也。夫如是，则非遍知宇宙，不能论一事，此岂人之所能？彼自然科学所以能成为科学者，以其现象彼此相同，得其一端，即可推其全体也。而社会现象又不然，史事更何从论起乎？虽然，绝对之真理，本非人所能知；所谓学问，本安立于人知之上。就人知以言史学，则论定史事之法，亦有可得而言者焉。

凡论史事，最宜注意于因果关系。真因果非人所能知，前既言之矣，又曰：注意于其因果关系者，何也？曰：天非管窥所能知也，然时时而窥之，终愈于不窥；海非蠡测所能知也，然处处而测之，终愈于不测。人类之学问，则亦如是而已。真欲明一事之因果，必合全宇宙而遍知，此诚非人之所能；就其所能而力求其所知之博、所论之确，则治学术者所当留意也。

凡事皆因缘会合而成，故决无无原因者，而其原因为人所不知者甚多。于是一事之来，每出于意计之外，无以名之，则名之曰突变；而不知突变实非特变，人自不知其由来耳。一事也求其原因，或则在数千万年以前，或则在数千万里之外，人之遇此者，则又不胜其骇异，乃譬诸水之伏流。夫知史事如水之伏流，则知其作用实未尝中断。而凡一切事，皆可为他事之原因，现在不见其影响者，特其作用尚未显，而其势力断无消失之理，则可豫决矣。伏生之论旋机，曰"其机甚微，而所动者大"。一事在各方面，皆可显出结果，恒人视之，以为新奇。若真知自然，则其结果，真如月晕而风、础润而雨，可以操左

券而致也；而事在此而效在彼者，视此矣。（造金术本欲造黄金
也，乃因此发明化学；蒸汽机之始，特以省人工、便制造耳，乃使社
会组织为之大变，皆使读史者，不胜惊异。然若深求其因果，则有第
一步，自有第二步；有第二步，自有第三步。如拾级而登，步步着
实，了无可异；人之所惊异之者，乃由只见其两端，而忽略其中间
耳。）凡此，皆可见人于因果关系，所知不多，故其识见甚粗、
措施多误也。心理学家谓人之行为，下意识实左右之。其实社
会亦如是，一切社会现象，其原因隐蔽难知者，殆十之八九；
而有何因，必有何果，又断非卤莽灭裂者，所能强使之转移。
此社会改革之所以难，而因改革而转以召祸者之所以多也。史
学之研求，则亦求稍救其失于万分之一而已。

　　因果之难知，浅言之，则由于记载之阙误。一物也，掩其
两端，而惟露其中间，不可识也；掩其中间，而惟露其两端者
亦然。天吴紫凤慎倒焉而不可知，鹤足凫胫互易焉而不可解，
史事因果之难知，正此类矣。然浅言之，记载当尸其咎；深言
之，则考论者亦不能无责焉。何者？世无纯客观之记载，集藟
桷而成栋宇，必已烦大臣〔匠〕之经营也。故考论诚得其方，
不特前人之记载，不至为我所误用，而彼之阙误，且可由我而
订正焉。其道维何？亦曰审于因果之间，执理与事参求互证而
已矣。

　　凡论事，贵能即小以见大。佛说须弥容芥子，芥子还纳须
弥。事之大小不同，其原理则一。其原理则一，故观人之相
处，猜嫌难泯，而军阀之互相嫉忌，不能以杯酒释其疑可知
矣；观人之情恒欲多，至于操干戈而行阴贼而不恤，而资本主
义之国恃其多财，以侵略人者，断非可缓颊说论，以易其意，
审矣。诸如此类，难可枚举。要之，小事可以亲验，大事虽只
能推知，故此法甚要也。

　　自然现象易明，而社会现象则不然者，以彼其现象，实极

简单，而此则甚复杂也。职是故，史事决无相同者，以为相同，皆察之未精耳，然亦无截然不同者。故论史事，最宜比较其同异，观其同中有异、异中有同，则不待用心而自有悟入处矣。（凡论史最忌空言，即两事而观其异同，就一事而求其因事义理，皆自然可见，正不待穿凿求之也。）

凡事皆因缘会合而成，则无自性。无自性，则所谓环境者，仅假定之，以便言说思虑，实则与此事一体也。然则论一事，而不知环境，实即不知此事矣。故论史事，搜考宜极博。又凡一事也，设想其易一环境当如何，亦最足明其事之真相也。（设想使人育于猿当如何，便可知人之知识，何者得诸先天，何者得诸后天。又试设想，使中国人移居欧洲、欧洲人移居中国，当如何，便可知人与地理之关系。）

史事论次之难如此，则知是非得失，未易断言而不可轻于论定。且如汉武之通西域，当时论者恒以为非，吾侪生二千年后，或徒歆其拓地之广，不能了解其说。然试一考当时之史实，则汉武之通西域，本云以断匈奴右臂；然其后征服匈奴，何曾得西域毫厘之力，徒如《汉书》所云汉"忧劳无宁岁"耳。当时人之非之，固无足矣。然试更观唐代回鹘败逋，西域至今为梗，则知汉代之通西域，当时虽未收夹击匈奴之效，然因此而西域之守御甚严，匈奴溃败之后，未能走入天山南北路，其为祸为福，正未易断言也。梁任公《中国历史研究法》"史迹之论次"一章，论汉攻匈奴，与欧洲大局有关，其波澜可谓极壮阔；其实何止如此，今日欧洲与中国之交涉，方兴未艾，其原因未必不与匈奴之侵入欧有关，则虽谓汉攻匈奴，迄今日而中国还自受其影响可也。史事之论断，又何可易言乎？塞翁失马，转瞬而祸福变易，阅世愈深而愈觉此言之罕譬而喻矣。

史事果进化者乎？抑循环者乎？此极难言者也。中国之哲学，思想上主于循环，欧洲则主于进化。（盖一取法于四时，一取法于生物。两者孰为真理，不可知。主进化论，宇宙亦可谓之进化，今之春秋，非古之春秋也。主循环说，进化亦可谓系循环中之一节，如旧小说谓十二万年，浑混一次，开辟一次，后十二万年中之事与前十二万年同是也。十二万年在今之主进化论者视之，诚若旦暮然。即十二万年而十百千万之，又孰能断言其非循环乎？人寿至短，而大化悠久无疆，此等皆只可置诸不论不议之列耳。）以研究学术论，则进化之说较为适宜。何者？即使宇宙真系循环，其循环一次，为时亦极悠久，已大足以供研究；人类之研究，亦仅能至此，且恐并此而亦终不能明也，又何暇骛（通"骛"）心六合之表乎？

进化之方面，自今日言之，大略有三：一曰事权自少数人，渐移于多数。此自有史以来，其势即如是，特昔人不能觉耳。一君专制之政，所以终于倾覆，旧时之道德伦理，所以终难维持，其真原因实在于此。自今以后，事权或将自小多数更移于大多数，寖至移于全体，以至社会组织全改旧观，未可知也。二曰交通之范围日扩，其密接愈甚，终至合全世界而为一。此观于中国昔者之一统而可知。今后全世界亦必有道一风同之一日，虽其期尚远，其所由之路，亦不必与昔同，其必自分而趋合，则可断言也。三曰程度高之人，将日为众所认识，而真理将日明。凡读史者，恒觉古人之论人宽，而后世则严。宋儒则诛心之论、纯王之说，几于天下无完人、三代而下无善治，久为论者所讥弹。然试一察讥弹者之议论，其苛酷殆有甚于宋儒，且不待学士大夫，即闾阎市井之民，其论人论事，亦多不留余地。此有心人所为慨叹风俗之日漓也，其实亦不尽然；此亦可云古人之论事粗，后人之论事精。天下人皆但观表面，真是非、功罪何时可明？有小慧者何惮而不作伪以欺人？若全社会之知识程度皆高，即作伪者无所雠其欺，而先知先觉之士，向为社会所迫逐、所诛夷者，皆将转居率将之位，而社会实受其福矣。凡此三者，皆社会进化之大端，自有史以来，即已阴行乎其间。昔时之人，均未见及，而今日读史之士，所当常目在之者也。

十一、史学演进趋势

史学演进，可分四期：（一）觉现象有特异者，则从而记之，史之缘起则然也。（二）人智愈进，则现象之足资研究者愈多，所欲记载者乃愈广。太史公欲网罗天下放失旧闻，其机即已如此；至于后世，而其范围亦愈式廓矣。（凡事皆有其惰力，后世史家，尽有沿袭前人、不求真者，章实斋所讥，同于科举之程式、官府之簿书者也。然以大体言之，所搜求之范围，总较前人为广，即门类不增，其所搜辑，亦较前人为详。《通志・总序》曰："臣今总天下之学术，条其纲目，名之曰略，凡二十略，百代之宪章，学者之能事，尽于此矣。"即此思想之代表也。）（三）然生有涯而知无涯，举凡足资研究之现象，悉罗而致之，卒非人之才力所堪也，于是苦史籍之繁，而欲为之提要钩玄者出焉。郑樵即已有此思想，至章学诚而其说大昌。樵谓凡著书者，虽采前人之书，必成一家之言。学诚分比次与独断为二类，记注与著述为二事，谓比次之书，仅供独断之取裁、考索之案据。"事万变而不穷，史文当屈曲而适如其事"；"纤悉委备，有司具有成书，吾特举其重且大者，笔而著之"，即此等思想之代表也。然史籍之委积，既苦其研之不可胜研矣；更欲以一人之力，提其要而钩其玄，云胡可得？目不两视而明，耳不两听而聪，涉之博者必不精，将见所弃取者，无一不失当耳。（四）故至近世，而史学之趋向又变。史学趋向之更新，盖受科学之赐。人智愈进，则觉现象之足资研究者愈多；而所入愈深，则其所能研究者亦愈少。学问之分科，盖出于事势之自然，原不自近世始；然分析之密，研究之精，实至近世而盛，分科研究之理，亦至近世而益明也。学问至今日，不但非分科研究不能精，其所取资，并非专门研究者不能解。于是史学亦随他种学问之进步，而分析为若干门，以成各种专门史焉。然欲洞明社会之所以然，又非偏据一端者所能，则又不得不合专门史而为普通史，分之而致其精，合之以观其通，此则今日史学之趋向也。

恒人之见，每以过而不留者为事，常存可验者为物。研究事理者为社会科学，研究物理者为自然科学，此亦恒人之见耳。宇宙惟一，原不可分，学问之分科，不过图研究之利便。既画宇宙现象之一部，定为一科而研究之，则凡此类现象，不论其为一去无迹、稍纵即逝，与暂存而不觉其变动者，皆当有事焉。此各种科学，所以无不有其历史，亦即历史之所以不容不分科也。然则史不将为他种科学分割以尽乎？是又不然，宇宙本一，画现象之一部而研究之，固各有其理；合若干科而统观之，又自有其理。此庄子所谓"丘里之言"，初非如三加三为六，六五所余于两三之外也。故普通史之于专门史，犹哲学之于科学。发明一种原理，科学之所有事也；合诸种原理而发明一概括之原理，哲学之所有事也。就社会一种现象，而阐明其所以然，专门史所有事也；合各种现象，而阐明全社会之所以然，普通史之所有事也。各种学问，无不相资，亦无不各有其理，交错纷纭，虽非独存，亦不相碍，所谓帝网重重也。且专门家于他事多疏，其阙误，恒不能不待观其会通者之补正，史学又安得为他科学所分割乎？有相得而益彰耳。然则将一切史籍，悉行看作材料，本现今科学之理研究之，以成各种专门史，更合之而成一普通史，则今日史学之趋向也。

史学能否成为科学，此为最大疑问。史学与自然科学之异有四：自然现象，异时而皆同，故可谓业已完具；史事则不然，世界苟无末日，无论何事，皆可谓尚未告终，一也。自然现象，异地而皆同，故欧洲人发明之化学、物理学，推之亚、非、澳、美而皆准；史事则不然，所谓同，皆察之不精耳，苟精察之，未有两事真相同者也。然则史事之当研究者无限，吾侪今日所知史事诚极少，然史事即可遍知，亦断无此精力尽知之也，二也。自然现象既异时异地而皆同，则已往之现象，不难推知，而材料无虞其散佚；史事则又不然，假使地球之有人类为五十万年，则所知弥少矣，而其材料，较诸自然科学所得，其确实与否，又不可以道里计也，三也。自然科学所研究之物，皆无生命，故因果易知；史事则正相反，经验不足恃，求精确必于实验，此治科学者之公言，然实验则断不能施诸史事者也，四也。由此言之，欲史学成为科学，殆不可得。然此皆一切社会科学所共，非史学所独也。社会现象所以异于自然现象者，曰：有生命则有自由，然其自由决非无限。况自然现象之单简，亦在实验中则然耳。就自然界而观之，亦何尝不复杂？社会现象，割截一部而研究之，固不如自然科学之易，而亦非遂无可为。若论所知之少，社会科学诚不容讳，自然科学亦何尝不然？即如地质学，其所得之材料亦何尝不破碎邪？故社会科学与自然科学之精确不精确，乃程度之差，非性质之异，史学亦社会科学之一，固不能谓其非科学也。

中国史籍读法

弁　言

　　此稿乃予在华东师范大学讲学时，拟于一九五四年春夏间，为历史系毕业班学生作若干次讲演者。开学未几，予即患病，在家休息。所拟讲演之语，病闲后曾写出崖略，仅就涉想所及，既未能精密构思，亦未能详细参考，所说极为浅近，似无一顾之价值。但为初学计，作者虽诒浅陋之讥，读者或有亲切之感，所以未遽弃掷。其中仍有一部分，似乎颇涉专门者，则因旧籍性质如是，不知其性质，无从说起读法也。研究历史之事，不限于读书；读书不限于读中国书；读中国书，亦不限于旧日之史籍；所以此稿所述，不过治史学者一小部分人所有事而已。然治学固贵专精；规模亦须恢廓。目能见六合之大，再回过来治一部分的事情，则其所从事者不至于无意义；而其所取之途径，亦不至误其方向，如俗所谓钻牛角尖者。然则此稿所言，虽仅一部分人所有事，而凡治史学者，似亦不妨一览，以恢廓其眼界了。此亦所言虽极浅近，而未遽弃掷之微意也。

　　　　　　　　　　一九五四年六月，吕思勉自记。

一、史学之用安在

史学究竟有用没有用？这个问题提出来，听者将哑然失笑。既然一种学问，成立了几千年，至今还有人研究，哪得会无用？问题就在这里了。既然说有用，其用安在？科举时代的八股文，明明毫无用处；然在昔日，锢蔽之士，亦有以为有用的。（他们说：八股文亦有能发挥义理的。这诚然，然义理并不要八股文才能加以发挥，创造八股文体，总是无谓的。这并不但八股；科举所试文字，论、策外实皆无用，而论、策则有名无实，学作应举文字的人，精力遂全然浪费，而科举亦不足以抢才了。然人才亦时出于其中，右科举者恒以是为解。正之者曰：若以探筹取士，人才亦必有出于其中的；此乃人才之得科举，而非科举之得人才，其说最通。所以一种无用之物，若以他力强行维持，亦必有能加以利用者，然决不能因此遂以其物为有用。）可见一种事物，不能因有人承认其有用，而即以为有用；其所谓有用之处，要说出来在事理上确有可通。然则历史之用安在呢？

提出这个问题来，最易得，而且为多数人所赞同的，怕就是说历史是前车之鉴。何谓前车之鉴？那就是说：古人的行事，如何而得，则我可取以为法；如何而失，则我当引以为戒。这话乍听极有理，而稍深思即知其非。天下岂有相同之事？不同之事，而执相同之法以应之，岂非执成方以治变化万端之病？夫安得而不误！他且勿论，当近代西方国家东侵时，我们所以应付之者，何尝不取鉴于前代驭夷之策，（其中诚然有许多纯任感情、毫无理智的举动和议论，然就大体观之，究以经过考虑者为多。）其结果怎样呢？又如法制等，历朝亦皆取鉴前代，有所损益。当其损益之时，亦自以为存其利而去其弊，其结果又怎样呢？此无他，受措施之社会已变，而措施者初未之知而已。（此由人之眼光，只会向后看，而不会向前看。鉴于前代之弊，出于何处，而立法以防之；而不知其病根实别有在，或则前代之弊，在今代已可无虞，而弊将出于他途。此研究问题，所以当用辩证法也。譬如前代赋役之法不能精详，实由记账之法不能完善。明初鉴于前代，而立黄册与鱼鳞册，其记账之法，可谓细密了；然记账之事，则皆委之地主、富农之流，此辈皆与官吏通同作弊之人，法安得而不坏？此为历代定法总深鉴于前代，而其结果依然不能无弊一个最深切明显之例。其他若深求之，殆无不如此。此理，方正学的《深虑论》，有些见到，但仅作一鸟瞰，粗引其端，未及详细发挥而已。）所以治史学，单记得许多事实，是无用的。早在希罗多德，就说治史之任务有二：（一）在整理记录，寻出真确的事实；（二）当解释记录，寻出那些事实间的理法。［据李大钊在上海大学所讲演的《研究历史的任务》。希罗多德（Herodotos），希腊最早之史学家，生于公元前四八四年，即入春秋后之二百三十五年。］而在中国，亦以为道家之学，出于史官，"历记成败、存亡、祸福"，所以能"秉要执本"了。（《汉书·艺文志》。）然则史学之所求，实为理而非事。"事不违理"，（借用佛家语。）这本无足为奇，然而问题又来了。

学问决没有离开实际的，离开实际的，只是"戏论"。（亦借用佛家语。佛家譬诸"龟毛、兔角"，谓想象中有其物，而实际则无之也。）譬如马克思的学说，观鉴社会的变迁，因以发明其发展之由，推测其前进的方向，而决定因应及促进之法，这自然是最有用的了。然则这种学问，究竟是从读史得到的呢，还是从身所接触的事物得到的呢？这个问题提出，我们知道：马克思虽已长往，果能起诸九泉而问之，其答语，必是说：看了被压迫阶级的苦痛，深知其与社会组织相关，然后求之于史，而知其变迁、发展之由；必非于当代之事茫无所知，但闭户读书，铢积寸累，而得一贯串全史、可以用诸当代的新发明。

二、中国有史学么

说到此，就觉得旧有史学的无用。把史部的书翻开来，自然全部都是记载。为之羽翼的，则从性质上言之，大致可分为三种：（一）注释：因前人书中之名物、训诂，后人不易明瞭而为之说明；（自隋以前，史学并有专门传授；唐初犹然，即由于此。《隋书·经籍志》说：正史"惟《史记》《汉书》，师法相传并有解释。《三国志》及范晔《后汉》虽有音注，既近世之作，并读之可知"，可见其注释专为文义。此为注释之正宗；若裴松之之注《三国志》，广搜佚闻，则实属补充一类矣。名物、训诂，时代相近之作，虽大体易知；然一时代特殊之语，亦有相隔稍远，即不易了解者，官文书及方俗语皆有之，实亦需要解释也。）（二）考证：前人书有误处，为之纠正；（三）补充：任何一部书，不能将应有的材料搜集无遗，于其所未备的，为之补足。如清人所补各史表、志即是。这种著作，往往费掉很大的精力，其成绩亦诚可钦佩，但亦只是希罗多德所谓"寻出真确的事实"而已；寻出其间理法之处实甚少；更不必说如马克思般，能发明社会发展的公例了。然则饱读此等书，亦不过多知道些已往的事实而已，于现在究有何用？无怪近来论者说中国史料虽多，却并不能算有史学了。这话似是，其实亦不尽然。

一切书籍，从其在心理上的根据说来，亦可分为三种，即：（一）根于理智的，是为学术；（二）根于情感的，是为文辞；（三）根于记忆的，是为记载。中国书籍，旧分经、史、子、集四部。经、子虽分为两部，乃由后世特尊儒学而然；其实本系同类之物，此在今日，为众所共喻，无待于言。经、子自然是属于理智的。史部之书，与属于记忆者相当，亦无待言。集部之书，多数人都以为属于文辞，其起源或系如此；但至后来，事实上即大不然。我国学术，秦以前与汉以后，（此以大致言之，勿泥。）有一个大变迁，即古为专门，后世为通学。（此四字本多用于经学，今用为泛指一般学术之辞。即："专门"二字，本指治经而墨守一家之说者，"通学"则兼采诸家；今所用：专门指专守经、子中一家之说，通学则指兼采诸家也。）在古代，研究学问的人少，学问传布的机会亦少，有研究的人，大都只和一种学说接触，所以不期而成为专门；直到东周的末年，始有所谓"杂家"者出现。（此就学术流别言，非指今诸子书。若就今诸子书而论，则因（一）古书编纂错乱；（二）有许多人，又特别为著书之人所喜附会，殆无不可成为杂家者。如《晏子春秋》，兼有儒、墨之说，即因儒、墨二家，并欲依托晏子；管子名高，更为诸家所欲依托，则其书中，儒、道、法、兵、纵横家之言，无所不有矣。其一篇中诸说杂糅者，则编纂之错乱为之：盖古简牍难得，有所闻皆著之一编，传录者亦不加分别，有以致之也。）至后世则不然了，除西汉经生锢蔽的，还或墨守一先生之说外；其大多数，无不成为通学，即无不成为杂家。一人的著述中，各种学说都有，实跨据经、子两部；（此为学术上一大进步，前人泥于尊古之见，以为今不如古，误矣。后世分别子、集，亦自谓以其学专门与否为标准，然其所谓"专门"者，则其书专论一种事物耳，非古所谓专门也。）而同时，这种人又可系热心搜辑旧闻的人，遇有机会，即行记载。又集部的编纂，以人为主，其人自己的行事，亦往往收入其中。（如《诸葛忠武集》等即此类，实无其人执笔自作之文字也。后世之名臣奏议等，尚多如此。文人之集，固多但载其作品；然注家亦多搜考行事，务求详实，与其自己的作品，相辅而行。）如此，则集部之书，又与史部无异。所以前人的文集，譬以今事，实如综合性杂志然，其内容可以无所不有。把书籍分为经、史、子、集四部，只是藏庋上的方便，并非学术上的分类。章实斋的《校雠通义》，全部不过发挥此一语而已。（要作学术上的分类，除编类书莫由，见第五节。）所以我们要治史，所读的书，并不能限于史部。在后世不能不兼考集部，正和治古史不能不兼考经、子相同。向来治史的人，于集部，只取其与史部性质相同，即属于记载的一部分；而不取其对于社会、政治……发表见解，与经、子相同的一部分。那自然翻阅史部之书，只见其罗列事实，而不觉得其有何发明，使人疑中国只有史料，并无史学了。

　　所以如此，亦有其由。前人著述，或其议论为他人所记录，涉及历史的，大致可分为三种。第一种所谓别有会心。即其人之言论，虽涉及古事，然不过因此触发，悟出一种道理，与古事的真相，并不相合。此等言论，虽亦极有价值，然另是一种道理，初不能用以解释或评论史事。（如苏子瞻论荀卿，谓李斯之焚书，原于卿之放言高论，此特鉴于当时党争之愈演愈烈，有所感而云然；事实之真相，并非如此。后来姚姬传作《李斯论》，又说斯之焚书，特以逢迎始皇，使其所遇非始皇，斯之术将不出于此，亦特鉴于当时风气之诡随，立朝者多无直节，"一以委曲变化从世好"而云然；史事之真相，亦并非如此也。此即两先生亦自知之，其意原不在论古，特借以寄慨、托讽而已。若据此以论荀卿、李斯，便成笨伯了。）第二种则综合史事，而发明出一种道理来。（有专就一类事实，加以阐发的；亦有综合多种事实，观其会通的；又有综合某一时代、某一地域的各种事实，以说明该时代、该地域的情形的。其内容千差万别，要必根据事实，有所发明，而后足以语于此。空言阔论，无当也。）这正和希罗多德所谓"寻出事实间之理法"者相当，在史学中实为难能可贵。

　　然第三种专从事实上着眼。即前所云注释、考证、补充三类，力求事实之明了、正确、完备，与希罗多德所谓"寻出真确之事实"相当者，亦未可轻。因第二种之发明，必以此为根据，此实为史学之基础也。此即所谓章句之学。"章句之学"

或"章句之士"四字，习惯用为轻视之辞；然欲循正当之途辙以治学问者，章句之学，又卒不能废，实由于此。["章句"二字，最初系指古书中之符号；其后古书日渐难明，加以注释，亦仍称为章句；注释之范围日广，将考证、补充等一概包括在内，章句之称，仍历时未改。（说出拙撰之《章句论》，曾由商务印书馆印行，后又收入其《国学小丛书》中。）今且勿论此等详细的考据。"章句之学"四字，看做正式治学者与随意泛滥者不同的一种较谨严的方法；"章句之士"，则为用此方法以治学的人，就够了。此等人，大抵只会做解释、考证、补充一类的工作，而不能有所发明，所以被人轻视。然非此不能得正确的事实，所以其事卒不能废。异于章句之士，能"寻出事实间的理法"者，为世所谓"通才"，其人亦称为"通人"。天下章句之士多而通人少；故能为章实斋所谓"比次之业"者多，而能著作者少。近数十年来，专题论文，佳篇不少；而中国通史，实无一佳作，并稍可满意之作而亦无之，亦由于此。章句之学和通才，实应分业，而难兼擅；因大涵者不能细入，深入者不易显出，不徒性不相同，甚至事或相克也。刘子玄叹息于才、学、识之不易兼长，实未悟分业之理。然人宜善用所长，亦宜勤攻己短。性近通才者，于学不可太疏；性善章句者，于识亦不可太之也。] 中国人的史学，实在第二、第三两种都有的。向来书籍的分类，只把性质属于第三种之书，编入史部；其属于第二种的，则古代在经、子二部，后世在集部中。浅人拘于名义，以为中国史学，限于史部之书，就谓其只有史料而无史学了，这实在是冤枉的。

三、再为中国史学诉冤

说到此，还该有一句话，为中国的旧史诉冤。那即是近来的议论，往往说旧时史家颠倒是非。旧时史家颠倒是非者诚有之，如魏收之被称为"秽史"是。然其所谓"颠倒"者，止于如此，不过偏端，并非全体。若将全体的是非，悉行淆乱，则必无人能作此事。而据近来的议论：则几谓旧史全部之是非无一可信；所载事实，无一非歪曲、伪造。问其何所见而云然？譬如说，历代的史籍，对于政府，悉视为正统，对于反抗政府的人，则悉视为叛逆；于政府之暴虐、激变，及其行军之骚扰、军队之怯懦、战争之失利，多所隐讳，而于反抗政府之人，则一切反是便是。（此系举其一端；其他，如汉族与异族的冲突，则归曲于异族，而不著汉族压迫之迹，如近人所谓"大汉族主义"等皆是。）须知旧时之作史者，并非各方面的材料都很完备，而据以去取；只是据其所得的材料，加以编辑，以诒后世而已。当其编辑之时，自古史家有一大体同守的公例，即不将自己的意思，和所据的史料相杂。此即《穀梁》所谓"信以传信，疑以传疑"；（见桓公五年。这句话的意思，就是说：相传的说法，无论自己以为可信，抑以为可疑，都照原来的样子传下去。人人谨守此法，则无论时代远近，读书的人，都得到和原始材料接触的机会；而后人的议论，只须发表自己的意见，而不必再行叙述，则史籍的分量，不致过多，亦可节省读者的精力也。）亦即后世史家所谓"作文惟恐其不出于己，作史惟恐其不出于人"。可见其例起源甚古，沿袭甚久。其极端者，乃至于所据史料，不过照样誊写一过；于不合自己口气之处，亦不加改动，如《史通》所讥《汉书·陈胜传》仍《史记·陈涉世家》"至今血食"之文。而不知直录原文，实为古人著书之通例。（照例愈古则愈严。不但直录原文，不加改窜；即两种原文，亦不使其互相搀杂。如《史记·夏本纪》绝不及羿、浞之事，而《吴世家》详之；以《夏本纪》所据者，乃《帝系》《世本》一类之书；《吴世家》所据者，则《国语》之类，不以之相订补也。全部《史记》复缠、矛盾之处，触目皆是，初学者随意披览，即可见得，史公岂有不自知之理？所以如是者，古人著书的体例，固如是也；此例守之愈严，愈使古书之真相，有传于后。）古人所缺者，乃在于原文之下，未曾注明其来历，然此至多不过行文条例不如后人之密而已。（亦间有注明者，如《汉书·司马迁扬雄传》，都著其"自叙云尔"是也。则其余不著者，或在当时人人知之，不待加注，亦未可知。且如引书必著卷第，亦至后世而始严；古人则多但著书名而已。亦以时愈晚，书愈多，卷帙愈巨，翻检为难；在古代则并不尔也。）出于他人之说，有两说异同者，古人未尝不并存。其远者，如《史记·五帝本纪》，既说"神农氏世衰，诸侯相侵伐，暴虐百姓，而神农氏弗能征"，又说"炎帝欲侵陵诸侯"；（神农古多谓即炎帝，《史记》亦不以为两人。）其近者，则如《旧唐书》的《高宗王皇后传》，一篇之中，说王皇后、萧淑妃死法，即显相牴牾。所记之事，苟有一种材料，怀疑其不足信者，亦未尝不兼著其说。如《金史·后妃传》，多载海陵淫秽之事，盖据金世实录；而在《贾益谦传》，却明著大定间，"禁近能暴海陵蛰恶者，辄得美仕"，故当日史官修实录，多所附会。然则歪曲、伪造者，乃当日修实录之史官，而非修《金史》之人。

历代政府一方面对于人民，平时的暴虐，临事的激变，及人民起义之后政府行军的骚扰，军队的怯懦，战事的失利，多所隐讳；而于反抗政府的一方面，则将其含冤负屈以及许多优点一笔抹杀，作此等歪曲伪造者，亦自有其人。若谓修史者，既明知所据材料之不足信，何故不加以说明，则此为全部皆然之事，人人知之，何待于言？亦何可胜言？（从前读史的人，有治学常识者，其于史文，本只当他记事之文看，并只当他一方面所说的话看，无人以其言为是非之准，并无人信其所记之事皆真实也。其有之，则学究之流而已。）修史者不改原文，但加编辑，不徒不能尸诒误后人之咎；反可使后人知史料之不足信，不啻揭发其覆，使读者"闻一知二"了。（如《金史》既有《贾益谦传》之文，则《后妃传》所载者，亦可云非以著海陵之淫乱，特以著金世实录的诬罔；然晦陵亦非不淫乱，暴恶者亦不可云尽诬，亦未便一笔抹杀，故又存其文于《后妃传》也。）若说人民方面的材料，与政府方面的材料相反者，虽云缺乏，亦非一无所有，作史者何不据以参考，兼著其说？则不知史以正史为主，历代的正史，无论其为官纂、为私修，实皆带有官的性质。（其关系最大者，为所用仍系官方的材料，及著述不甚自由两端，说见下节。）此乃被压迫阶级不能自有政权，而政权为压迫阶级所攘窃之故，非复著述上的问题了。说到此，则不能不进而略论中国历史的历史。

四、史权为统治阶级所纂

历史材料的来源，本有官、私两方面。历史材料极其繁杂。（自理论上言之，当分为记载、非记载两种。属于非记载的，又分为：（一）人，谓人类遗体；（二）物，包括：（甲）实物，（乙）模型、图画；（三）法俗：凡有意制定而有强行性质者为法，成于无意而为众所率循者为俗。记载包括口碑，又分为：（一）有意记录，以遗后人的；（二）非欲遗后，但自记以备查检的；（三）并非从事记载，但后人读之，可知当时情状的。（一）指作史言；（二）如日记、帐簿等，即官府的档案，亦可云属于此类；（三）则史部以外的书籍悉属焉。此所云者，仅（一）项中之大别而已。）私家的材料，即所谓"十口相传为古"，乃由群中之人递相传述的故事。此其起源，自较官家的记载，出于史官者为早。但到后来，史料的中心，却渐移于史官所（一）记录、（二）编纂了。此其故有二：

（一）只有国家，能经常设立史官，以从事于记录；而一切可充记录的材料，亦多集于政府，（如卫宏《汉仪注》说：汉法，天下计书，先上大史，副上丞相。）所以其材料较多而较完全。寻常人民：（甲）和国家大事，本无接触；即有所知，亦属甚少；（乙）常人对于不切己之事，多不关心，未必肯从事于记录；（丙）又或有此热情而无此机会；如著作之暇日等。

（丁）有所成就而不克流传。（如为物力或禁令所限。）私史的分量，就远少于官书；其所涉及之方面亦远少；从时间上论，亦觉其时断时续了。（此所谓"私史"，以其材料之来源，与官方不同者为限。若编纂虽出私人，材料仍取诸官家，即不可谓之私史了。以此为衡，则私史实少。此亦不可为古人咎，实为环境所限。凡事不能孤立看。以史材论：在某一时代，能有何种性质的材料出现？其分量有若干？能保存而传诸后来的，又有若干？以著述论：某一时代，众所视为重要者，有何等问题？对于此等问题，能从事研究的有若干人？其所成就如何？能传之后来者又有几何？均为环境所限。不论环境，徒对古人痛骂一番；或则盲目崇拜，皆非也。）

（二）史官所记，几于全部关涉政治。只记政治上的事情，而不及社会，在今日众所共知为史学上的缺点，但此乃积久使然；当初起时，其弊并不甚著。此由后世的社会太大了，包括疆域广大、人民众多、各地方情形不同等。政府并不能任意操纵，所谓统治，不过消极的用文法控制，使其不至绝尘而驰而已。（此为治中国史者最要而宜知之义，至少自汉以后即如此。毛泽东同志在《中国革命和中国共产党》中说："如果说，秦以前的一个时代是诸侯割据称雄的封建国家，那末，自秦始皇统一中国以后，就建立了专制主义的中央集权的封建国家；同时，在某种程度上仍旧保留着封建割据的状态。"这几句话，对于向来所谓封建、一统之世同异之点，分析得极为清楚。统治阶级的利害，与被统治者恒相反。处于统治地位的，在诸侯割据之世，为有世封及世官的贵族；在中央集权之世，则代之以官僚。君主固与官僚属于同一阶级，然行世袭之制，则入其中而不得去；与官吏之富贵既得，即可离职而以祸遗后人者不同。故君主虽借官僚以行剥削；又必控制其剥削，限于一定的程度，使不至激成人民之反抗。凡英明的君主，必知此义；一朝开创之初，政治必较清明者以此。然中国疆域太大，各地方的情形太复杂，以一中央政府而欲控制各地方及各事件，其势实不可能；而每办一事，官吏皆可借以虐民；干脆不办，却无可措手。所以集权的封建之世，中央政府即称贤明，亦不过能消极地为民除害至于某一程度，而能积极为民兴利之事却甚少。旧时的政治家有一句格言说："治天下不如安天下，安天下不如与天下安。"治天下是兴利；安天下是除害；与天下安，则并除害之事亦不办了。因为要除害，还是要有些作为，官吏还可借以虐民的。此种现象的原理，实根于阶级对立而来，所以非至掌握政权的阶级改变，不能改变。但特殊的事件，可以放弃；常务则不能不行，官吏又借以虐民，则如之何？则其所以控制之者为文法。文法之治，仅求表面上与法令的条文不背；而实际是否如此，则非所问。此即所谓官僚主义，为论者所痛恶，不自今始，然仍有其相当的作用。如计簿：下级政府不能不呈报上级，地方政府不能不呈报中央，明知所报全系虚账；然既须呈报，则其侵吞总有一个限制。又如杀人：在清代，地方政府已无此权，太平天国起义后，各省督抚，乃多援军兴之例以杀人，此实为违法；然既须援军兴之例乃能杀人，则其杀人之权，亦究有一个限度，皆是也。中央集权的封建国家，号称清明之世，所能维持者，则此最小限度而已。）所以但记些政治上的事件，并不能知道社会上的情形。（因为政治上所办的事情，实在太少了。且如历法，向来总以为人民不能自为，非仰赖政府不可的，其实不然。唐文宗时，西川曾请禁官历颁行以前民间先自印卖的历书；而据《新五代史·司天考》，则当时民间所用的，实别有一种历法，时人称为"小历"，并非政府所用之法。直至宋时，还系如此。南宋末年，西南偏僻之区，官历失颁，梧州等地大、小尽互异，民间就无所取正了，事见《困学纪闻》。即至近代，亦未能免，官用之历法久变，民间印行历本，还有据明人所造《万年历》的，以致大、小尽亦有差池。民间所用历法，或不如官法之确，然日用并不仰赖政府，则于此可见。且政府革新历法时，所用之人才，亦皆出于民间；若钦天监等官署所养成的人才，则仅能按成法做技术工作，不能创法与议法也。举此一事，其余可以类推。）但在古代小国寡民之世则不然，此时政治上所办者，尚系社会的事情；而社会上最重要的事情，亦即操在政府手里。（所以"政治"二字，随时代之古近，范围广狭，各有不同。大致时代愈古，所包愈广。）所以但记政治上的事件，即可见得社会上的情形。人类的做事，是有其惰性的，非为局势所迫，一切只会照着老样子做去。况且社会的变迁，一时是看不出来的。又且历代政府，于全局之控制虽疏，究为最高权力所在，其所措施，至少在表面上为有效。所以习惯相沿，史官所记，就都偏于政治方面了。（此所谓政治，其范围业已甚狭了。）私家所知政治上的事件，固不能如史官之多；有些方面，亦不能如史官之确，（如人、地名，年、月、日，官、爵、差遣名目等。）这亦使历代的史料，逐渐转移到以史官所记为重心。

读史必求原始的材料。真正原始的材料，现在实不易得；大体上，众共据为原始材料的，则历代所谓正史而已。（此系为物力所限。《南、北史》行，而魏、齐等史即有缺佚；《新五代史》行，而《旧五代史》之原本遂不可得：足见正史修成后，尚不易完全保存，更无论所据的原料了。历代政府，所以恒视修前朝之史为重要之事；而每逢开馆修史，亦必有热心赞助之人，即由于此。前人修史，用功精密者，多先作长编。如其书修成之后，长编仍获保存，实可省后来校勘者许多精力，且可保存修书者弃而未取的材料。然长编恒不获保存，亦由为物力所限也。）历代所谓正史，大体上自南北朝以前为私撰，唐以后则为官修。（可参看《史通·古今正史篇》。自唐以后，纯出私修者，一欧阳修之《新五代史》而已，然其材料并不丰富也。）然即在南北朝以前：（一）所有者亦必系官家的材料；（如司马迁虽为史官，其作《史记》，实系私人事业；然其所以能作《史记》，则实因其身为史官，故能得许多材料，如所谓"绌史记金匮、石室之书"是也。）（二）或则受政府的委托，由政府予以助力。（如沈约之《宋书》，萧子显之《齐书》，姚思廉之《梁、陈书》，魏收之《魏书》，均系如此。）此等虽或奉敕所撰，或得政府供给材料、补助物力；然其人皆本有志于此，纂辑亦以一人为主，故仍不失其私撰的性质。（三）其或不然，则将受到政府的干涉，言论实并不自由。（如班固，即以有人告其私改国史下狱。所以自政府设立史官，从事记录、编纂以来，作史之权，即渐为统治阶级所窃。记录之权的被窃，观前言史料渐以史官所记为重心可知。编纂之权的被窃，则观唐以后正史非借官修之力不能成可知。因非有政府之权力、物力，不能征集材料、支持馆局也。在清世，万季野可谓挺挺高节，然清开史局，亦卒以布衣参史事，即由知非此《明史》必不能成，不得不在署衔、不受俸的条件下，委曲求全也。黄梨洲送季野诗云："不放河汾声价倒，太平有策莫轻题"，其不肯屈节之心，昭然可见；而犹有议其作《明夷待访录》为有待于新朝者，真可谓形同聋瞶矣。然亦卒遣其子百家北上备史馆询访，其心，犹之季野之心也。向使作史之权，不为统治阶级所窃，史家何必如此委曲；而其所成就，亦岂止如此哉？然此为政权被攘窃后必至之势，革命者所以必争政权也。）于是有：（一）积极的伪造史实；〔如汉末为图谶盛行之世，后汉光武即为造谶最甚之人，而又以此诬刘歆、公孙述等，说见拙撰《秦汉史》第二十章第四节；伪造先世事迹者，莫甚于拓跋魏，详见拙撰《晋南北朝史》第三章第八节。（二书皆开明书店本。）此时崇尚门阀、伪造世系者尤多，如萧齐之自托于萧何，前人久发其覆矣。〕（二）消极的消灭史实之举；（魏大武以史案诛崔浩，其实非以作史，而由于浩欲覆魏，袁简斋在《随园随笔》中始言之；清礼亲王昭梿《啸亭续录》又及其事，然皆语焉不详；予始详发其覆，见拙撰《晋南北朝史》第八章第六节。然浩虽非以史事诛；而此案之本身，即为被消灭之一大史实，使其真相湮晦，逾于千载焉。此外魏世史实被隐没者尚多，可参看拙撰《晋南北朝史》第十一章第一节。清世实录，近世研究者证明其常在修改之中，故前后诸本不同；非徒蒋、王两《东华录》之不同，授人以可疑之隙也。此盖由清世家法，人主日读实录而然，亦见《啸亭续录》，则其消灭史实更甚矣。清初尝自号其国曰金，后以恐挑汉人恶感，讳之。然沈阳大东门额坏，旧额露出，赫然署"大金天聪几年"。一九二〇年，予在沈阳，尚亲见之。当时曾致书教育厅长谢君演苍，属其取下藏诸图书馆。其时之奉天，反动气氛颇甚，有力者多不欲暴清之隐，谢君亦未能行也。）（三）甚且如清代，欲乘修史之便而禁书。（清康熙末年，即借修《明史》为名，诏民间进呈野史。其时虽有所得，不过官吏之完成任务；民间所藏，凡涉及万历末年边事者，即均行删去矣，见戴南山《与余生书》。乾隆时，乃径行搜索。三十九年上谕云："明季野史甚多。其间毁誉任意，传闻异辞，必有抵触本朝之语。正当有此一番查办，尽行销毁，杜遏邪言，以正人心而厚风俗，断不宜置之不办。"其欲消灭汉人的记载，亦明目张胆，直认不讳矣。）

私家所作之史，其外形，有时诚不如史官之详实；然其内容，则往往为史官所记所无有。然（一）敢笔之于书者已少；（二）即能笔之书，亦或不敢流传；（三）其流传于外者，则已多所改削；（予幼时曾见一抄本《江阴城守记》，述明末典史阎应元抗清之事。谚所谓清三王、九将被杀之说，即在其中；此外尚有江阴人之歌谣等。后来所见抄、刻本，无一得同。）（四）况且还要遭禁和受祸！自然私家之史，其分量要大减了。私家作史，不求详实，甚或借此淆乱是非者，诚亦有之。然此正由其发达未能畅遂，不受人重视之故。倘使向来私家作史，一无阻力，则作者必多；作者多，即必受人重视，而引用者多；引用者多，则从事于考证者亦多，不求详实及淆乱是非之弊，自易发现；妄作者的目的，不徒不得达，反将因此受到讥弹。自然私史之作者，不徒加多，亦且程度要提高了。（借使考证之风盛行，李繁之《邺侯家传》等，必不敢出而问世。）史官所记，我亦认为很重要的一部分。但以天下之大，各方面情形之复杂，断非少数因职业而从事于此的人所能尽，则可以断言。然则私史的遭阻阏，官史之获徧行，在史学上，确是一个大损失了。此皆由政权为压迫阶级所攘窃之故。所以革命必争政权，确是天经地义。

即以藏庋论，作史之权，为压迫阶级所攘窃，亦是史学上一个大损失。《史记·六国表》说："秦既得意，烧天下诗书；
诸侯史记尤甚，为其有所刺讥也。诗书所以复见者，多藏人
家，而史记独藏周室，以故灭，惜哉！惜哉！"这一段文字中，
"诗书"犹今言书籍；"史记"犹今言历史；（今之《史记》，《汉
志》名《太史公书》。"史记"乃一类书籍之总名，此书首出，遂冒其
称耳。）　"人家"之"人"，疑唐人避讳改字，其原文当作
"民"；"周室"二字，包诸侯之国言，乃古人言语以偏概全之
例，（因古人言语乏总括之辞。）断非陵夷衰微的东、西周，还能
遍藏各国的史籍，更无待言。（当时大国，亦有能藏外国之史者。
《周官》小史，"掌邦国之志"，盖指内诸侯；外史，"掌四方之志"，
则指外诸侯，此其国皆现存。又云"掌三皇、五帝之书"，则指前代
诸国之史。此皆史官所记。诵训氏，"掌道方志，以诏观事"，《注》
云："说四方所识久远之事"；训方氏，"诵四方之传道"，《注》云：
"世世所传说往古之事也"，则未笔诸书者，其间当有民间之传说也。
《周官》所说制度，与《管子》多同，盖齐地之学。齐为大国，又极
殷富，故学术亦甚兴盛。稷下学士七十人，可见其养士之规模。其能
多藏列国之史籍，亦固其所，若东、西周则断不能有此物力也。纬书
谓孔子与左丘明如周，得百二十国之宝书，望而知为造作之说。）凡
藏于官家、秘而不出之物，最易一遭破坏而即尽。不但史籍，
一切书籍，亦系如此。太史公作《史记》，欲"藏之名山，传
之其人"，论者或讥其不和民众接近。殊不知他下文还有"通
邑大都"四字，他藏庋要在名山，传播原是面向着通邑大都
的。要学说的流行，必面向通邑大都而始广。然其地为变动剧
烈之地，书籍及能通晓书籍之人，易于流散及播越；山地较为
安静，古籍、古物保存的机会较多，所以太史公要分途并进。
书有"五厄"之说，牛弘已慨乎言之；（见《隋书·经籍志》。）
然至后世，此弊仍不能免，即由攘窃者之自私，将其搜求所
得，悉藏之于宫禁之故。倘使购求书籍的物力，不为压迫阶级

所专有，而别有文化机关，以司其事；搜求所得，亦不如向来之专藏于宫禁，而分藏于风波稳静之地：书籍之亡佚，决不至如此其甚，亦可断言。（清代《四库》书，分藏数处，毕竟灭亡较难，亦其一证。）此话从来少人提及；然一经说明，却可令人共信。一切书籍如此；史料之未经流布者，自然更甚了。所以作史之权，为压迫阶级所攘窃，确是史学上一大损失。

虽然如此，参与作史和修史的人，毕竟是和学术有些关系的，总有些保存事实真相、以诒后世的公心。试举和我很切近的一件事情为例。我清初的祖宗吕宫，乃是明朝一个变节的士子。他入清朝便考中了状元，官做到大学士。其时年事尚轻，正可一帆风顺，大做其清朝的伪官，却忽然告病回家了。而其时实在并没有什么病。这是何缘故呢？我们族中相传有一句话，说是由于当时的皇太后要和他通奸，他知道缪毒是做不得的，将来必遭奇祸，所以赶快托病回乡了。虽有此说，也不过将信将疑的传述着，没一个人敢据为信史的。（因无人敢笔之于书，但凭传说，故久而模糊也。）然一读清朝的《国史列传》，（中华书局所印行之《清史列传》。）却得到一个证据了。传中明载着：当他告病而未获允许时，王士祯曾参他一本，说他病得太厉害了，"人道俱绝"。试问太监岂不是官？若说无关紧要，则历代宦官握有宰相实权，甚或超过宰相者甚多，"人道"的绝不绝，和做官有什么关系？这便使我们族中的传说，得到一个坚强的证据了。这便是当时作史、后来修史的人，苦心留给我们的真实史料。因他只是据官书材料叙述，所以连最善于伪造和消灭史实的清朝，也给他瞒过了。这便是从前的史家最堪矜悯和使我们感谢的苦心。所以凡事总合详求，不可轻易一笔抹杀。（清修《明史》时，顾亭林与人书云："此番纂述，止可以邸报为本，粗具草稿，以待后人，如刘煦（昫）之《旧唐书》。"盖冀官书原文保存者多，则真实之史料保存者亦多，此亦前人之苦心也。）

五、读旧史宜注意之点

中国史家，既以作史惟恐其不出于人为宗旨，所以其所最尊重的，为其所根据的材料的原文；不但带有原始材料性质的正史如此，即根据正史等书而编纂的史籍，亦系如此。譬如编年史，在前一卷中，还称旧朝的君主为帝，于新朝的君主，则但称其名；到后一卷中，就可改称新朝的君主为帝，而于旧朝的君主，则改称为某主子。此其最大的理由，固为所谓"穷于辞"；然在前一卷中，所用的还多系前朝的史料，在后一卷以后，则所用的多系后朝的史料，必如此，原文的多数，乃易因仍，亦不失为一种理由。这似乎滑稽，然细思之，称号原无关褒贬，亦无甚可笑也。（近人好将前代帝王的谥号撤去，改称其姓名，如称汉武帝为刘彻是。此实甚无谓。无论谥法或庙号，均不含有尊重或褒美之意；而汉武帝是一个皇帝，则不可以不知。称之为汉武帝，则就其名称，已使人知其为某一朝的一个皇帝矣。若其名为彻，则即不知之，亦无甚妨碍，正不必徒劳人之记忆也。）旧史作者，多须改入自己的口气，因此，虽极尊重原文，终不能无改动；但其改动亦有一定的体例，读书多者，自能知之。

昔人作史的体例如此，所以旧时史籍，多不能作编纂的人的话看，而只能作其所根据的原文的作者的话看，而史籍的性质，是随时代而不同的，于此，就重烦读者的注意了。

怎样说史籍的性质，随时代而不同呢？原来孤见最难传播。所以一个时代，史事传之后来的，必系其时多数人所能接受的一种说法，而其说多非真相。然则事实的真相，有没有知道的人呢？那自然是有的。然在口说流行的时代，对人无从谈起，即或谈起，亦无人为之传述；在使用文字的时代，未必皆笔之于书，即或笔之于书，其书亦少人阅读。经过一个时期，此等较近真相的说法，就随其人之衰谢而烟消云散；而其流传下来的，只是西洋史学家所谓"众所同意的故事"了。所以历史的内容，实和其时的社会程度，很有关系，此点最宜注意。（或谓其时社会的程度既然甚低，何以其时的人机械变诈，曾与后世无异？殊不知为机械变诈之事者乃个人，传历史则群众之力：个人之突出者，各时代皆有之；社会之进化，则自有其一定之程序也。）

　　从大体上分划，过去的历史，可以分做三个时代，即：

　　（一）神话时代。这时候，人们还未知道人与物的区别，其文明程度，自然是很低的。然而其时代却是很早的。邃古的史料，大都隐藏于其中。这种材料，在中国人所认为正式的史籍中，似乎不多。因为众所共认为最早的正式的史籍为《史记》，当其编撰之时，社会的文明程度已颇高，故于此等说法，多不之取。《五帝本纪》说："百家之言黄帝者，其文不雅驯"，而所取者专在《大戴礼记》《尚书》一类书，即其明证。然最早的史事，实无不隐藏于神话中；不过经过程度较高的人的传述，逐渐把它人事化，读者不觉其诡异，就共认为雅驯罢了。如能就此等人事化的材料，加以分析，使之还原，还是可以发现其神话的素质的。如《诗经·商颂》说"禹敷下土方"，《书经·禹贡》亦说"禹敷土"，读来绝不见有何神怪之迹；然若将《山海经·海内经》"鲧窃帝之息壤，以湮洪水"，作为敷土的注脚，即可见其中原含有神秘的成分，不过传《诗》《书》的人，不复注重于此，仅作为一句成语传述，而不复深求其中的意义罢了。此等分析的工作，近来所谓"疑古派"，曾做了一些，虽其说不尽可信，亦于史学有相当的益处。但神话真的有价值；伪造的则转足淆乱史实，用之不可不极谨慎而已。（将中国神话保存得最多的为《山海经》。此书非《汉志》所著录的《山海经》，《汉志》所著录的《山海经》，乃讲建设之书，即古所谓"度地居民"之法，读《汉志》原文可见；今书盖汉以前方士之记录，荟萃成编者，二书偶然同名耳。次则《楚辞》，其中《离骚》《天问》等篇，亦多含古代神话。纬书似系神话渊薮，然出汉人造作，多失原形，用之须极谨慎。道家书中，亦保存一部分神话，则又承纬书之流，其可信的程度更低了。）

（二）为传奇时代。这时代流传下来的史迹，都系人事而非神事，似乎其可信的程度增高了。然其所传的，离奇怪诞实甚，而真相反极少，所以运用起来，要打的折扣还很大。譬如西周，确实的情状，我们虽不之知；然其文明程度，决不至十分低下，则无疑义。而自幽王灭亡以后，百余年间，其地为戎、狄所据，（幽王被杀，事在公元前七七一年。其后秦文公收岐以西之地，岐以东仍献之周，事在公元前七五〇年，然周实不能有；至秦穆公乃东境至河，则已在公元前七世纪中叶了。）把其文明摧毁殆尽。直至战国时，东方诸侯还说秦人杂戎、狄之俗，摈之使不得与于会盟之列。而秦地所以土旷人稀，使秦人能招三晋之人任耕，而自以其民任战者，亦由于此。然则西周的灭亡，是何等大事；然其真相，我们乃绝无所知，所知者则一褒姒的物语而已。此与蒙古自遁入漠北后，至于达延汗之再兴，只传得一个洪郭斡拜济的物语何异？（见《蒙古源流考》。蒙古自遁入漠北以后，至达延汗再兴以前，其自己所传的历史，实远不如《明史》所著者之翔实也。回纥自漠北走西域，《新唐书》所载，事迹颇为明白；而回纥人自己，却仅传唐人凿破其福山，以致风水被破坏，自此灾异迭起之说，亦同此例。见《元史·亦都护传》。）以此推之，《左氏》所载夏姬的事迹，亦宁非此类？不过其粉饰的程度较高而已。此等性质的传说，至汉初实尚不乏，断不容轻信为事实。（试举俗所谓鸿门宴之事为例。按：当时反动之思想正盛，其视列国并立，转为常局，一统转为变局，所欲取法者，则东周之世天子仅拥虚名、实权皆在霸主之局。不过战国时七国之君，皆已易公侯之称而为王，所以当时之人，所拟临制诸王之名为帝。齐湣王与秦昭王并称东西帝；秦围赵之邯郸，魏又使辛垣衍间入围城，劝赵尊秦为帝是也。戏下之会，以空名奉义帝；而项羽以霸王之称为诸王之长，即系实现战国以来此种理想。在当时，安有一个人想据有天下，再做秦皇帝之理？其后汉虽灭楚称皇帝，然其下仍有诸王，则与秦始皇的尽废封建，仍异其局。在当时，人人之思想，皆系如此；蒯彻劝韩信中立于楚、汉之间，韩信不听，《史记》说由韩信自信功高，汉终不夺我齐。韩信再老实些，也不会相信汉高祖是个知恩报恩、不肯背信弃义的人；不过自当时想来，皇帝任意诛灭诸王，实不能有此事耳，此乃自古相传之国际法也。汉高祖尽灭异姓诸王，乃系半靠阴谋、半靠实力，并非法律上的权利。而灭异姓诸王后，亦不能不改封同姓，仍不能一人据之，恢复秦始皇之旧局面也。汉帝对诸王权力之增大，乃由灭异姓、封同姓，中央与列国间，有宗法上统属的关系，亦非自古相传天子之国对诸侯之国的权利。然则，当秦朝甫灭之时，安有一人敢萌据有天下、继承秦皇帝之地位之想？范增说"与项王争天下者必沛公"，岂是事实？且军门警卫，何等森严，安有樊哙能撞倒卫士，直达筵前，指责项王之理？古人筵宴，中间诚有离席休息之时，且或历时颇久，然亦必有一个限度；乃汉高祖可招张良、樊哙等同出，与哙等脱身回向本军，张良度其已至，然后入谢，筵宴间的特客，离席至于如此之久而无人查问；带有敌意的宾客，与数人间行出军，亦无人盘诘，项羽的军纪，有如此之废弛者？张良献玉斗于范增，范增受而碎之，骂项王"竖子不足与谋"，且当场言"夺项王天下者，必沛公也，吾属今为之虏矣"。增年已七十，素好奇计，有如此之鲁莽者乎？种种事迹，无一在情理之中。然则汉高祖与项羽此一会见，真相殆全然不传；今所传者，亦一则想象编造的故事也。此等传说，在秦、汉间实未易枚举。且如指鹿为马之说，又岂可以欺孩稚邪？）

　　（三）为传说时代。此期的史实，其最初的来源，仍为人口中的传说，但其所说很接近事实，绝非如传奇时代的离奇怪诞了；然仔细思之，其中所含的文学成分仍不少。譬如《史记》的《魏其武安侯列传》，详述魏其的外高亢而内实势利，喜趋附；武安的器小易盈，骄纵龌龊；以及灌夫的粗卤任气，以一朝之忿而忘其身，可谓穷形尽相。这断不能凭空杜撰，自然其中多含史实。然观其篇末说武安侯死时，竟有冤鬼来索命，即可知篇中所言，亦仍不可尽信了。此类材料，在唐、宋史中，实尚不免，试观《旧唐书》《旧五代史》及《宋史》，多载时人评论之辞可知。至《元史》以后，则渐少了。

口传较之书面，易于变动，所以史事出于传述的，无意之中，自能将无味的材料删减，有趣的材料增加。这正如《三国演义》，其原始，实系说书先生的底本，不过抄撮历史事实，以备参考，其内容，实和正式的史籍，无甚同异；然到后来，逐渐将说时所附会增益的话，亦行写入，与旧来抄撮的材料，混杂一处，久之遂稍离其真，又久之则面目全非了。试观其愈说得多的部分，离真愈远；而说得少或不甚说及的部分，则仍和正式史籍无甚异同可知。史籍来源出于传说的，其性质实亦如此，不过程度不同罢了。天下有文学好尚的人多，有史学好尚的人少。史学要推求事实的真相；文学则必求复杂的事情简单化，晦暗的事情明朗化。从前军阀纷争的时候，彼此之间，日日钩心斗角，使政治日益紊乱，社会大受影响，这自然是人民所深切关心的。然而多数人，都喜读其时所谓小报，其中内幕新闻之类最受欢迎；而于大报，则能认真阅读者较少。此无他，大报多记事实的外形，其所以然之故，须据事实推求；小报则说得头头是道，如指诸掌，不徒使人相说以解，并可作茶余酒后的谈助而已，然其所言乃无一得实。此其故何哉？人之做事，无不受环境的制约。（利用环境，虽可驯服环境，然必能利用，乃能驯伏之，即其受环境的制约。）所以对于某一个人的行为，苟能熟知其环境者，自易明瞭其所以然，正不必从幕后窥测，然要熟悉各方面的情势甚难。若将某一个人的行为，归之于其人的性格，或则云由于某一策士的阴谋，或又云由于某一事件的挑动，则其说甚易了解。如此，复杂的事情就简单化，晦暗的事情就明朗化，合乎多数人的脾胃了。这种情况，距今不过数年，总还是我们所亲历，至少是得诸"所闻"的。其来源靠得住么？然而历史事实的来源，如此者亦不乏。

任何人都有一种感觉，读古代的历史，了解及记忆均较易；时代愈后则愈难，因此薄今而爱古。其实适得其反。这正和人们喜欢读小报而不喜欢读大报相同。历史的材料有两种：一种自始即为记录，偏于叙述事情的外形，官文书为最，私家所作碑、铭、传、状等次之；一种则原始出于口传，经过若干岁月，始著竹帛，野史、小说等之来源，大率如此。官文书所说的，固然是官话；碑、铭、传、状等，亦多讳辞。然其夸张、掩饰，自有一定的限度，能伪事之内容，不能伪事之外形，（如为贪官污吏作传者，可云其未曾贪污，不能云其未曾作官吏；可讳饰其激成民变之事，不能云民未曾变也。）而且极容易看得出来。将这一部分剥去，所剩下来的，就是事实了。用此等材料所作的历史，将仅剩一连串事实的外形；于内容则全未涉及，而要由读者去推测，最使人感觉苦闷。且读者之推测，乃系后世人的猜想，似不能如并时之人观察所得者的精确。然其结果多正相反。这实由后人的推测，在其事实完全暴露之后，易于原始要终，加以推论；并时的观察家，则无此便利。（史事有一般情形，有特殊事件。一般情形，后人所知者，总不能如当时人之多且确。如今之北京、上海，是何情形？将来史家虽竭力考索，总不能如今日身居北京、上海之人是也。特殊事件，则正相反。身处其时者，往往于其真相全属茫然，有所推测，亦多误谬；而将来之人，则洞若观火。实因事实的全部，悉行暴露；则其中一枝一节之真相，自然明瞭，不待推求，且甚确实也。枝节悉行明瞭，全体亦无遁形矣。而其物亦本系今内幕新闻之流也。非必著述者有意欺人，其所闻者固如是也。读史者于此义，亦必不可以不知。《啸亭续录》"国史馆"条云："国初沿明制，惟修列圣实录，附载诸臣勋绩、履历、官阶。康熙中，仁庙钦定《功臣传》一百六十余人，名曰《三朝功臣传》，藏于内府。雍正中，修《八旗通志》，诸王公大臣传始备，然惟载丰沛世族；其他中州士族，勋业懋著者，仍缺如也。所取皆凭家乘；秉笔词臣，又复视其好恶，任意褒贬，皆剽窃碑版中语。纯庙知其弊，乾隆庚辰，特命开国史馆于东华门内，简儒臣之通掌故者司之，将旧传尽行删薙，惟遵照实录、档册所载，详录其人生平功罪，案而不断，以待千古公论，真修史之良法也。后又重修《王公功绩表传》《恩封王公表传》《蒙古回部王公表传》等书，一遵是例焉。"案：列传以碑版、家乘为据，旧有是法，初非修史者敢任其好恶；然清高宗犹以是为未足，而只许依据实录、档册，盖不许天下之人有是非，而欲其一遵当朝之是非，其无道可谓甚矣。然详录其事，案而不断，以待后人论定，则比次之法，固应如是，不能以其出于清高宗之私意而非之。近代修史、立言务求有据，记事侧重外形，固为众所共趋之鹄，亦非清高宗一人之私意所能为也。）

　　说到此，则并可略论今后作史的方法。现在史学界所最需要的，实为用一种新眼光所作的史钞。史钞之"钞"，非今所谓照本抄誊之"抄"。今所谓照本抄誊之"抄"，昔人称为写、录等，不称为"钞"。昔人所谓"钞"，乃撮其精要而刊落其余之谓。史钞之作，晋、南北朝时最多，读《隋书·经籍志》可见；唐以后就渐少了，这亦可说为史学衰替之一端。史学上的需要，随时代而不同；而每逢学术上的趋向幡然大变之时，则其变动尤剧。今日读昔人所作的历史，总觉得不能满意者以此。编撰新历史，以供今人的阅读，人人能言之。然其所作之书，多偏于议论，并未将事实叙明。此在熟于史事的人，观其议论则可；若未熟史事的人，欲因此通知史事，则势有所不能。此实可称为史论，而不可称为史钞；而其所发的议论，空洞无实，或于史事全未了解，但将理论硬套者，更无论矣。

　　史钞合作，必将前人所作的历史，（一）仍为今人所需要者因仍之；（二）其不需要者略去；（三）为今人所需要，而前人未经注意者，则强调之使其突出，乃足以当之而无愧。至其文字的体裁，则最好能因仍原文，不加点窜；而自己的意见则别著之，使读者仍能与我们所根据的原材料相接触。如此，分量易多，怕只宜于专门研究的人，而不适于普通的读者。供普通读者阅览之作，怕不能不入自己的口气重作。但根据某书某篇，最好一一注明，使人易于查核；而其改易原文，亦最好有一定的体例，使读者即不查核，亦易分别。此亦为编撰最要之义，不可不注意及之。

至于搜集材料，则目前最紧要之事，实为作史料汇编。除史部固有之书外，更宜将经、子、集三部中有关史事的材料，大举搜集，分为两部分：（一）属于记事的，即前所云足以证明、补充、订正史事的，与史部的记载，相辅而行；（二）为昔人有关史事的见解，此不必论史之作，凡涉及社会、政治，而其中包蕴史事者，皆当采取。因为此等作品，一方面表现昔人对于社会、政治的见解；一方面亦即表现其对于史学的见解。史学的有用，正在于此。使治史学者能多与此等材料接触，自然胸次恢廓，眼光远大，虽性近章句之士，亦不至流于拘泥、琐碎了。这于史学的进步，实在是大有关系的。（更推广言之，则编纂大类书，实为今后的急务。学术本须分类，况自专门变为通学，一人的著作中，可以无所不有，则每治一门学问者，势非读遍天下之书不可，夫岂事所可能？故必合群力，举一切书籍，按学术分门，编成大类书，以供治学者之取材而后可。此其分门固极难确当；所辑得者，亦仅限于普通人所能见得，非有特别之眼光不能搜得者，所遗必多；然苟能尽普通人之力，忠实为之，已足为治学者省无限精力矣。编辑大类书，需要很大的物力，势非政府不能为。历代之政府，亦多行之者。最早者如魏世之《皇览》；最近者如明代之《永乐大典》、清代之《图书集成》是也。然政府所办之事，恒不免官僚主义，故如《大典》《集成》，均不见佳。今日的情势，已与往时不同，甚望文化高潮来临之日，政府能以此为当务之急也。史学所涉甚广，好的史料汇编，有时亦可供治他学者之用。）

附录一　古书名著选读拟目

向来古书名著选读等，系专读一两部书。现拟试改一法：于多种书籍中，选读若干篇，俾学生知识较广；如欲深研，亦可多识门径。选读之书，随所想到，举例如下：

《礼记·王制注疏》（《注》与《疏》须全读。）

孙星衍《尚书今古文注疏》（择读一篇，以见清儒疏释之法。）

陈立《白虎通义疏证》（择读一篇，以见古典制。）

陈寿祺《五经异义疏证》（择读一篇，以知今古文异义所在。）

《管子》（择有关典制者，与《轻重》各读一两篇。）《老》《庄》《荀》《墨》（《间诂》。）《韩》《商》《孙》

《吕氏春秋》（择读一两篇，以见古人政论。）《淮南》

《史记》（选读与经学有关者。《本纪》与《汉书》对读。《世家》，此合《春秋》与《系世》而成。《高祖列传》随体例选读若干篇。）

《汉书》（除与《史记》对读者外，再读《志》一两篇。）

《后汉书》（与《三国志》择同一人之传，读一两篇，以见史例简严、恢廓之异。）

《晋书》（择读一两篇，以见史家多采杂说之例。）

《宋》《齐》《梁》《陈》《魏》《齐》《周书》（与《南、北史》对读一两篇，一以见《南、北史》删削之例及其弊，二以见《南、北史》以私史增补官书处。）

新、旧《唐书》的《昭宗纪》（对读，以见宋后立例修史者与前此但整齐官书者之异例。《四裔传》中选一两篇对读，以见《新书》之增事及其妄改文字。）

《宋、明史》（择读一两篇，以见晚近凭官书传状修史之例。）

《通鉴》（择读一两卷，必须连《胡注》《考异》读。）

《纲目》（随《通鉴》读，以见二书体例之异。）

《通考》（择读一两门。）

《通志》（就《二十略》中择读一二。）

《经世文编》（择读一两卷，此章实斋重"文征"之意，俾知奏议文集之重要。）

《宋儒学案》《明儒学案》（择读一二。）

《四库书目提要》（读数卷，以启目录学之门径。）

《日知录》《廿二史札记》（读数卷，以见读书之贯穿事实及钩考有关致用之问题。）《十七史商榷》（中亦可选数条。）

《十七史商榷》《廿二史考异》（钩考一事者，随选读之史翻阅。）

《癸巳类稿》（此书为经生中最有思想者，又多治杂书，可选读一二。）

以上系随意举例。教授时除指示阅读方法外，即与学生于阅后讨论，或竟破除寻常上课形式亦可。学生人数不能多。

此项科目于历史系自最有益。他科大体以社会科学为限。欲取材于中国旧籍者亦次之。国文系学生修习者，可以植根柢于经、子、史之中，不致但就文论文。又有志学文者，亦可专辟一部分时间，就文学方面讲授或讨论。

附录二　关于正史（上）

名称之由来　　《史通》有《六家》《二体篇》，《隋志》只认其一，今沿用之，此体称"纪传表志体"，简称"纪传体"。

正史之名，系在所载的史事较重要、较完全、较正确之观念下成立。

何种史事为较重要的？就旧日之观念言之，可以马端临《文献通考·自序》之言为其代表，即（一）理乱兴衰；（二）典章经制。

正史皆借政府之力而成。即纂述出于私人，材料亦必得自政府。自南北朝以前，皆由（一）私人，（二）政府委任私人撰述，故其性质为独修；唐以后皆由政府设局，合多人之力编纂，故其性质为众修。二者各有所长，但至后世，因材料日多，独修已成为不可能。

正史最重要之性质为保存材料。编纂者之才、学、识，固有高下之不同，然大体皆知注意于此。

因此，正史本不能看作一人之著述，即独撰者亦然。

古人之著作，原可两说并存，史家尤然，如《旧唐书·高宗王皇后传》为其最显著之例，故后人讥古人矛盾，古人不应负责处甚多。

凡正史皆非极精审之作，甚至系不精审之作，仅就某一时期所能得之材料，加以编纂而已。此中又分两问题：（一）材料不全，此撰述者不能负责；（二）编纂草率，此则撰述者应负其责，而其中最重要之关键为未作长编。

正史并非最原始的史料；但作正史时所据材料，十九不存，故正史在大体上即为原始的史料。

在正史材料的预备中，国家所设立的史官，作用极大，欲知其略，可看《史通·古今正史篇》及拙撰《史通评》中此篇之评。

中国史学家之见解，大体可分三期，皆因事势而变：（一）初期：注重搜辑史料，加以编纂。此期所欲讨论者，为去取编纂之法，刘子玄之《史通》，为其代表。（二）感觉前人所搜史料范围太狭，力求推广。看郑樵《通志·总序》，可知此等见解。（三）第二期之见解仍在，但书籍日多，感觉其不胜读，乃分（甲）比次史材与（乙）著述为两事。前者所以供作史者之取材；后者则以供阅读。前者愈多愈好，故并要有增加材料的办法（亦可谓之保存）。而撰述既成，所据材料仍须保存勿失，以便他人可以校勘或重作。章实斋之《文史通义》，涉史学者，几于全部发挥此思想。

正史所根据之材料，自《汉书》以下，大致相同，即皆以史官所记为本，此显而易见，不待论。惟《史记》所据，较为难明，以鄙意观之，重要者有四：（一）左史，《春秋》类，记事；（二）右史，《尚书》类，记言。其流为"语"，如《国语》《论语》，此类书由记言扩及记行，为列传所本；（三）《系世》，合此及左史，大致为本纪、世家所本；（四）典志，八书所本。表原于古代的谱，乃一种著述的体例，内容无定。

凡正史，愈后愈近于客观，因所据者：（一）愈多书面而非口说，难于走样；（二）愈多官书，注重事之外形，而不以意测度其内容；即私家著述，亦因史学程度之增高，大体上后代较前代为翔实，但欧、宋改作文字有失真处为例外。

以为正史文字古奥难解，此乃误解。反之，正史均甚接近其时之口语。晋、南北朝、隋、唐之史，虽所载文字颇多靡丽，叙事处亦不然。欧、宋为例外，然宋之文为涩体，欧亦不然。读正史所应谨慎者，特在其中多时代语、方俗语、官书语，或难解，或易误解也。

正史非初治史学者急读之书，因其以人为系统，将事实拆散。初学最要者，读《通鉴》及在《文献通考》中择读切于政治、经济者十余门，此最为基本，《通鉴》须连《考异》与《胡注》读。昔人论史之书如《日知录》《廿二史考异》《廿二史札记》《十七史商榷》等，可泛滥，略见昔人治史之法。

关于正史（下）

表　表之为用甚广，后世国史亦均用之，约举如下：

表世系者——如《史记・三代世表》。

表国者——如《史记・六国表》《唐书・方镇表》《辽史・

属国表》。

表事者——如《辽史·游幸表》《金史·交聘表》。

表地者——如《五代史·职方表》。

表人者——如《辽史·王子表、公主表》《元史·后妃表》。

表官者——如《汉书·百官公卿表》。

书　所以记载典章制度，《史记》中凡八篇，《汉书》以下概称“**志**”。志之重要者：

志河渠（沟洫）

地理（郡国、州郡、地形、郡县）

平准（食货）

刑法（刑、刑）

艺文（经籍）

百官（职官）（《魏书·官氏》）

选举

兵（《辽史·营卫、兵卫》）

以上各志，河渠、地理，治历史地理者必读；其余则普通治史者，皆不可不读也。

世家　以记有土之君。但其德行功业甚高，本身虽非诸侯，而子孙受爵荣誉，可比一国之君者，亦列世家，《史记·孔子世家》是也。除《史记》外，后世用之者甚少，《晋书》之“**载记**”，亦可称世家之变例。

列传　载帝王君主以外之人，可分二种：

依时代之先后，顺次编排，不另立名目者，是为类传。此例亦起于《史记》，如《刺客列传》《货殖列传》是也。后世沿用其例者甚多，普通如《儒林传》《文苑传》等是，特殊者如《五代史》之《伶官传》《元史》之《释老传》等是。类传与普通之传不同者，以其不与时代先后编排也。但普通之传，虽不立名目，亦有具类似之性质者，如开国时群雄之传，必排在最前，叛臣、逆臣必排在最后是也。此外以同类相从者尚多，但仍以时间先后为标准耳。

传中最特别者，为《外国传》。普通之传，皆以传人，外国传，则以传国。《晋书》另《载记》，亦可称《外传》之变例也。正史者，列于学官之史也。"立于学官"，本汉人语。汉时"官"与"宫"通，"立于学官"之意，即当时学校中所刊之课本也。后世学校仅存其名，然在法律上，课程有常所习之书，亦有规定，应科举者亦然。经之立于学官者，谓之正经；史之立于学官者，谓之正史，"正史"之名，由是而起也。

立于学官之史，原不必拘定体裁，但在事实上所立，皆为《史》《汉》等一种体裁之史。正史固立于学官之名，非体裁之名也。以体裁名之者，或谓之表志纪传体；世家少，故略去。但"正史"二字沿用已久，"表志纪传"之名，又轻累重，故用者甚少。立于学官之史，何故专取此一种体裁乎？厥故有二：

一向来史家纪事，注重理乱兴衰、典章经制两种现象。（马端临《文献通考·自序》说。此非马氏之私言，足以代表一般人之意见。）我国历史记载者，除正史外，尚有编年、纪事本末、政书三者，但各有所偏，即编年史以时为系统，纪事本末以事为系统，专记理乱兴衰，政书专记典章经制是也。惟表志纪传之史，两者兼赅。立于学官之书，必求完备，不容偏于一方面，此专取此种体裁之故一也。

二读史当然以最初之本为佳，与其读第二、第三次所编订者，毋宁读第一次原本。盖第二、第三次所编之史，必以第一次之原本为根据，故原本实为原料，原则上原料恒不误也。吾国习惯后一朝必修前一朝史，所修皆为表志纪传体，故原料之史，恒属此体，此亦其得立于学官之一因也。

六、读旧史入手的方法

我这一次的讲演，初意拟以实用为主，卑之无甚高论的；然一讲起来，仍有许多涉及专门的话。这实缘不读旧史则已，既欲读旧史，则其性质如此。天下事不讲明其性质，是无从想出应付的方法来的，所以不得不如此。"行远自迩，登高自卑"，讲到入手的方法，我们就不能不从最浅近、最简易的地方着眼了。［大抵指示初学门径之书，愈浅近、愈简易愈好，惟不可流于陋耳。陋非少之谓，则不陋非多之谓。世惟不学之人，喜撑门面，乃胪列书名，以多为贵，然终不能掩其陋也。当一九二三、一九二四年时，胡适之在北京，曾拟一《最低限度的国学书目》，胪列书名多种，然多非初学所可阅读；甚至有虽学者亦未必阅读，仅备检查者。一望而知为自己未曾读过书，硬撑门面之作。梁任公评之云："《四史》《三通》等，中国的大学问都在此中，这书目一部没有；却有《九命奇冤》。老实说，《九命奇冤》，我就是没有读过的。我固然深知我学问的浅陋，然说我连最低限度都没有，我却不服。"（因原载此评的杂志已毁，无原文可以查检，语句不尽相符，然大致必不误。）真可发一噱。任公亦自拟一通，就好得多。］

旧时史部之书，已觉其浩如烟海；而如前文所述，欲治史者，所读的书，还不能限于史部；而且并没有一个界限，竟把经、子、集三部的书都拉来了。这更使人何从下手呢？且慢，听我道来。

欲治史者，所读的书，因不能限于史部，然仍宜从史部为始；而且在史部之中，要拣出极少数、极紧要的书来。

此事从何着手？

旧史偏重政治，人人所知；偏重政治为治史之大弊，亦人人所知。然（一）政治不可偏重，非谓政治可以不重；（二）而政治以外的事项，亦可从政治记载之中见得，（如旧史的《食货志》，虽偏重财政，然于社会经济情形，亦多涉及。又如《百官志》，似乎专谈政治，然某一朝的政府，对于某种经济、文化事业，曾设官加以管理，某一朝却放弃了，亦可于其中见得。举此两端为例，其余可以类推。）此二义亦不可不知。所以旧时史家视为最重要的部分，仍为今日读史极重要的部分，而宜先读。

旧时史家视为最重要的部分，是哪一部分呢？这个问题，我们可以读马贵与先生的《文献通考·总序》而得到解答。他把史事分为两大类：一曰理乱兴衰，一曰典章经制。前者是政治上随时发生的事情，今日无从预知明日的；后者则预定一种办法，以控制未来，非有意加以改变，不会改变。（此就形式言，其实际有效与否，另是一回事。）故前者可称为动的史实，后者可称为静的史实。历史上一切现象，都可包括在这两个条件之中了。

正史之所以被认为正史，即因其有纪、传以载前一类的史实；有志以载后一类的史实。然纪、传以人为主，把事实尺寸割裂了，不便观览；（这一点，是不能为太史公讳的。因为后世的历史，纪、传所记之事，多系同一来源，而将其分隶各篇，所以有割裂之弊。若《史记》则各篇之来源各别，如前说，古人本不使其互相羼杂，亦不以之互相订补也。）所以又有编年体，与之并行。编年体最便于通览一时代的大势，（任何一件事情，都和其四周的情势有关系，不考其四周的情势，则其事为无意义。然欲将四周情势叙述完备甚难；过求完备，又恐失之过繁。而时间为天然的条理，将各事按其发生之先后排列，则每一事之四周情势，及其前因、后果，均可一目了然，此编年史之所以似繁杂而实简易也。现在学生读史的，往往昧于一时代的大势，甚至有朝代先后亦弄不清楚的。这固由于其人的荒唐，然亦由所读的历史，全系纪事本末体，各事皆分开叙述之故。倘使读过一种编年史，就不至于此了。此供学习用的历史，所以贵诸体并行也。编年史在统一的时代要，在列国并立或统一后又暂行分裂的时代为尤要；欧洲历史分裂时长，又较中国为要。现在世界大通，中外史事互有关系，则追溯从前，亦宜知其相互间之关系；即无直接关系，亦宜将其彼此间的情势，互相对照。然则合古今、中外，而用编年体作一简要的新史钞，实于史学大有裨益也。编年史有两种体裁：一如《通鉴》，逐事平叙，与单看《左传》同。一如《纲目》，用简单之语提纲，其笔法如《春秋》经，事情简单的，其下即无复文字；繁复的，则于下文详叙，低一格或双行书之，谓之目。纲、目合观，恰如将《春秋》与《左传》合编一简。编年史年代长者，一事在于何时，不易检索。因此，温公作《通鉴》，曾自撰《目录》。然《目录》实不完全，且别为一编，检索仍觉不便。若《纲目》，则阅览时可兼看其目；检索时可但看其纲，而所检索者即系本书，尤较另编目录为便利。朱子创此体以救《通鉴》之失，实为后胜于前，不能以其编纂不如《通鉴》之完善而并訾之也。读《通鉴》时，宜随意取一两年之《纲目》，与之并读，以见其体裁之异同。且最适于作长编。作史必先搜集材料，材料既多，势必互有异同、互相重复，故必依一定之条理，将其编排，则同一之材料，自然汇合到一处；重复者可去，异同者亦不待考校而是非自见；其或仍不能判，即可两说并存矣。条理如何，初无一定，要必依其事之性质，实即其事所自具也。时间为最普遍的条理。无他种条理可用时，时间的条理必仍存。即按他种条理分类，每一类之中，时间之先后，仍不可不顾也。）在历史年代不长时，得此已觉甚便；一长就不然了，一事的始末，往往绵亘数十百年，其伏流且可在数百千年以上，阅至后文，前文已经模糊了，要查检则极难。所以又必有纪事本末体，以救其弊。（必时间长乃觉有此需要，此纪事本末一体，所以必至袁枢因《通鉴》而始出现也。有此三者，谓纪传、编年、纪事本末三体也。纪传体以人为主，固不免将事实割裂；然人亦自为史事一重要之因素，非谓其能创造时势，乃谓其能因应时势，代表时势之需要耳。故钩求理乱兴衰一类的事实者，非有编年、纪事本末两体以补纪传体之缺不可，而纪传体又卒不能废也。）理乱兴衰一类的事实，可谓很有条理系统，编纂者都能使之就范了。然典章经制，亦宜通览历代；而正史断代为书，亦将其尺寸割裂。于是又有政书以弥其憾。有此四者，而旧日史家所重视的政治事项，都能俯就编纂者的范围了。

　　读书宜先博览而后专精。世界上一切现象，无不互相关联。万能博士，在今日固然无人能做，然治学者，（一）于普通知识，必宜完具；（二）与本人专治的学问关系密切的科目，又宜知之较深；（三）至于本科之中各方面的情形，自更不必说了。所以要治史学者，当其入手之初，必将昔人认为最重要之书，先作一鸟瞰。（一切事无不互相关联，所以专治一事者，于他事亦不可茫无所知。近来有伪造唐初钞票以欺人者，人亦竟有受其欺者，即由近人之治学门径太窄之故。若于唐代社会经济、货币、官制、印刷术等方面的知识稍形广阔，即知无论从哪一方面立论，唐初决不能有钞票也。）然以中国史籍之多，即将最重要的部分作一鸟瞰，已经不容易了。于此，我们就要一个"门径之门径，阶梯之阶梯"。（张之洞《輶轩语》中语。《輶轩语》者，张之洞任四川学政时，教士子以治学门径之作也。）

　　于此，我以为学者应最先阅览的，有两部书：（一）《通鉴》。此书凡二百九十四卷，日读一卷，不及一年可毕。读时必须连《注》及《考异》读。《注》中关系官制、地理之处，更应留心细读。这两门，是胡身之用功最深处，可见得古人治学之细密。凡治史，固不必都讲考据，然考据之门径，是不能不知道的；于注释亦应留意；否则所据的全系靠不住的材料，甚至连字句都解释错了，往往闹成笑柄。〔如胡适之，昔年疑井田制度时，称之为豆腐干式，将昔人设法之谈（设法，谓假设平正之例），认为实事，已可笑矣，犹可说也。后乃误古书之方几里者为几方里。不但振振有辞，且于纸角附以算式。逮为胡汉民指出，乃曰：我连《孟子》都忘了。其实此乃根本没有懂，无所谓忘也。旋又据今日之经纬度而疑《汉书·西域传》所载各国道里为不实，作为古书数字不确之证。不知《汉书》所载者，乃人行道里；经纬度两点间之直线距离，则昔人谓之天空鸟迹；截然两事，明见《尚书·禹贡》疏。不读《禹贡》疏，甚而至于不读《孟子》，本皆无足为奇；然欲以史学家自居而高谈疑古则缪矣。其说皆见昔年之《建设杂志》。]

（二）次为《文献通考》。（论创作的精神，自以《通典》为优；然《通考》所分门类，较《通典》更密，不可谓非后起者胜。且马君所附考证，议论亦不乏，非徒能排比也。章实斋讥为策括之流，盖于此书实未细读，后人附和之，非知言也。《通志·二十略》中，《六书》《七音》《校雠》《图谱》《金石》《昆虫》《草木》等，为旧时史志及《通典》《通考》所无，然非初学所急。故但就《通考》中裁取若干门类。）可择读以下诸门：《田赋考》七卷，《钱币考》二卷，《户口考》二卷，《职役考》二卷，《征榷考》六卷，《市籴考》六卷，《土贡考》一卷，《国用考》五卷，《选举考》十二卷，《学校考》七卷，《职官考》十一卷，《兵考》十三卷，《刑考》十二卷，《封建考》十八卷；共一百零四卷，日读一卷，三个半月可毕。

（三）此外，章实斋在其所著《文史通义》中，竭力强调别编"文征"，以补后世有关系的文字太多，正史不能备载之缺。此即予所言治史宜兼考集部中不属于记载部分之理。凡纂辑历代文字者，如《全上古三代秦汉三国六朝文》等，固均有此作用。然其时代最近，读之易于了解，且易感觉兴味者，要莫如贺耦庚的《经世文编》，（此书题贺耦庚之名，实则魏默深先生所辑。《续编》有数种，内容之丰富，皆不逮之。）可随意泛览数卷，以见其体例。前人读史，能专就一事，贯串今古，并博引史部以外的书籍，以相证明，（此可见其取材之广。）而深求其利弊的，莫如顾亭林的《日知录》，（亭林此书，就所搜集之材料观之，似尚不如今人所作专题论文之广，然昔人之为此，意不在于考据，故于材料，必有关论旨者然后取之，余则在所吐弃，非未曾见也。严格论之，必如此，乃可称为著述；徒能翻检抄录，终不离乎比次之之业耳。）可先读其第八至第十三卷。其包孕史事、意在彻底改革，最富于经世致用的精神的，莫如黄梨洲的《明夷待访录》，卷帙无多，可以全读。清代考据家之书，钱辛楣的《廿二史考异》，最善校正一事的错误；王西庄的《十七史商榷》，长于钩稽一事的始末；赵瓯北的《廿二史札记》，专搜集一类的事实，将其排比贯串，以见其非孤立的现象而发生意义；均宜随意泛览，以知其治学的方法。此等并不费时间。

然则我所举第一步应读之书，苟能日读一卷，不使间断，为时不过一年余耳。必有人讥议我所举的不周不备。既读《通鉴》，如何不读《续通鉴》《明通鉴》或《明纪》呢？既读《通考》，如何不读《续通考》《清通考》《续清通考》呢？难道所知者只要限于五代、宋以前么？殊不知我所言者，乃为使初学者窥见旧时史籍体例起见，非谓以此使其通知史实。若要通知史实，则所求各有不同，人人宜自为之，他人岂能越俎代庖，一一列举？老实说，所谓"门径"，是只有第一步可说；第二步以下，就应该一面工作，一面讲方法的。方法决不能望空讲，更不能把全部的方法一概讲尽了，然后从事于工作。譬如近人教人读史时，每使之先读《史通》《文史通义》。此两书诚为名著，然其内容，均系评论前人作史的得失；于旧史全未寓目，读之知其作何语？讲亦何从讲起？所以我所举初学应读之书，就不之及了。（史部书目分类，历代各有不同，然大致亦相类。今试举最后的清代《四库书目》为例，则我所指为史部重心的，实为正史、编年、纪事本末、政书四类。居今日而治史学，重要者固不尽于此；然此四者，仍不失其最重要的性质，说已具前。四类书中，我所举者，仅及编年、政书两类。因正史事实割裂，初学不易读；纪事本末，则读《通鉴》时可以翻阅其目录，知一时代之中共有几件大事，而欲查检前文时，亦可于此中求之，则不待读而已可通知其体例矣。此四类之外，曰别史，系体裁与正史相同，而未列为正史者；曰杂史，则体例与正史相异，而所纪事实，与之相类者；曰诏令奏议，则文征之一部分耳；曰传记，专考一人之行事，正史中之列传，尚且从缓，此自暂可搁置；曰载记，系记偏方诸国之事者，少数民族之历史，或包含于其中，于研究此问题者，甚为重要，初学亦难遽及；曰时令，此本不应入史部，讲经济史者，于治农家之书时，可供参考耳；曰职官，既从《通考》中知其大略，一时自不必求详；曰目录，治学术史时宜求之，此时亦可不及；曰史评，最要者为《史通》《文史通义》两书，此时之不能读，正文中已言之矣。惟地理一门，知其大概，亦颇切用。昔人于此，均先读《读史方舆纪要》。此书之观点，太偏于军事，然在今日，尚无他书可以代之。学者若能取其《总论历代州域形势》九卷，与一种州郡名较完全的读史地图对照；于各省，则取其论封域及山川险要者，及各府下之总论，粗读一过，费时亦不过月余耳。史部之书，初学第一步当读者，略尽于此。虽简易，似不失之陋。亦从工作中求门径，非空讲方法也。经、子之学，于治古史者关系最大，别见下节。子部中之医家、天文、算法、术数、艺术等，治专门史者乃能读之。较普通者，为关涉农、工二业之农家、谱录两类，亦非初学所及也。）

　　凡读书，决无能一字一句，无不懂得的。不但初学如此，即老师宿儒，亦系如此。吾乡有一句俗话说："若要盘驳，性命交托。"若读书必要一字一句都能解说，然后读下去，则终身将无读完一部书之日，更不必说第二部了。其实，有许多问题，在现时情形之下，是无法求解的；有些是非专门研究，不能得解；即能专门研究，得解与否，仍未可知的；有些虽可求解，然非读下去，或读到他书，不能得解，但就本文钻研，是无益的；并有些，在我是可不求甚解的。不分轻重缓急，停滞一处，阻塞不前，最为无谓。所以前人教初学读书，譬诸略地，务求其速，而戒攻坚。但定为应读的，略读则可，越过则不可；因为越过是不读，非略读耳。

七、治古史的特殊方法

上节所说，乃系指普通欲读中国旧史者而言；如性喜研究古史的，则更须有一种特殊的预备工作。

此所谓"古史"，古、近之分，大略以周、秦为界。史事必凭记载，有无正式的记载，实为历史上一道鸿沟。我国在秦及汉初所传的史实，固多根据传说，全不可信。然史实的来源，虽系传说，而作史者所根据的材料，则多系记载；且其记载多系为记载而记载，而非凭借别种著述流传下来。当此时期，我们就算它有正式的记载了。［史公所记汉兴时事，《汉书·司马迁传赞》谓其出于《楚汉春秋》，此非指陆贾所著；"春秋"二字，为古史籍之通称，盖凡记楚、汉间事者皆属焉。其书既可总括称为"春秋"，必系为记事而作；非发表主观见解，引史事为佐证，甚或出于虚构者矣。秦、汉间史迹，仍有带此等性质者。如《史记·李斯列传》载斯在狱中上二世书，论督责之术以求免，盖儒家诋毁法家者所为。《娄敬传》载敬说汉高祖移都关中，其辞全为儒家之义，（见《吕览·恃君览》。）盖亦儒家所附会也。然此等渐少，故论史籍原料者，有书籍为据，与有史籍为据，仍系两事也。］这种转变，大体以周、秦为界。所以治周以前的历史，即所谓"先秦史"者，是有一种特殊的方法的，但知道普通读史方法还嫌不够。

读古史的方法如何？即治经、子的方法而已。因为古史的材料，都存于经、子之中。所以治古史的，对于治经、子的方法，是不必如治经、子之学者之深通，亦宜通知至足以治古史的程度。史事前后相因，后世之事，无不导源于古。所以治古史之法，但欲读普通史者，亦不可全不知道；不过较专治古史者，又可浅近一些而已。因其方法特殊，所以别为一节论之。读者可视其对于古史兴味的深浅，以定其对于本节所说用功的深浅。

把书籍分为经、史、子、集四部，乃系后世之事；在古代则无集而只有子，说已见前。现存最古的书目，实为汉时刘向、刘歆父子所定的《七略》。《汉书·艺文志》，即本此而成。此为汉时王室藏书的目录。其所藏虽颇富，故据之以论古代学术的流别，最为完全。（近人讲古代学术流别，多喜引《庄子·天下》《荀子·非十二子》《淮南子·要略》，及《史记·自序》载其父谈论六家要旨之辞，此等诚皆极宝贵之材料，然皆不如《汉志》之完全。）因其时代较早，学术尚守专门；所以书籍的分类，和学术的分类，大致相合，深为后人所景仰。其实此乃时代为之，不关编次者之本领也。《七略》中的《辑略》，仅总论编辑之意，其中并无书目。《六艺略》即群经，因汉人特尊儒家，乃别之于诸子之外，其实儒家亦诸子之一，说已见前。兵书、数术、方技，各为专家；因校雠者异其人，所以书亦各为一略，以学术流别论，自当列为诸子之一。《诗赋略》专收文辞、记事之书，并不别为一类。今之《史记》，《汉志》称为《太史公书》，特附《春秋》之末而已。然则就心理根据言之，其时根于记忆的记载，尚未与根于理智的学术分张，而特与根于情感的文辞对立也。《诗赋略》中的书，后世亦多入子部。然则欲治古史者，其材料，信乎都在经、子之中了。

经、子，我们本平等相看，然自汉以后，儒家之学盛行，（一）其书之传者独多；（二）而其训释亦较完备。借径于治经以治子较易，而独立以治子，则殆不可能。所以要治古史的，于经学，必不可不先知门径。

治经的门径如何？第（一）先须细读经的本文。凡书经熟读，则易于了解，而治之不觉费力，且随处可以触发。从前读旧书的人，小时都熟诵经文，所以长大了要治经较易。现在的学子，这一层功夫都没有了，再要补做，既势不可能，而亦事可不必。因为一一熟诵，本来亦属浪费也。但古经、子究较后世之书为难解，读时用力稍多，则势不能免。所以对于古史有兴味的人，最好能于群经中先择一种浅近的注解，（此只求其于本文不太扞格，可以读下去而已。既非据为典要，故任何注释皆可取，总以简明易看为主。）阅读一过。觉得其有用而难解之处，则多读若干遍，至读来有些习熟，不觉费力为止。群经本文无多，昔人言读注疏虽不甚费力，亦一年可毕，（谭仲修语。）况于择取浅近的注？为时不逾一载，可以断言。第（二）须略知训诂。读古书须通古代的言语，人人所知。训诂本身，亦为一种学问，治古史者，自不必如治小学者之专精；只须通知门径，遇不应望文生义之处，能够知道，能够查检而已。其第一部应读之书，仍为《说文解字》。（无论钟鼎、甲骨文字，考释者均仍以篆书为本。不知篆书，不徒自己不能解释；即于他人之解释，亦将不能了解也。）此书看似枯燥，但其中的死字可以看过便弃；熟字只有固定意义的，亦不必究心；（如"鲤"字是。"虎"字同为动物名；然有"虎虎有生气"等语，其含义便较广。）只其有引申、假借的，须注意以求通知其条例。（字之妙用，全在引申、假借。若每字只有一义，则单字必不够用。若有一义即造一字，则单字将繁极不堪，不可复识矣。且文字所以代表语言，语言以音为主，音同义异，而各别造字，而义之同异，各人所见不同，益将纷然淆乱矣。一种言语内容的丰富，固恃复音之辞之增多，亦恃为复音之辞之基本之单字含义之丰富。单字含义之丰富，则一由引申，一资假借。引申者，同一语言，而含多义，自不必别造一字；假借者，本系两语，而其音相同，于其不虞混淆者，亦即合用而不别造，皆所以限制单字之数者也。）如此，则全书字数虽有九千余，其所当注意者，实不过数百而已。全书十四篇，加《序》一篇，以段茂堂的《注》和王箓友的《句读》，同时并读，（《说文》一书，久不可读，清儒始创通条例，其首出者实为段茂堂，故《段注》虽专辄、错误处多，必不可以不读。王箓友于《说文》，亦功力甚深，《句读》

系为初学而作，简浅而平正，且可附带知古书句读之法，故亦宜一读。）假令半个月读一篇，为时亦不过七个半月而已。又凡字都无十分固定的意义，随着应用而都小有变化。此不能于训诂之书求之，非读书时涵泳上下文不能得。此法至清代高邮王氏父子而始精，且几乎可说，到他们而后创通。所以王伯申的《经传释词》，必须一读。不求记忆，而但求通知其条例，阅览甚易。全书十卷，日读一卷，可谓绝不费力。

　　经的本文既经熟习，训诂亦有相当门径；要研究古史的，自可进而阅读各种注、疏。（疏谓注之注，非专指汇刻之《十三经注疏》言。）但在阅读注、疏以前，尚宜有一简单的预备。因为解经大别有汉、宋二流，讲义理别是一事，治史则旨在求真，汉人之说，自较宋人为胜；（汉儒理解之力，远逊于宋儒。但宋儒喜据理推论，而不知社会之变迁，多以后世情形论古事，每陷于错误；汉儒去古近，所知古事较多，其言有时虽极可笑，究于古事为近真。）而汉学中又有今、古文两派，对于经文的解释，甚至所传经文的本身，都时有异同，亦必须通知其门径也。学者于此，当先读陈恭甫的《五经异义疏证》。此书乃列举今、古文异义，加以评骘，而郑玄又对许氏加以驳正者，今古文异义重要的，略具于此。（今、古文说，初非每事俱异。朱希祖曾在《北京大学月刊》撰文，欲依"立敌共许"之法，取经文为今古文家所共认者，立为标准，然后据以评定其异义。不知异义之存，皆用此法不能评定者也。不然，从来治经者，岂皆愚駜，有此明白简易之法而不之取邪？况就今学立场论，经文并不重于经说，因经学所重在义，义多存于口说中；且经文亦经师所传，经师所传之经文可信，其所传之经说亦可信，所传之经说不可信，则所传之经文亦不可信。朱氏偏重经文，即非立敌共许之法也。）次则《白虎通义》，为今文经说的荟萃。此书有陈卓人《疏证》，浏览一过，则于经学中重要的问题，都能知道一个大概，然后进而求详，自然不觉费力，且可避免一曲之见。(廖季平的《今古文考》现在不易得。此书论今古文之异，原于一为齐学，一为鲁学，实为经学上一大发明。又前此分别今古文者，多指某书为今文，某书为古文；其细密者，亦不过指某篇为今文，某篇为古文。至廖氏，始知古书编次错乱，不但一书之中，今古杂糅；即一篇之中，亦往往如此。分别今古文者，宜就其内容互相钩考，方法可谓最密。廖氏中年以后，学说渐涉荒怪，然不能以此累其少作。此书如能得之，可以一览，卷帙甚少，不费时也。)经、子所重，都在社会、政治方面，此于治经、子者固为重要；于治史者实更为重要也。《异义》三卷，《通义》十二卷，日读一卷，不过半个月；合诸前文所举，历时亦仅两年耳。

　　经学既有门径，同一方法，自可推以治子。治子第一步工夫，亦在细读子之本文。古子书重要的有，《老子》二卷，《庄子》十卷，(《列子》系晋张湛伪造，中亦间存古说，初学可暂缓。)《荀子》二十卷，《墨子》十五卷，(名家之学，道(导)原于墨，见其书中之《经》上、下、《经说》上、下及《大取》《小取》六篇。至惠施、公孙龙等而恢廓，见《庄子·天下篇》。名家之书，今有《公孙龙子》。其书《汉志》不著录，必非古本；但辞义古奥，不似伪造，盖古人辑佚之作，初学可从缓。)《管子》二十四卷，《韩非子》二十卷，《商君书》五卷，《孙子》一卷，(《吴子》一卷，《司马法》一卷，亦出辑佚，无甚精义，可从缓。《六韬》，论者以其题齐太公撰而指为伪。然古书用作标题之人，本不谓书系其人手著，特谓其学原出此人耳。此说并亦不足信，然与书之真伪无关，因此乃古人所谓"名其学"，当时学术界有此风气也。《六韬》决非伪书，然多兵家专门之言，初学亦可暂缓。)《吕氏春秋》二十六卷，《淮南子》二十一卷。(此书虽出汉世，多述古说，与先秦诸子无异。)其《周书》十卷，(此书世多称为《逸周书》。"逸"乃儒家所用之名词，诗、书等不为儒家之经所取者，则谓之逸。不站在儒家之立场上，实无所谓逸也。此书与儒家所传之《尚书》，体裁确甚相似，然述武王灭殷之事，即大不相同，可见古所谓书，亦春秋、战国时人作，其原出于古记言之史，然决非当时史官原作也。）《战国策》三十三卷，旧入史部，然《周书》实兵家言，《战国策》实纵横家言，（《鬼谷子》伪书，且无价值。）并诸子之一。《山海经》十八卷，旧亦入史部；《楚辞》十七卷，则入集部，二书中藏古神话最多，且最真，说已见前，并宜阅读。诸书合计二百二十二卷，日读一卷，费时亦不及两年也。注释可择浅近易晓者读之，亦与读经同。

　　读古史必求之经、子，可试举一事为例。秦始皇之灭六国，实变诸侯割据的封建国家为中央集权的封建国家，其事在公元前二二一年，距今（一九五四年）不过二千一百七十五年耳。自此以前，追溯可知的历史，其年代必尚不止此。中国以中央集权成立之早，闻于世界，然其与诸侯割据之比尚如此，足见其事非容易。此自为历史上一大转变，然其事迹，求诸古代的记载，可见者甚少；而求诸古人学说之中，则反有可见其概略者。经书中言封建之制：今文为公、侯皆方百里，伯七十里，子、男五十里，不能五十里者，不达于天子，附于诸侯，曰附庸。（《礼记·王制》《孟子·万章下篇》。）古文则公方五百里，侯四百里，伯三百里，子二百里，男百里。（《周官·大司徒》。）诸子之说，大致皆同。（诸子书，《管子》多同古文，因其与《周官》同为齐学也。余皆同今文。观诸子书不与今同，即与古同，即可知其非无本之说也。）古书所言制度，非古代的事实，而为学者所虚拟的方案，理极易明，无待辞费。然思想亦必有事实为背景；而向前看，非向后看之理，昔人不甚了解，故其思想，又必较时代为落后。然则今文家的学说，盖出春秋时，而其所欲仿行者，为西周初年的制度；古文家的学说，盖出战国时，而其所欲仿行者，为东周初年，亦即春秋时的制度。何以言之？按《穀梁》说："古者天子封诸侯，其地足以容其民，其民足以满城而自守也。"（襄公二十九年。）此为立国自有其一定的大小，不容强事扩张，亦不容强加限制的原因。《左氏》说夏少康"有田一成"，（哀公元年。）此语当有所本。《易·讼卦》"其邑人三百户"，《疏》云："此小国下大夫之制。"《周礼·小司徒》："方十里为成，九百夫之地，沟渠、城郭、道路，三分去一，余六百夫，又以不易、一易、再易，定受田三百家。"《吕览》谓"海上有十里之诸侯"，（《慎势篇》。）《论语》谓管仲"夺伯氏骈邑三百"，（《宪问篇》。）正指此。然则夏代的名国，在东周时，仅为小国下大夫之封了，可以见其扩张之迹。

方百里之地，划为一政治区域，在中国行之最久。此其形势，盖确定于春秋时。方七十里、五十里及不能五十里之国，在西周时，盖尚当获厕于会盟、征伐之列；然至东周之世，即寖失其独立的资格，而沦为人之私属；（如《左氏·襄公二十七年》弭兵之会，齐人请邾，宋人请滕，以为私属，二国遂不与盟。）而其时的大国，却扩充至五百里左右；（《礼记·明堂位》说："成王封周公于曲阜，地方七百里"；《史记·汉兴以来诸侯年表》说：周封伯禽、康叔于鲁、卫，地各四百里；太公于齐，兼五侯地。皆后来开拓的结果，说者误以为初封时事。）据此形势而拟封建方案者，就起于百里而终于五百里了。然大于百里之国，初非将百里的区域撤消，而改组为二百里、三百里、四百里、五百里的区域；乃系以一较大的区域，而包含若干个方百里的区域于其中。观楚灭陈、蔡，以之为县；（《左氏·昭公十二年》。）晋亦分祁氏之田为七县，羊舌氏之田为三县；（《左氏·昭公二年》。）商君治秦，亦并小都、乡、邑，聚以为县；（《史记·商君列传》。）而秦、汉时之县，仍大率方百里可知。（《汉书·百官公卿表》。）此一基层的官治单位，迄今未有根本的改变，所以说行之最久。而五百里左右的政治区域，则为郡制成立的根源。此为郡县制度发生于割据时代的事实，亦即中央集权的封建制度，孕育于诸侯割据的封建制度之中。至于方千里之国，（《左氏·襄公三十五年》，子产说其时的大国，"地方数圻"，圻、畿一字，则又大于方千里。盖以其幅员言之如此；其菁华之地，则不过方千里而已，犹后世内地与边郡之别也。）则今、古文家同谓之王，在周以前，从无封国能如此之大，亦从无以此等大国而受封于人的，所以拟封建方案者，并不之及了。（楚、汉之际及汉初封国，有大于此者，然只昙花一现而已。）古人立说，主客观不分，将自己所拟的方案，和古代的事实，混为一谈，遂使人读之而滋疑；然苟能善为推求，事实自可因之而见。且如今文家说巡守之制：岁二月东巡守，至于岱宗；五月南巡守，至于南岳；八月西巡守，至于西岳；十有一月北巡守，至于北岳。这无论其都城在何处，巡完一方后回到都城再出，抑或自东径往南，自南径往西，自西径往北，以古代的交通论，都无此可能，其说似极不可信。然《孟子·梁惠王下篇》载晏子说巡守之制云："春省耕而补不足，秋省敛而助不给"，则后世知县之劝农耳，何来不及之有？古人所拟方案，皆本于此等小规模的制度而扩大之，而其方案遂实不可行；使其纯出虚构，倒不至于如此不合情理了。足见其中自有事实，可以推求也。举此一事为例，其余可以类推。（今、古文异说，今文所代表的，恒为早一期的思想，其中即隐藏着早一期的事实；古文则反是。如言兵制，古文的兵数，即多于今文。）

职是故，刘子玄所谓"轻事重言"之说，不得不常目在之，而利用经、子中材料的，不得不打一极大折扣。因为随意演说的，往往将其事扩大至无数倍也。［如禹之治水，如今《尚书·禹贡》等所说，在当时决无此可能。此在今日，已无待辞费。《书经·皋陶谟》（今本分为《益稷》），载禹自述之辞曰："予决九川距四海，浚畎、浍距川。"九者，多数。川者，天然之河流。四海之"海"，乃"晦"字之义，四境之外，情形暗昧不明之地，则谓之海；

非今洋海之海也。畎、浍者，人力所成之沟渠。然则禹之治水，不过将境内的沟渠，引导到天然的河流中；而将天然的河流，排出境外而已。《孟子·告子下篇》：白圭自夸其治水"愈于禹"；孟子讥之，谓禹之治水，"以四海为壑，今吾子以邻国为壑"，而不知禹之所谓四海，正其时之邻国也。白圭盖尚知禹治水之真相。《论语·泰伯篇》，孔子之称禹，亦不过曰"尽力乎沟洫"而已。此等皆古事真相，因单辞片语而仅存者，一经随意推演，即全失其原形矣。〕又因主客观不分，所以其所谓"寓言"者，明系编造之事，而可以用真人名；（如《庄子·盗跖篇》载孔子说盗跖之事。）又可将自己的话，装入他人口中。（如本书所引娄敬说汉高祖之事即是。）所重之言如此；而其所轻之事，则任其真相湮没。（凡单辞片语未经扩大者，其说皆可信，然其详则不传。）因此，读古书的，于近人所谓"层累地造成"之外，又须兼"逐渐地剥落"一义言之，方为完备。而编次错乱一端，尚不在内。其方法，就不得不极其谨严了。但古人的思想，所走的系两极端。一方面，自己立说的，极其随便；一方面，传他人之说的，又极谨严。此即前所云传信传疑，及所据的材料、来源不同，不使其互相羼杂，亦不以之互相订补之例。书之时代愈早者，其守此例愈严。太史公的《史记》，所以胜于谯周的《古史考》、皇甫谧的《帝王世纪》者以此，此义亦决不可以不知。

以上的工夫既已做过，即可试读《史记》的一部分，以自验其能否了解、运用。中国所谓正史，必须以读古史的方法治之者，实惟此一部也。说到此，则又须略论史籍的起源。按：古无史部之书，非谓其无历史的材料；相反，历史的材料正多，特其时的人，尚未知尊重客观的事实，莫能编纂之以行世耳。史料的来源，可分为史官记录、民间传说二者；民间传说，流传的机会较少；传世者实以史官所记录为多，说已见前。此等情形，乃系逐渐造成，在古代则又有异。古所谓史官，最重要者为左、右史。"左史记事，右史记言，言为《尚书》，事为《春秋》"，（《礼记·玉藻》说："动则左史书之，言则右史书之。"郑《注》说："其书，《春秋》《尚书》其存者。"《汉书·艺文志》说："右史记事，左史记言"，"左右"二字怕互讹。《礼记·祭统》说："史由君右，执策命之"，亦右史记言之证也。）这说法，大约是不错的。《春秋》的体例，盖原于邃古，其时文字之用尚少，而事情亦极简单，因之记事的笔法，亦随之而简单；尔后相沿未改，其为物无甚兴味，所以传述者不多。而《尚书》一体，因记言扩及记行，遂成为后来的所谓"语"，与古代社会口说流行的风习相结合，其体遂日以扩大。（语之本体，当系记人君的言语，如今讲演之类。其后扩而充之，则及于一切嘉言；而嘉言之反面为莠言，亦可存之以昭炯戒。记录言语的，本可略述其起因及结果，以备本事；扩而充之，则及于一切懿行；而其反面即为恶行。如此，其体遂日以恢廓了。《国语》乃语之分国编纂者，《论语》则孔子之语之分类编纂者也。《史记》的列传，在他篇中提及，多称为"语"，如《秦本纪》述商鞅说孝公变法曰"其事在商君语中"是也。《礼记·乐记》述武王灭殷之事，亦谓之"牧野之语"。）此外记贵族的世系的，则有"系""世"，出于《周官》的小史及瞽矇。又凡一切故事，官家具有记录的，总称为"图法"，即后世的典志。（《吕览·先识览》："夏之亡也，太史终古抱其图法以奔商；商之亡也，太史向挚抱其图法以奔周。"）自战国以前，历史的材料，大致如此。秦始皇的烧书，尸古书亡灭的总咎，实则其所烧者，不过官家所藏；若私家所藏，即所谓"诗书百家语"者，烧之必不能尽。然在战国以前，除《世本》一书外，殆未有能编辑史官所记以行世者，故经始皇一烧而即尽，说已见前所引《史记·六国表》。《世本》一书，盖私人所编辑，已在民间所藏"诗书百家语"之列，故为秦火所不及。然则以《世本》为最早的历史，为《史记》之前驱者，其说殆不诬也。

（洪饴孙撰《史表》，即以《世本》列于《史记》之前，居正史之首。）《世本》的体裁，见于诸书征引者，有本纪，有世家，有传，其名皆为《史记》所沿；有谱，则《史记》谓之"表"；有居篇、作篇，则记典章经制一类的事实，为《史记》所谓"书"，而《汉书》已下改名为"志"者。《世本》原书已不可见，就《史记》而推其源，则本纪及世家，出于古左史及小史；表源于谱；传者，"语"之异名，排列多人，故称"列传"，（《列女传》者，列女人之传也。"女、传"二字相属，"列、女"二字不相属。后人以"列女"为一名词，实误。）此盖源于右史；书则图法之类也。今人每喜凿言古之某书出于更古之某书；某人之学说源于较早的某人，或受其并时某人的影响。其实书阙有间，此事甚难质言。（如《孟子·万章上篇》说尧、舜禅让，与《史记·五帝本纪》同，谓之同用孔门书说则可；近人凿言史公用《孟子》，即无据。）然某书出于某书不可知，而其本源为古代某一类之书则可知；某说出于某人不可知，而其所据为某一派之说则可知。（如晚出之《古文尚书》伪《孔传》，断言其为王肃所造，并无确据，然其为肃一派之学说则无疑。）明于此义，则于现存之书，可以考见其本源，读之更易明瞭；并可推考较现存之书更早一时期的学术状况了。

自疑古之说既起，人多以为古书之久经行世者，必多窜乱、伪造，其新发现者必真；书籍或不可信，实物则无可疑。因此，特重古物及新发现的古书。其言似极有理，然疑古亦有条理，不能执空廓之论硬套；而古物及新发现的书籍，亦尽多伪品，有所偏主而轻信之，有反上其当者。如汲冢所发现之古书，当时虽实有其物，然不久即悉行亡佚，无一传诸后世。所谓《竹书纪年》，出于明人者固伪；即后人所辑之古本，亦未尝不伪。[可参看拙撰《晋南北朝史》第二十三章第八节（页一四五四至一四五九），又《先秦史》第四章（页三九）及第七章第四节

（页七六）。〕又如近代所谓甲骨文，其中伪物亦极多。〔可参看拙撰《先秦史》第二章（页二一）。〕此等材料，取用不可不极谨慎。至于古物，新发现者自不易欺人；其久经流传者，真伪亦极难辨。章太炎曾谓：必（一）发现、流传、收藏，确实有据；（二）又其物巨大，牟利者不肯为，好事者不耐心为之者，乃为可信，自属稳健之说。予又益以发现、流传、收藏，在古物不值钱之时、之地，较之在值钱之时、之地者，可信的程度较高。持此鉴别，亦庶几寡过也。

整理后记

　　《经子解题》是吕思勉先生的普及性著作之一，包括"论读经之法""论读子之法"两个部分。书中对儒家主要经典以及周秦西汉时期的诸子著作，做了较为详尽的介绍，包括作者、成书、版本、思想内容、文体形式等；对书中篇目的介绍，尤为特色，非耳食稗贩者所能。附入的《史籍与史学》和《中国史籍读法》，着重介绍我国史学的形成、史部典籍的大概及其具体读法。如此，则"四部"古籍中最典型的三类，均已在其中。这对人们了解、阅读传统经典，无疑是有相当的知识性和指导性意义的。

　　这几种书，格式上的特殊之处，是随文释说极多，不限于引文出处等简单注释，而是有大量的介绍性叙述、补充性解说、推衍性议论。这为著者的立论提供了辅助支撑，也可使读者多些知识和理解。整理时，从字体字号上作了分别，以方便阅读。

　　整理时所做尚有：较大的段落，适当进行了分段；标点符号作了规范，尤其是书名号等；个别异文及异体字，用（ ）作了标记；引文等处的遗漏等，必要者用 ［ ］ 予以补充。此外还进行了个别规范性和技术性的处理。

　　整理者水平所限，整理中存在的不足、讹误，敬请读者批评指正。

整理者

2021 年 8 月